决策参考(2)

现代化与农民进城

叶兴庆　著

中国言实出版社

图书在版编目（CIP）数据

现代化与农民进城 / 叶兴庆著. -- 北京：中国言
实出版社，2013.1
ISBN 978-7-5171-0068-3

Ⅰ.①现… Ⅱ.①叶… Ⅲ.①民工—城市化—研究—
中国 Ⅳ.①D422.64

中国版本图书馆 CIP 数据核字(2013)第 006294 号

责任编辑：张　越

出版发行　中国言实出版社
　　　　　地　址：北京市朝阳区北苑路 180 号加利大厦 5 号楼 105 室
　　　　　邮　编：100101
　　　　　电　话：64924716（发行部）　　52666122（邮　购）
　　　　　　　　　64924853（总编室）　　52666121（编辑部）
　　　　　网　址：www.zgyscbs.cn
　　　　　E-mail：ysfazhan@163.com
经　　销　新华书店
印　　刷　三河市祥达印刷包装有限公司
版　　次　2013 年 1 月第 1 版　2014 年 8 月第 3 次印刷
规　　格　710 毫米×1000 毫米　1/16　16.25 印张
字　　数　200 千字
定　　价　35.00 元　　　ISBN 978-7-5171-0068-3

《决策参考》书系出版前言

决策是对未来工作行动的目标、途径和方法所作出选择和决定，是做好一切工作的必经步骤和前提条件。决策水平是衡量领导水平、执政水平的重要标准。决策上差之毫厘，工作中就会失之千里。决策是否科学和正确，不仅事关经济社会发展的成败兴衰，而且事关党和国家的前途命运。正因为如此，党中央、国务院历来高度重视决策能力建设，特别是党的十六大以来，更是把提高科学民主决策能力作为提高党的执政能力和领导水平的重要方面，要求各级领导机关"树立科学决策意识，健全决策机制，完善决策方式，规范决策程序，强化决策责任，保证决策的正确有效"。党的十八大报告进一步明确指出，要"坚持科学决策、民主决策、依法决策，健全决策机制和程序，发挥思想库作用，建立健全决策问责和纠错制度"。

在中央大政方针的指引下，在党和政府率先科学决策、民主决策、依法决策的示范带动下，各地区、各部门把提高决策科学化民主化水平作为落实科学发展观的具体体现，作为推动依法行政的重要环节，作为促进社会和谐的重要举措，不断健全决策机制、完善决策程序、强化责任追究制度，加快推进决策的科学化民主化。各级党政部门、企事业单位的政策研究和决策咨询部门，不仅自觉发挥推动科学决策的思想库作用，还主动围绕提高服务科学决策水平深入开展调查研究，为推进决策科学化民主化提供了大量重要参考依据。综观党和政府近些年来作出的正确决策，不论是全面建设小康社会、构建社会主义和谐社会等重大任务和科教兴国、可持续发展、人才强国等重大战略的提出，还是农民工权益保护、土地管理制度改革、农业补贴、能源价格、社会保障、科技、文化、教育、医疗卫生事业发展等具体政策措施的制定出台，都是在深入调查研究基础上作出的科学决策，也都凝聚着政策研究和决策咨询工作者的智慧和汗水。本套丛书所收录的书稿，就是国务院政策研究和咨询部门——国务院研究室同志，以及全国党委、政府、企事业单位的政策研究部门围绕中心工作，独立或与其他部门同志合作调查研究后形成的优秀调研成果。其中，很多成果得到了国务院领导同志，省、部领导同志的重视和批示，为相关政策制定和实施发挥了重要推动作用，为党和政府科学决策、民主决策、依法决策提供了重要参考。总的看，这些决策参考成果主要有三个特点：一是把调查研究作为提出决策参考的基本方法和必经程序，充分体现了我们党坚持实事求是、与时俱进，运用马克思主义的立场、观点和方法积极探索建设中国特色社会主义的科学精神；二是把调查研究作为把握工作主动权、推动工作创新的重要抓手，针对经济社会发展中的重点、难点、热点问题，集中力量深入研究，提出解决问题的目标和措施，创造性地推动工作；三是把调查研究作为密切联系群众的基本实现形式，坚持问政于民、问需于民、问计于民，既认真总结群众在实践中创造的好经验、好做法，又注重倾听群众对现行政策措施的看法和意见，提出的政策建议最终都受到群众的欢迎和拥护。

我们相信，认真分析研究这套丛书中的决策参考成果和其推动出台的政策措施，对于及时跟踪和发现经济社会发展中的热点、难点问题，深入开展调查研究，提出具有针对性、操作性的政策建议，更好地推动科学民主决策将具有重要作用。

编　者

2012 年 12 月

自 序

"人们来到城市，是为了生活；人们留在城市，是为了更好地生活"，这是古希腊哲学家亚里士多德的名言。

"城市，让生活更美好"，这是 2010 年上海世博会的主题。

农民进城是人类社会发展的普遍规律，是世界各国现代化都要经历的发展阶段。一般认为，一国城镇化水平从 30% 到 70% 的发展阶段，为城镇化快速发展阶段。1996 年我国城镇化率首次超过 30%，进入城镇化快速发展阶段；2011 年我国城镇化率首次超过 50%，用 15 年时间提高了 20 个百分点，走完城镇化快速发展阶段的前半程。从 30% 到 50% 的 20 个百分点来之不易，从 50% 到 70% 的 20 个百分点将更加艰难。难就难在，我们是在特殊体制条件下进入城镇化快速发展阶段的，农民进城面临一系列特殊难题，有些甚至是"中国难题"：在城乡二元体制基础上进入城镇化快速发展阶段，面临进城农民市民化成本如何消化的难题；在房价上涨严重透支未来的背景下进入城镇化快速发展阶段，面临进城农民如何在城市安居的难题；在集体所有制基础上进入城镇化快速发展阶段，面临进城农民如何退出农业农村的难题；在区域差距十分明显的基础上进入城镇化快速发展阶段，面临进城农民"逐产业而动"、稳定性差的难题；在移民文化准备不足的基础上进入城镇化快速发展阶段，面临进城农民与城市"原住民"隔阂深、融合难的难题。

　　面对这一系列难题，作为一名农村问题观察者和农村政策研究者，不可能不进行思考，不可能不探寻解决办法，不可能不积极推动相关政策的出台。1994年，我提出农民进城要由"候鸟型"向"永久型"转变；1999年，我提出农民进城要摆脱传统集体产权制度的"拖累"；2006年，我提出农民要作为有产者进城；2011年，我提出要对征地制度"动大手术"、从根本上进行系统改革；2012年，我提出今后新出台城市公共服务政策，原则上不应再与户籍挂钩，这应该成为一条底线。

　　收入这本集子的37篇文稿，是一个时期以来我对现代化进程中农民进城问题进行思考和研究的部分成果。大致分为五个方面：

　　（一）农民进城是现代化的必由之路，重点关注农业剩余劳动力转移和小城镇建设，包括1997年亚洲金融危机和2008年国际金融危机暴发后对促进农民进城、推进城镇化在扩大内需、应对危机中的作用的思考与建议；

　　（二）农民如何退出农村，重点关注破除农村集体产权制度对农民进城的抑制作用，包括对一些地方做法的批判性分析，也包括一些建设性意见和建议，鲜明提出农民不能"净身出村"，也不宜"裸身进城"；

　　（三）农民如何进入城镇，重点关注破除城镇对农民的排斥性制度安排，包括清理对农民工的乱收费、解决进城农民住房和社会保障等现实问题；

　　（四）土地如何城镇化，重点关注征地制度改革，包括城乡建设用地增减挂钩、严格遵循公共利益原则缩小征地范围、以市场化方式确定征地补偿价格、允许集体土地在遵循用途和规划管制的前提下平等进入工业化城镇化建设等方面的构想和建议；

　　（五）农民进了城、农业怎么办，重点关注在工业化、信息化、城镇化深入发展中同步推进农业现代化问题，提出了我国已进入农产品自给率长期下降的通道、农业现代化已进入中期发展阶段的重大判断，也提出了把提高农业劳动生产率放在更加突出的位置、充分发挥龙头企业作用、积极促进土地流转等建议。

　　收入这本集子的文稿绝大部分为提供给我们国家决策层参考的政策性建议。与写作学术论文不同，写作这类政策性建议文稿，必须讲究针对性和可操作性。惟其如此，方能被决策者接受，进而发挥作用。但这也难免带有时代局限性。好在思考问题、写作"折子"时，我尽可能把视线拉得长远一些、把视野放得开阔一些，摆事实、讲道理，避应景、戒迎合。因此，即便十多年前的政策性建议文稿，现在读来仍有现实感和参考价值。除了一些技术性修订，如将"今年"、"去年"调整为具体年份外，其他内容一概保持原貌。为便于读者了解行文背景，在每篇文稿的末尾均标明了写作时间。

叶兴庆

2012 年 12 月

目录

自 序 ··· 叶兴庆 /1

第一编　农民进城是现代化的必由之路

积极稳妥地推进城镇化 ································· 002

关于将小城镇建设纳入新增国债资金使用范围的建议 ········· 009

进一步消除不利于小城镇发展的体制和政策障碍 ··········· 014

促进农业剩余劳动力转移的政策建议 ··················· 018

农村劳动力转移对我国工业化城镇化的影响分析 ··········· 025

农民工返乡创业调查 ································· 031

"招工难"向中部地区蔓延意味着什么 ················· 038

用好用足城镇化效应的思考与建议 ··················· 042

推进城镇化是解决"三农"问题的必由之路 ············· 047

中国农民进城面临五大特殊难题 ····················· 053

第二编　农民如何退出农村

城市化的另一种阻力 ································· 058

——农村集体产权制度对人口迁移的抑制

持续释放农业劳动力的思考和建议 ··················· 061

不应把"双放弃"作为农民进城落户的先决条件 ··········· 067

改革农村集体经济组织退出机制势在必行 ··············· 072

农民"退乡进城"过程中的集体资产处置问题 ············· 077

——以上海浦东新区为例

农民"被城市化"过程中的集体资产处置问题 ············· 094

——以上海浦东新区为例

第三编　农民如何进入城镇

清理民工收费取得积极进展，巩固成果尚需解决深层问题 ……… 110

为农村劳动力转移与进城务工创造良好环境 ……………………… 113

农民作为有产者进城 ………………………………………………… 118

　　——江东区"三改一化"的核心和有待解决的问题

安得广厦千万间　大庇天下农民工 ………………………………… 123

　　——建议把解决进城农民工居住问题作为扩内需、保增长的储备性政策

促进农民工市民化必须解决成本消化问题 ………………………… 129

促进被征地农民市民化的建议 ……………………………………… 134

第四编　土地如何城镇化

对城乡建设用地增减挂钩的看法和建议 …………………………… 140

推进征地制度改革的时机已经成熟 ………………………………… 146

　　——征地制度改革专题研究之一

推进征地制度改革必须迈过三道坎 ………………………………… 152

　　——征地制度改革专题研究之二

推进征地制度改革的构想和建议 …………………………………… 157

　　——征地制度改革专题研究之三

改革征地补偿制度的补充建议 ……………………………………… 163

第五编　农民进了城农业怎么办

中国农业现代化究竟滞后在哪里 …………………………………… 170

工业化中后期推进现代农业建设面临的重大选择 ………………… 179

中等收入阶段的粮食安全前景与对策 ……………………………… 190

高度重视"八连增"背后的"八连赤" …………………………… 201

抓住培育农村承包土地流转市场的关键环节 ……………………… 208

　　——浙江省慈溪市农村承包土地流转的做法及启示

充分发挥龙头企业在接续和提升农业产能中的中坚作用 ………… 213

加强以农田水利为重点的农村基础设施建设 ……………………… 222

加快农业科技进步 …………………………………………………… 230

中国农机化的新机遇 ………………………………………………… 238

促进城乡居民收入差距持续缩小的分析与建议 …………………… 242

第一编
农民进城是现代化的必由之路

积极稳妥地推进城镇化

提高城镇化水平，转移农村人口，可以为经济发展提供广阔的市场和持久的动力，是优化城乡经济结构，促进国民经济良性循环和社会协调发展的重大措施。随着农业生产力水平的提高和工业化进程的加快，我国推进城镇化的条件已经成熟，要不失时机地实施城镇化战略。

一、推进城镇化具有重大战略意义

城镇化指的是农村人口逐步向城镇集中的过程。从本质上讲，这是工业化导致人口居住地变化的结果。工业企业为获取外部经济和聚集效应，有集中布局的内在要求；工业集中布局，又导致对第三产业的集中需求。随着工业和第三产业的发展，对劳动力的需求会大幅度增加。另外，城市生活设施便利，文化生活丰富多彩，主导着一个社会的时尚潮流，对农村人口特别是年轻人有较大的吸引力。这些因素共同推动农村人口向工业和第三产业集中的城镇迁移。然而，长期以来，受城乡二元体制的影响，我国城镇化水平没有随工业化同步提高。国际比较表明，我国工业化与城镇化两者之间是不协调的。横向比较看，第一产业占国内生产总值比重与我国相当的国家，农村人口所占比重明显低于我国。纵向比较看，发达国家第一产业占国内生产总值比重与我国目前水平相当的时候，也是农村人口占全部人口比重低于我国目前水平。改革开放以来，我国城镇化继续滞后于工业化，二者间的不协调程度进一步拉大。抑制这个结构偏差的扩大，并逐步加以校正，对我国经济中长期发展具有重大战略意义：

（一）推进城镇化，有利于扩大内需，促进国民经济持续快速增长。依靠扩大内需实现国民经济持续快速增长，将是我国的长期战略方针。扩大内需潜力很大，途径也很多。推进城镇化是一个重要方面。一是有利于扩大投资需求。据专家估算，参照我国中等水平小城镇的投资规模，新建一个小城镇平均需要投资 4 亿元，如果从现在到 2010 年增加小城镇 1.2 万个，需要投资 4.8 万亿元。改造现有小城镇每个需要投资 2 亿元，现有的 1.8 万个小城镇改造需要投资 3.6 万亿元。两者合计需要投资 8.4 万亿元。这些投资包括基础设施和公用设施建设，也包括厂房、店铺和居民住房建设。如果把这笔潜在投资需求变为现实，将对钢材、水泥等建筑材料产生巨大需求。二是有利于扩大消费需求。推进城镇化，特别是发展小城镇，可以改善农民消费环境，有利于扩大农村消费需求。目前农民的平均收入水平虽然不高，但也有相当一部分农民具有较强的购买力。由于消费环境太差，这部分农民的购买力尚未得到实现。农民转入小城镇，供水、供电条件得到改善，将会增加家电产品的消费。一些农民原先消费自己生产的农产品将转向市场购买，从而增加农产品商品性消费。由发展小城镇而带来的投资需求和消费需求的增加，将对我国经济的长期发展发挥重大的支撑作用，构成未来一个较长时期内我国经济增长的推动力。

（二）推进城镇化，有利于促进农村非农产业发展，为农业剩余劳动力提供就业机会。我国目前有农村劳动力 4.9 亿人，其中从事农业的劳动力 3.3 亿人。按我国目前的农业技术水平，从事种植业的劳动力只需要 1.2 亿，从事林牧副渔业劳动力只需要 0.6 亿，合计只需要劳动力 1.8 亿。这意味着农业剩余劳动力达 1.5 亿。而且，今后每年农村还将增加近千万劳动力。如何为庞大的农业剩余劳动力提供就业机会，是我国经济发展面临的巨大挑战之一。解决好这个问题，不仅事关农村经济的繁荣，而且关系到农村乃至城市的社会稳定。乡镇企业的发展已经为农民提供了大量就业机会。目前全国乡镇企业吸纳的劳动力达到 1.3 亿多人。值得注意是，乡镇企业对劳动力的吸纳能力在下降。这虽然有乡镇企业技术进步、资本密集度提高的因素，但也与农村第三产业发展滞后有关。推进城镇化，特别是发展小城镇，可以促进农村第二、三产业的发展，从而吸纳大量农业剩余劳动力。从 80 年代以来新建的小城镇看，镇区非农产业主要是第三产业的发展，不仅可以满足已在小城镇居住的劳动力的就业需要，而且可以吸纳相当大数量的镇区以外的劳动力就业。据有关部门推算，2010 年全国小城镇总人口将达到 3.6 亿，镇区非农产业可容纳 2.1 亿劳动力就业，比现在增加 1.15 亿左右。这将极大地缓解农村就业矛盾，减轻外流人口对大中城市的压力。

（三）推进城镇化，为乡镇企业集中连片发展提供依托和载体，对实现经济增长方式的根本转变有积极作用。从经济总量来看，乡镇企业已经成为我国经济的"半壁江山"。如果乡镇企业的增长方式不转变，也就谈不上整个经济增长方式的转变。乡镇企业在发展初期，难免出现"村村点火，户户冒烟"的分散布局，难免粗放经营。在当时卖方市场条件下，这些问题尚不足以对乡镇企业的发展构成障碍。可是乡镇企业发展到目前，其分散化、小型化在许多地方带来了环境污染，滥占耕地，信息不灵，交通不便，基础设施规模不经济等问题，限制了乡镇企业上水平、上规模，阻碍其竞争力的提高。乡镇企业在买方市场的制约下，也同样进入了以结构调整为主要任务的新的发展阶段。乡镇企业结构调整、走集约经营道路的一个重要内容，就是布局的调整，逐步向小城镇集中。乡镇企业集中连片发展和小城镇建设结合起来，对于乡镇企业整体素质的提高将发挥重要作用。

（四）推进城镇化，有利于控制农村人口增长，提高农村人口素质。我国农村人口出生率之所以远远高于城镇水平，农村计划生育工作之所以难做，原因很多。如农村长期以来主要靠子女养老，农业生产活动对男性劳动力需求较大。这些都从客观上决定了农民千方百计多生育、多生子。但是，农民的生育行为也与农村长期形成的传统文化意识有密切关系。农民转移到小城镇居住，有利于他们接受新观念，屏弃旧传统，自觉遵守国家计划生育政策。小城镇的文化教育卫生等事业发展水平比村落高，人们能够享有比村落更好的精神生活，这有利于提高农村人口整体素质，进而有利于提高整个国民的素质。

二、推进城镇化应当坚持的原则

在强调推进城镇化的重大战略意义的同时，还要充分认识到城镇化是一个长期而复杂的过程。在这个过程中，必须遵循城镇化的一般规律，充分吸取其他国家的经验教训，避免走弯路。具体来讲，推进城镇化应当坚持以下两个原则。

（一）城镇化必须与农业现代化协调推进。目前我国农产品供给充裕，为推进城镇化创造了难得的机遇。在今后的城镇化过程中，必须始终坚持农业基础地位不动摇。研究表明，在城镇化的中期，农业很容易出现萎缩现象。法国城镇化发端于 19 世纪 30 年代，其小麦产量自 19 世纪 60 年代起出现明显停滞趋势，直至 20 世纪 40 年代才出现明显增长。英国城镇化起步于 18 世纪 60 年代，19 世纪 50 年代以后，其主要粮食作物小麦的产量每况愈下，也是直至 20 世纪 40 年代才出现明显增长。美国、德国、日本等国家都出现过这种局面。拉美国家城镇化超前、忽视农业和农村发展的教训更为深刻。20 世纪初，拉美国家曾成为世界上最大的农牧产品供应地。但战后至 70 年代中期，各国主要考虑工业的进口替代，忽视了农业的同步发展，大量农村人口涌向大城市。从 20 世纪 30 年代起，它们一直把 4/5 左右的国内外资金投向城市地区和工业部门，农村地区和农业部门得不到充裕的发展资金。各国农产品出口挣来的外汇也主要用于装备现代工业和充实城市地区的基础设施。其结果是，农业滞后，农村凋敝，城市贫民窟大量出现，通货膨胀严重，政治动荡不安，经济社会发展停滞。我们必须吸取这些教训，在城镇化过程中避免出现农业萎缩的局面。在宏观发展政策上，必须保持工业化、城镇化与农业现代化的平衡发展，不能忽视农业的发展。特别是在工业化、城镇化发展到一定阶段后，不能继续奉行剥夺农业的政策，而要适时转向支持和保护农业，以使农业能够为工业化和城镇化的加速推进提供足够农产品。在农业自身发展政策上，要注意创造条件推动土地流转，提高农业科技水平，发挥农业比较优势。

（二）城镇化的道路选择必须符合我国国情。中国的城镇化不能照搬别国模式，必须从自己的国情出发，走有中国特色的城镇化道路。一是从城镇体系看，要走大中小城市和小城镇协调发展的城镇化道路。我国农村人口众多，城乡差别明显，城市基础设施建设落后，将现有大城市作为吸纳农村人口的重点势必带来许多弊端。另一方面，我国 100 万人口以下的中小城市有 431 个，其中 20 万人以下的小城市有 382 个。这些中小城市的发展潜力还很大。在着重发展小城镇的同时，要积极发展中小城市，完善区域性中心城市功能，发挥大城市辐射带动作用，逐步形成切合实际的、合理的城镇体系。二是从城镇布局看，要因地制宜，不搞一刀切。从根本上讲，城镇化水平是由经济水平决定的。我国不同地区的经济发展水平和市场发育程度差异很大，推进城镇化一定要从各地实际出发，不能一个模式，不能盲目攀比。

三、采取切实有效的措施着重发展小城镇

发展小城镇是推进我国城镇化的重要途径。总的要求是：小城镇建设要合理布局，科学规划，规模适度，注重实效。加快小城镇建设步伐，应采取以下措施：

（一）做好规划，节约土地。小城镇建设不能遍地开花，一哄而起。要把发展的重点放到县城和部分基础条件好、发展潜力大的建制镇，使之尽快完善功能，聚集人口，发挥农村地域性经济、文化中心的作用。我国是一个人多地少的国家，加快小城镇建设必须注意节约用地。解决这个问题，关键是做好小城镇发展规划。应当明确，随着我国工业化、城镇化进程的推进，占用一些土地是不可避免的。其实，农民向城镇集中，既有增加城镇占地的一面，也有腾出村庄占地的另一面。湖北省襄阳县朱集镇四新村的 280 户农民，1996 年整体迁移到镇里，腾出耕地 280 亩。据分析，农民进镇比不进镇要节约土地。按多年资料计算，每增加一个城镇人口需要占用土地（就业和生活用地）80—90平方米，而每增加一个农村人口需要占用的土地，南方在 100 平方米以上，北方在 160 平方米以上。另据一些小城镇的实践表明，同样面积的土地，规划和布局合理的小城镇建设，要比农村建设多出 70% 以上的使用面积。为了既有利于节约土地、又有利于促进小城镇建设，应采取以下措施：一是主要着力于内涵挖潜和改造，充分利用旧城区，积极进行旧村的整理、荒地的开发和废弃地的复垦，提高土地利用效率。对乡镇企业用地和小城镇建设用地，应坚持有偿、节约原则。提倡统一规划、统一建设的做法。二是建立有利于小城镇建设用地的土地置换和存量调整机制。凡在小城镇镇域内经开发、整理和复垦新增加的耕地，由土地行政管理部门检查验收，在完成耕地占补平衡后，按实际增加有效耕地面积置换小城镇建成区建设用地指标，并允许跨年度使用。小城镇建设用地指标要纳入省、市、县建设用地总体规划和年度计划。严格控制进镇农民分散建房的宅基地审批，鼓励农民按统一规划集中建房或购买住房。鼓励宅基地"以旧换新"。对全家进入小城镇、转为非农业人口的农民，鼓励交出农村旧房宅基地，对其在小城镇建新房所需宅基地的收费应予适当减免。

（二）引导乡镇企业走集中连片发展的道路。城镇化是工业化的结果，没有工业化的城镇化只是"空中楼阁"。加快小城镇建设，必须以二三产业、特

别是乡镇企业的繁荣与发展为基础。但是，虽然城镇化是工业化的结果，而工业化并不必然带来城镇化。改革开放以来的一段时期，作为我国工业化"第二战场"的乡镇企业在农村蓬勃兴起。由于受城乡之间要素流动性差、乡镇企业投资主体的乡土文化特征等因素的影响，乡镇企业在布局上高度分散，没有遵循工业布局的一般规律。这种"村村点火，户户冒烟"的格局，利弊兼有。其利在于，企业无需投资建设生活设施，可以很经济地获得企业用地，企业可以得到社区领导人的支持。其弊在于，水电路等基础设施成本高，污染源高度分散、无法得到集中处理，无法形成对第三产业的集中需求。在不同发展阶段，会有不同的利弊权衡。在乡镇企业的起步阶段，分散布局利大于弊。但随着市场环境的变化，乡镇企业如果继续沿着起步阶段在特殊体制条件下形成的模式发展，会面临越来越多的困难。走集中连片发展的道路，是乡镇企业发展进入新阶段后的必然选择。应该说，促进乡镇企业集中连片发展作为一项政策已提出多年。有的地方制订了一系列促进乡镇企业集中的政策措施，建立了一些工业园区。然而实际进展并不大。乡镇企业向小城镇集中为何难？据有关部门调查，原有乡镇企业是否愿意从村里向乡镇工业小区搬迁、新建乡镇企业是否愿意在乡镇工业小区落户，取决于土地购置成本、基础建设配套程度、优惠政策的力度等。有的地方反映，乡镇企业在工业小区的经营成本相对过高。如各种摊派之和与上缴的合法税费几乎相当，土地购置成本是村里的两三倍。在这种情况下，乡镇企业没有集中的利益动力。为切实鼓励乡镇企业在小城镇集中连片发展，应考虑采取以下措施：一是实行新企业新办法。除少数不适于在城镇兴办的企业，原则上新办的乡镇企业都要在乡镇政府规划的工业园区内建设，村里办企业不予审批。原有分布在村里的乡镇企业应实行自愿集中的原则，以优惠政策吸引其向工业小区迁移，但原有企业需扩大规模时则应与新建企业实行同一政策。二是加大优惠政策的力度。为鼓励和吸引农村个体、私营企业自带资金到小城镇办厂经商，发展二三产业，为鼓励城市大中型工商企业到小城镇建立零部件加工网点和连锁经营网点，应有更明确、优惠程度更高、吸引力更大的优惠政策。

（三）**多渠道、多途径筹集小城镇基础设施建设资金**。在许多地方，基础设施差是乡镇企业不愿向小城镇集中、部分先富起来的农民不愿到小城镇建房、小城镇的经济社会功能得不到充分发挥的主要原因。加快小城镇建设，必须解决基础设施差的问题。而解决这个问题，又必须解决资金问题。长期以来，对大中城市基础设施建设，国家财政有相应的资金安排。对小城镇建设，只安排过少量的试点资金，多数地方则没有固定的投资渠道。要运用市场机制，更多地发挥民间投资的作用，逐步建立以政府投入为导向，主要依靠社会资金建设小城镇的多元投资和建设体制。一是国家适当投入一些引导性资金。采取中央与地方结合的财政性投资政策，对小城镇建设给予必要的支持。财政性投资用于小城镇建设的规划和前期费用，道路等基础设施和文化、教育、卫生等公益设施的建设费用。二是"以地生财"。土地是财富之母，小城镇存量建设用地的有偿使用收益，要主要用于小城镇基础设施建设。三是探索公共产品的商业化运作模式。根据谁投资、谁所有、谁受益的原则，各地可推行公益性基础设施有偿使用，按照当地居民的实际收入水平和投资还款期限，合理确定价格，引导公益性事业逐步向自我积累、自我发展的经营型方向转变。也可以把土地使用权与相邻基础设施的建设义务"捆绑"式地出让，谁投资基础设施建设，谁享有因此而形成的土地增值。四是商业银行要根据农村长远发展要求和信贷原则，相应增加信贷资金，用于小城镇的基础设施建设。

（四）做好其他配套工作。加快小城镇建设步伐，促进农村工业和农村人口向小城镇集中，是一个复杂的系统工程，涉及多方面的政策调整。首先，要进一步改革小城镇户籍制度，降低进入门槛。鼓励农民到县级市市区、县城关镇及县以下小城镇落户。凡在小城镇有合法住所、稳定职业或生活来源的人员，均可在小城镇落户，并在子女入学、参军、就业等方面享受城镇居民的同等待遇。对在小城镇落户的人员，不得收取城镇增容费或其他类似费用。其次，要真正赋予农民长期而又稳定的土地使用权。土地使用权长期化、物权化，不仅是稳定农业生产的需要，也是促进农民迁移小城镇的需要。农民进城后继续保留承包地的使用权，可以继续由本人耕种，也可以转租他人经营。第三，要建立社会保障体系。为了农民进城后生活和就业的稳定，根据小城镇的特点，鼓励保险机构到小城镇开展各类商业保险业务，以增强小城镇的凝聚力，吸引更多的农民进入小城镇。

（1999 年 3 月）

关于将小城镇建设
纳入新增国债资金使用范围的建议

1998 年增发的国债资金用于加强基础设施建设，对扩大内需、促进经济增长发挥了积极作用。1999 年国家继续实行积极的财政政策，有关方面正在考虑扩大财政赤字、再次增发国债的相关事宜。如最终确定 1999 年再次增发国债，建议将小城镇建设纳入国债资金使用范围。这既是贯彻落实十五届三中全会精神的具体体现，又与增发国债的出发点高度吻合。十五届三中全会通过的《中共中央关于农业和农村工作若干重大问题的决定》指出："发展小城镇，是带动农村经济和社会发展的一个大战略"，"有利于扩大内需，推动国民经济更快增长"。

一、推进小城镇建设是扩大内需的一个重要切入点

我国工业化与城镇化之间是不协调的。改革开放以前，受城乡二元体制的影响，我国城镇化水平没有随工业化同步提高。改革开放以来，我国不仅农业劳动力转移水平滞后于工业化程度，而且城镇化水平更加滞后于工业化程度。从 1985 年到 1997 年，我国二、三产业占国内生产总值的份额上升了 9.7 个百分点，而城镇人口份额仅上升了 6.2 个百分点。这表明，城镇化速度慢于工业化速度，二者间的不协调程度进一步拉大。抑制这个结构偏差的扩大，并逐步加以校正，对我国当前及今后中长期经济发展均具有重大战略意义：

（一）**有利于增加农民收入，扩大国内需求**。农村市场的开拓从根本上说受农民购买力不足的制约。改革开放以来，农民收入水平有了很大提高，农民

购买力明显增强。但农民收入水平低，购买力不足仍是突出矛盾。把农民消费提高到目前城镇居民的水平，需要经过长期努力才有可能。目前，不少人认为农村是个大市场，这是从农民消费水平很低、许多消费品尚未普及的角度来说的。1997年末农户储蓄存款余额只有9000多亿元，不到全国储蓄存款余额的20%，大量的结余购买力掌握在城镇居民手中。现在的局面是，一方面城镇居民主要耐用消费品已经普及、缺乏新的消费热点，购买力大量结余；另一方面农民收入增长缓慢、结余购买力不多，80年代建房热后本应出现的家电热迟迟未能形成。这个局面的出现，是城乡差距扩大的必然结果。城镇居民年人均生活费收入与农民年人均纯收入之比，一度从1978年的2.4：1缩小到1983年的1.7：1，此后又呈现扩大趋势，1997年已达到2.5：1。要把城镇居民已经普及的耐用消费品在农村普及开来，必须遏制并逐步缩小城乡差距，实现工农业之间、城乡之间的协调发展。

近几年来，农民收入增长速度明显下滑。这既影响到农业和农村经济的继续发展，又不利于开拓农村市场。目前农民减收因素很多，靠提高农产品价格的途径增加农民收入不可能，靠提高单产、增加总产从而增加农民收入又面临市场需求不足的制约。怎样增加农民收入，是摆在我们面前的一个紧迫任务。我们认为，可以把加快小城镇建设，当作增加农民收入的突破口来抓。加快小城镇建设，可以促进二、三产业的发展，吸纳大量农村剩余劳动力，增加农民收入。进而可以扩大国内需求，这表现在两方面：一是有利于扩大投资需求。小城镇建设，既包括水、电、路等公共基础设施建设，又包括工商企业和个体工商户的投资建设，还包括住房建设。特别是住房建设潜力巨大。建房是我国农民储蓄的主要动机之一，而长期以来作为农民，只能在本村分给的宅基地上建房。在乡镇企业发达地区，许多农民收入水平提高后，相互攀比，在有限的宅基地上多次翻建住房，浪费很大。如果把农民住房建设与小城镇建设结合起来，或者农民进镇自建，或者提供各类商品房，都将促进房地产业的发展，使房地产业真正成为农村新的经济增长点。二是有利于扩大消费需求。提高家电产品在农村的普及率，应从小城镇入手。部分先富裕起来的农民向小城镇集中，供水、供电条件得到改善，会增加家电产品的消费。

（二）**有利于增加对农产品的总需求，特别是商品性农产品和深加工农产品的需求。**目前我国农业发展已进入总量基本平衡、丰年有余的新阶段，农业生产发展由单纯受资源制约转向受资源和市场双重制约。在这个新的发展阶段，开拓市场成为农业发展的重要前提。目前全社会对农产品需求不足的一个重要原因，是城乡人口农产品消费水平差异过大和人口的城镇化水平太低。人口不断向城镇集中，社会对农产品的总需求、商品性需求、加工品需求都会不断增加。

首先，城镇化之所以能增加社会对农产品的总需求，是因为城镇居民对农产品的需求水平高于农村居民。1997 年全国城镇居民人均购买蔬菜 113.34 公斤、食油 7.2 公斤、猪牛羊肉 19.04 公斤、家禽 4.94 公斤、鲜蛋 11.13 公斤、水产品 9.3 公斤、食糖 1.63 公斤；农村居民人均消费蔬菜 107.21 公斤、食油 6.16 公斤、猪牛羊肉 12.72 公斤、家禽 2.36 公斤、蛋及蛋制品 4.08 公斤、鱼虾 3.38、食糖 1.35 公斤。城镇居民对麻、丝、毛、皮制品的需求也高于农村居民。我国有 12.36 亿人口，城镇化水平每提高一个百分点，就能增加城镇人口 1236 万人。以猪牛羊肉为例，1997 年城镇居民比农村居民人均多消费 6.32 公斤，如果城镇化水平提高一个百分点，就能使全社会对猪牛羊肉的总需求增加 7800 万公斤。

其次，城镇化之所以能增加社会对农产品的商品性需求，是因为农村居民对农产品的消费中自给性消费占相当比重。农村人口迁移到城镇后，不仅农产品消费总量会增加，而且原先自给性消费的那部分农产品也要从市场上购买。因人口迁移而发生的商品性需求增长，要大于总需求的增长。同样以猪牛羊肉为例，城镇化水平每提高一个百分点，全社会对猪牛羊肉的购买量的增长远不只 7800 万公斤。每种农产品总需求增长与商品性需求增长的差额，取决于农民对该产品的自给性消费水平。另外，城镇居民对深加工的农产品的需求高于农村居民，提高城镇化水平，有利于农产品加工业的发展。

二、推进小城镇建设首要的是增加投入，同时要完善相关政策，以利充分发挥国债资金的乘数效应

提高我国城镇化水平，关键是加快小城镇建设步伐。在许多地方，基础设施差是乡镇企业不愿向小城镇集中、部分先富起来的农民不愿到小城镇建房、小城镇的经济社会功能得不到充分发挥的主要原因。加快小城镇建设，必须解决基础设施差的问题。而解决这个问题，又必须先解决资金问题。长期以来，对大中城市基础设施建设，国家财政有相应的资金安排。对小城镇建设，只在90年代初期安排过少量的试点资金，多数地方则没有固定的投资渠道。实施小城镇建设这项大战略，国家在投资政策上应当给予倾斜。目前全国共有建制镇18,400多个，可考虑选择其中200个给予重点扶持，每镇安排国债资金和配套贷款各5000万元，这样，共需安排国债资金100亿元，配套贷款100亿元。国家投资主要用于小城镇建设的规划和前期费用，水电路等基础设施建设。

为了更好地发挥国债资金的乘数效应，还应完善相关政策，调动各方面的积极性：

第一，充分发挥民间投资基础设施建设的积极性。国家投入只能是小城镇基础设施建设所需资金的一小部分，大部分资金需要多渠道、多途径筹集，特别是要吸引民间资金投向基础设施建设。部分公共设施项目可以由企业和个人投资经营，有偿使用，实行谁投资、谁所有、谁受益。也可以把土地使用权与相邻基础设施的建设义务"捆绑"式地出让，谁投资基础设施建设，谁享有因此而形成的土地增值。商业银行可以根据农村长远发展要求和信贷原则，相应增加信贷资金，用于小城镇的基础设施建设。

第二，引导乡镇企业向小城镇集中。城镇化是工业化的结果，没有工业化的城镇化只是"空中楼阁"。加快小城镇建设，必须以二三产业、特别是乡镇企业的繁荣与发展为基础。但是，虽然城镇化是工业化的结果，而工业化并不必然带来城镇化。改革开放以来的一段时期，作为我国工业化"第二战场"的乡镇企业在农村蓬勃兴起。由于受城乡之间要素流动性差、乡镇企业投资主体的乡土文化特征等因素的影响，乡镇企业在布局上高度分散，没有遵循工业布局的一般规律。这种"村村点火，户户冒烟"的格局，利弊兼有。其利在于，企业无需投资建设生活设施，可以很经济地获得企业用地，企业可以得到社区领导人的支持。其弊在于，水、电、路等基础设施成本高，污染源高度分散、无法得到集中处理，无法形成对第三产业的集中需求。在不同发展阶段，会有不同的利弊权衡。在乡镇企业的起步阶段，分散布局利大于弊。但随着市场环境的变化，乡镇企业如果继续沿着起步阶段在特殊体制条件下形成的模式发展，会面临越来越多的困难。走集中连片发展的道路，是乡镇企业发展进入新阶段后的必然选择。

应该说，促进乡镇企业集中连片发展作为一项政策已提出多年。在部分地方，乡镇政府制订了一系列促进乡镇企业集中的政策措施，建立了一些工业园区。然而实际进展并不大。乡镇企业向小城镇集中为何难？据有关部门调查，原有乡镇企业是否愿意从村里向乡镇工业小区搬迁、新建乡镇企业是否愿意在乡镇工业小区落户，取决于土地购置成本、基础建设配套程度、优惠政策的力度等。有的地方反映，乡镇企业在工业小区的经营成本相对过高。如各种摊派之和与上缴的合法税费几乎相当，土地购置成本是村里的两三倍。在这种情况下，乡镇企业没有集中的利益动力。为切实鼓励乡镇企业在小城镇集中连片发展，应考虑采取以下措施：一是实行新企业新办法。原则上新办的乡镇企业必须在乡镇政府规划的工业园区内建设，村里办企业不予审批。原有分布在村里的乡镇企业应实行自愿集中的原则，以优惠政策吸引其向工业小区迁移，但原有企业需扩大规模时则应与新建企业实行同一政策。二是加大优惠政策的力度。为鼓励和吸引农村个体、私营企业自带资金到小城镇办厂经商，发展二、三产业特别是各种服务业，应有更明确、吸引力更大的优惠政策。

第三，引导部分先富裕起来的农民到小城镇建房、购房。支持农民按照小城镇建设规划的要求自建住房。可考虑实行宅基地"以旧换新"的办法。对全家进入小城镇、转为非农业人口，同时又交出原籍旧房宅基地的，在小城镇建新房所需宅基地的收费应予适当减免。大力发展小城镇房地产业，为进入小城镇的农民购买住房提供房源。对在小城镇购房、建房的实行信贷扶持政策，支持进入小城镇的农民申请贷款建房、购房。要进一步改革小城镇户籍制度，降低进入门槛。应以居住地为条件划分城镇人口与农村人口，以从事的职业为标准划分农业人口与非农业人口。对于在小城镇镇区落户的非农业人口，要妥善解决其子女入托、入学问题，以解除他们的后顾之忧。要真正赋予农民长期而又稳定的土地使用权。土地使用权长期化、物权化，不仅是稳定农业生产的需要，也是促进农民迁移小城镇的需要。农民进镇后继续保留承包地的使用权，可以继续由本人耕种，也可以转租他人经营。对已经在小城镇落户、有稳定住所和工作岗位的农民，应逐步探索建立养老、医疗、失业等社会保障办法，以增强小城镇的凝聚力，吸引更多的农民进入小城镇。

（1999 年 2 月）

进一步消除不利于小城镇发展的
体制和政策障碍

改革开放 25 年来，我国城镇化水平有了很大提高。特别是我国农业和农村经济发展进入新阶段以来，中央高度重视发展小城镇，把发展小城镇作为推动农村经济结构战略性调整、扩大农民就业、增加农民收入的重大战略举措和统筹城乡发展的重要切入点。十五届三中全会、十六大、十六届三中全会和历年中央农村工作会议，都对发展小城镇提出了明确要求，进行了具体部署。

25 年来，小城镇发展政策上有三个里程碑：（1）《中共中央关于一九八四年农村工作的通知》（中发〔1984〕1 号）提出："1984 年各省、自治区、直辖市可选若干集镇进行试点，允许务工、经商、办服务业的农民自理口粮到集镇落户"。这是户籍制度改革的序幕。（2）十五届三中全会作出了"发展小城镇，是带动农村经济和社会发展的一个大战略"的重要判断。这是认识上的一个重大进步，为此后的一系列扶持政策的出台奠定了基础。（3）2000 年 6 月 13日，中共中央、国务院发出《关于促进小城镇健康发展的若干意见》（中发〔2000〕11 号），明确了发展小城镇的重大战略意义、必须坚持的指导原则和10 年奋斗目标，并从规划布局、培育经济、资金筹措、建设用地、户籍管理、行政体制等多个方面提出了一系列政策措施，有些措施还带有突破性和里程碑意义，为小城镇发展提供了有力的政策支持。

在我国经济社会转轨过程中，体制和政策始终是影响小城镇发展的关键因素。围绕这个问题，讲三点意见。

一、促进小城镇发展，首先要把现有政策用好

现在很有必要把中央关于促进小城镇发展的政策措施进行系统梳理，看看哪些政策得到了落实，哪些政策落实得并不好，原因究竟何在。2000 年 11 号文件之前，中央关于促进小城镇发展的政策措施，概括起来，主要有：一是抓住重点，强调小城镇建设要搞好规划，重点建设好县城和县以下部分基础较好、发展潜力较大的建制镇；二是发展产业，强调要繁荣小城镇经济，把发展乡镇企业、农业产业化、农村服务业与建设小城镇结合起来；三是建好基础设施，强调要运用市场机制建设基础设施，能市场化运作的要尽量市场化，广辟资金渠道。

2000 年中央 11 号文件的内涵非常丰富，既是之前政策措施的系统总结，又有新的突破。11 号文件中有许多内容值得我们重新学习。以土地为例：(1)要通过挖潜，改造旧镇区，积极开展迁村并点，土地整理，开发利用荒地和废弃地，解决小城镇的建设用地。小城镇建设用地要纳入省（自治区、直辖市）、市（地）、县（市）土地利用总体规划和土地利用年度计划。对重点小城镇的建设用地指标，由省级土地管理部门优先安排。对以迁村并点和土地整理等方式进行小城镇建设的，可在建设用地计划中予以适当支持。(2)限制分散建房的宅基地审批，鼓励农民进镇购房或按规划集中建房，节约的宅基地可用于小城镇建设用地。(3)对进镇农户的宅基地，要适时置换出来，防止闲置浪费。(4)小城镇建设用地，除法律规定可以划拨的以外，一律实行有偿使用。小城镇现有建设用地的有偿使用收益，留给镇级财政，统一用于小城镇的开发和建设。小城镇新增建设用地的有偿使用收益，要优先用于重点小城镇补充耕地，实现耕地占补平衡。实际上，在土地问题上，还有一些政策规定值得我们深入挖掘。例如，中发 1985 年 1 号文件规定："县和县以下小城镇……规划区内的建设用地，可设土地开发公司实行商品化经营；也允许农村地区性合作经济组织以土地入股方式参与建设，分享收益，或者建成店房及服务设施自主经营或出租。"中发 2003 年 3 号文件规定："各地要制定鼓励乡镇企业向小城镇集中的政策，通过集体建设用地流转、土地置换、分期缴纳土地出让金等形式，合理解决企业进镇的用地问题，降低企业搬迁成本"。

除土地以外，其他方面也有许多内容还需要深入挖掘，学深吃透。比如小

城镇的财税体制问题。11号文件提出："逐步建立稳定、规范、有利于小城镇长远发展的分税制财政体制。对尚不具备实行分税制条件的小城镇，要在协调县（市）、镇两级财政关系的基础上，合理确定小城镇的收支基数。对重点发展的小城镇，在实行分税制财政体制之前，其地方财政超收部分的全部或大部分留于镇级财政"。

二、促进小城镇发展，还需要进一步消除体制和政策障碍

三年时间已经过去，当时尚未考虑到的一些问题，现在却越来越明显；当时尚未总结的一些经验，现在越来越有说服力。(1)土地制度。小城镇建设用地先征为国有，然后再由政府出让给开发商，带来许多问题：出让金能否全部留给镇政府；失地农民的遗留问题。应加快征地制度改革，严格界定公益用地范围和政府的征地权利，提高补偿标准；经营性用地，由开发商与农民谈判，通过市场形成价格；探索集体非农建设用地进入市场的有效途径。关键在管住第一道关口，即耕地转为非农建设用地。没有必要先征为国有。(2)社会保障。进镇落户者与原有城镇居民能否享有同等待遇，是一个有待解决的新问题。11号文件的规定是"从2000年起，凡在县级市市区、县人民政府驻地镇及县以下小城镇有合法固定住所、稳定职业或生活来源的农民，均可根据本人意愿转为城镇户口，并在子女入学、参军、就业等方面享受与城镇居民同等待遇，不得实行歧视性政策。对在小城镇落户的农民，各地区、各部门不得收取城镇增容费或其他类似费用。"其中没有包括最低生活保障问题。现在看来，有必要考虑这个问题。(3)金融支持。11号文件规定："国有商业银行要采取多种形式，增加对小城镇建设的贷款数额，逐步开展对有稳定收入的进镇农民在购房、购车和其他消费方面的信贷业务"。现在看来，仅有这种规定是不够的，必须明确金融机构对农村社区的再投资义务，并创新金融产品。

三、促进小城镇发展，需要消除农村集体产权制度对人口迁移的拖累

农村人口能否向城镇迁移，不仅要受到户籍的限制，而且也取决于自身迁移成本与迁移收益的比较。迁移成本，除包括取得户籍所需费用、搬迁费用等实际支出外，还包括放弃在原社区集体资产中所享有份额的潜在损失。有的地

方甚至规定，农户到小城镇落户后必须将土地承包经营权退回给原社区集体。迁移收益，包括子女入托、上学更加方便，生活更加便利，较好的就业前景等。对社区集体非农资产不雄厚、土地增值机会不大的地区的农村人口而言，迁移收益一般是大于迁移成本的，人们一般也愿意向小城镇迁移。但是，对部分集体资产实力雄厚、土地增值前景看好的社区，向小城镇迁移、"农转非"的成本如此之高，以至于人们拒绝改变自己的"农民"身份、拒绝放弃自己的"农村"户口。退出社区即意味着丧失一大块资产，已成为部分地方城镇化的重大障碍。农村集体经济的产权制度安排，已越来越不适应人口跨社区迁移的需要，特别是不适应农村人口向城镇迁移的需要。

对农村人口向小城镇迁移而言，如果说以前户籍管理制度的主要作用是"挡"，那么农村集体产权制度的主要作用是"拖"。"挡"的力量正在消失，"拖"的力量却随集体资产（主要是土地资产）的增长而越来越大。推进小城镇发展，除了需要向农民打开城门、降低门槛外，也需要重构农村集体经济的产权制度。部分地方实行社区股份合作制改革，把社区集体资产折股量化到社区全体成员，为重构农村集体产权制度进行了一些探索。但不少地方量化到人的股份只是分红的依据，不能继承、抵押、转让，还不是完全产权；还有相当比重的股份继续由社区集体持有；个人股份的持有以取得和保留社区成员身份为前提，脱离社区不能带走股份。这种改革还不完全适应农村人口向城镇迁移的需要。

构建有利于农村人口城镇化的集体产权制度，尚需在以下方面努力：第一，对非农集体资产实行"折股到人、股随人走"的办法。也就是在目前实行的社区股份合作制改革的基础上，降低以至取消社区集体持股，赋予个人股更全面的权利，使其逐步向完全产权过渡。股份的持有不再与社区成员身份挂钩，脱离社区者可以将其股份转让，也可以继续持有。社区外部成员也可以向社区集体经济参股。第二，农用地的承包经营权、宅基地的使用权物权化。在保留社区集体所有的名义下，耕地 30 年、非耕地 50 年的承包期限可以进一步延长，以至长期化；农地承包经营权和宅基地使用权可以继承、抵押和转让；社区成员脱离社区后，可以继续持有农地承包经营权和宅基地使用权。

（2003 年 9 月）

促进农业剩余劳动力转移的政策建议

在目前及今后一个较长时期的工业化进程中，中国将面临一系列难题。为庞大的劳动力队伍、特别是数量巨大的农业剩余劳动力提供就业机会，是这些难题中最具挑战性的一个。就业问题能否得到成功解决，不仅取决于城市国有企业"下岗"职工是否得到妥善安置，而且也取决于农业剩余劳动力能否得到充分利用。很难设想，在城市劳动力就业问题基本得到解决、而农业剩余劳动力大量存在的情况下，可以宣称中国不存在就业问题、中国没有就业压力。农业剩余劳动力大量存在对中国经济社会发展的压力，绝不亚于城市国有企业职工"下岗"对社会稳定、经济发展构成的威胁。在把扩大就业作为经济发展的基本政策目标的同时，政府应当在促进农业剩余劳动力转移上下更多的工夫。

一、继续推行适合我国国情的工业化战略

在工业化的起步阶段，我国最基本的国情，是人口众多，自然资源贫乏，资本积累不足。所奉行的工业化战略如果不能充分利用相对充裕的人力资源，则必定会遭受挫折。对比中国的两个发展阶段，可以明白无误地说明这一点。70 年代末以前，奉行资本密集型重化工业优先发展的战略，工业化的发展没有相应带动城市化和就业结构变动。最丰富的人力资源不能在城乡之间统筹配置。城市用工实行计划管理，农村劳动力由人民公社严加看管，农业中的隐蔽性失业十分严重。1978 年我国 GDP 中工业占 44%，而城市化水平仅 18%。世界多数国家工业占 GDP 的 30%时，城市化率可达 50%。由此可见，我国人口城市化进程大大滞后于工业化进程。70 年代末以来，工业化战略有较大调整，轻纺工业得到优先地位。计划体制之外的经济因素不断扩张，乡镇企业、三资

企业、城市的传统部门（如零售商贩、家庭佣工、建筑工、清洁工等）成为促进劳动力市场形成的需求因素；人民公社的解体、劳动力的自由解放、农业劳动生产率的提高，成为促进劳动力市场形成的供给因素。市场化改革导致劳动力市场形成，通过市场配置劳动力资源又必然带来农业剩余劳动力转移这一结局。从1978年到1997年，我国城市化率上升了近12个百分点，第一产业就业份额下降了20多个百分点。劳动力资源在产业之间、城乡之间的再配置，成为中国经济20年来持续快速增长的重要支撑力量之一。尽管如此，我国劳动力资源再配置，尤其是农业剩余劳动力向城市和非农产业再配置的潜力仍然很大。在今后一个较长发展时期，我国应继续奉行优先发展劳动密集型工业这一适合我国国情的工业化战略。这是基于以下两点考虑：

一是对发展中国家经济发展进程的比较研究表明，在经济发展进程中存在一个增长加速期。这种增长加速现象，既不能从总要素增加得到解释，也不能从技术变迁得到解释。唯一的解释就是资源再配置。资源再配置效应是增长加速的源泉。在资源再配置效应中，劳动力资源的再配置是一个重要方面。劳动力从边际生产率低的部门向边际生产率高的部门再配置，有利于总体劳动生产率的提高。据美国哈佛大学钱纳里教授等人的研究，按人均国民收入将经济发展划分为100—140、140—280、280—560、560—1120、1120—2100、2100—3360和3360—5040美元7个阶段，劳动力在部门间的再配置占劳动生产率增长的份额分别为5.7、5.5、9.0、12.5、14.0、7.5和1.5个百分点。其中，第五阶段劳动力再配置效应最为明显。中国目前的经济发展水平非常接近这个阶段，应高度重视劳动力在部门间的再配置对经济增长的积极作用。

二是以出口为导向、发展外向型经济，要发挥我们的比较优势，主要是劳动力资源优势。从经济发展与对外贸易的关系看，有两种截然不同的对外贸易战略。一种是进口替代，以增加国内生产、减少进口为出发点。另一种是出口导向，以出口贸易带动国内工业发展为出发点。走第一条道路的拉美国家，与走第二条道路的东亚、东南亚国家和地区，有着鲜明的对比。我们只能选择第二条道路。改革开放以来，我国出口贸易发展迅速。1997年出口总额达1827亿美元，比1978年增长17倍多；出口贸易构成中，工业制成品所占比重达到87%。出口贸易的增长主要由工业制成品出口增长推动。而在工业制成品出口中，劳动密集型产品占2/3以上。我国劳动密集型工业制成品在发达国家的市场占有率已领先于韩国、台湾和香港。如果没有劳动力向乡镇企业转移、同沿海地区转移，我国的劳动力资源优势就得不到发挥，劳动密集型工业制成品的出口就不可能取得这么好的成绩。

二、正确处理农业剩余劳动力异地转移与就地转移的关系

促进农业剩余劳动力转移，必须正确判断劳动力的需求市场究竟在哪里。这直接关系到农业剩余劳动力的转移方向。人们之所以对究竟应向沿海及大中城市转移，还是应坚持"离土不离乡"就地转移消化争论不休，关键正在于对劳动力的需求市场有不同的判断。主张向沿海及大中城市转移的人认为，沿海和大中城市经济增长迅速，劳动力市场繁荣，寻找就业机会比农村容易，工资也较高。主张"离土不离乡"就地转移消化的人认为，沿海和大中城市人满为患、对劳动力的吸纳能力有限，不可能大量容纳农村来的劳动力。我们认为，目前及今后一个时期，大中城市和沿海发达地区仍将是农业剩余劳动力转移的主要去向。理由是：第一，我国大中城市仍有较大的增容空间，而且扩大大中城市、特别是中等城市人口规模的经济、社会和环境成本，比兴建小城镇低得多。第二，农业剩余劳动力大量向小城镇转移，只有当小城镇的劳动力市场可与沿海及大中城市的劳动力市场相竞争时才有可能。

必须明确的是，在幅员广阔的国家的经济发展过程中，地区之间有一个从相对平衡到不平衡再到相对平衡的演变过程。中国目前正处于从相对平衡到不平衡演变的阶段。既然地区不平衡是客观存在，不以人的意志为转移，那么就应当尊重这个事实。应当看到，地区不平衡，是有利于中国整体经济发展的。先培育一些增长点，再依靠增长点的扩散、辐射作用，带动外围发展，是比较正确的发展思路。在大中城市和沿海发达地区与农村腹地之间，有许多关联渠道。劳动力的流动是一个重要方面。对大中城市和沿海发达地区而言，流入的劳动力是一种廉价资源，有利于降低工资成本，增强产品竞争力；对农村腹地而言，劳动力的流出，有利于提高本地劳动力的就业水平，增加本地的收入和资本积累，为经济起飞创造条件。

当然，主张农业剩余劳动力向大中城市和沿海发达地区转移，并不意味着否认做好农业剩余劳动力在农村腹地消化转移工作的必要性和广阔前景。我国虽然人均耕地少，但耕地以外的山场、水面等农业资源很丰富，扩大农业内部

就业、减轻劳动力剩余程度大有可为。继续推进乡镇企业发展，可以为更多的农业剩余劳动力实现就地转移提供机会。

三、打破城乡封锁，消除就业歧视，构造城乡统一的就业市场

目前看来，劳动力的全国统一市场发育程度很低，地区之间、不同所有制企业之间和城乡之间的劳动力资源配置还受许多非价格因素的制约，劳动力的边际生产率差异很大。在构造城乡统一的劳动力市场方面，应采取以下措施：

第一，加快城市部门劳动就业制度的改革，提高城市劳动力市场的发育程度，实现用人单位与劳动者双向选择。这是破除城乡劳动力市场分割的必然要求。现在的局面是：城市的劳动者在不同单位尤其是不同所有制性质单位之间的流动困难重重，其中既有政策不完善的因素，也有劳动者观念上的原因；为解决自身就业压力，城市的许多职业岗位对没有本地户口的外来劳动力而言是不可能进入的。如北京市曾明确规定限制使用外地务工人员的行业和工种，连商业企业营业员都被列为限制使用外地务工人员的工种。又如南京市曾清退大专院校从事门卫、膳食、环保等工作的农民工，对招用农民工从事这些工作的单位处以罚款，理由是这些工种禁止或限制使用外来民工。深圳则实行按比例就业的办法，要求用人单位招用员工时，应本着"先市内、后市外"的原则，优先招用本市居民；未达到规定比例的用人单位，不得新招劳务工；超出比例部分的原有劳务工，合同期满后不得续用。这带来相应的两个问题：一是在有本地户口的劳动者之间因单位性质不同而形成二元市场；二是在有本地户口与无本地户口的劳动力之间形成另一种二元市场。城市劳动力市场的这种"双重二元结构"格局，既不利于人力资源的优化组合，又不利于增强劳动力市场的竞争程度。

第二，发育劳动力市场中介组织，提供信息服务，增强市场透明度，降低供需双方的交易成本。在需求市场上应建立劳动力职业介绍所等中介组织，用人单位可以到这类中介组织登记。在供给市场上应建立劳动力输出服务组织等中介机构，提高输出的组织化程度，并可进行适当的培训。还可以通过区域合作等方式沟通需求市场与供给市场。劳动力市场的行政管理部门在这方面应有所作为。

四、把外来工对住房、学校等设施的需求纳入城市整体建设规划

农业剩余劳动力转移的一个重要途径是流入大中城市和沿海发达地区。流入地政府应在对这些外来人口的管理中将服务与管理紧密结合，把外来人口视同常住人口对待，积极为他们服务。特别是要把外来工对住房、学校等设施的需求纳入城市建设规划。如果一个城市仅仅根据有本市常住户口的人口数来规划城市的发展，而将外来人口排除在规划之外，那么将来必定会出现基础设施严重不足的局面。在这个问题上，大中城市和沿海发达地区的地方政府一定要转变观念，不能把外来人口视作包袱。外来人口在流入地工作和生活中最感困难的莫过于住房问题。一些地方针对外来人口租住私房条件差、房租贵、住地分散、管理难的实际，多方筹集资金兴建外来人口居住点。有 47 万外来人口的厦门市，近年来采取集体集资、村委会兴建、个人投资等办法，兴建有快餐厅、理发室、音乐茶室、图书店、邮电门市部等服务设施的外来人口公寓 80 幢，解决了 2 万多暂住人口的居住难问题。1998 年，厦门市政府又投资 2200 万元，兴建 22 幢共 250 套外来人口公寓，解决了 5000 多暂住人口的住房问题，形成"外来人口生活区"，使暂住人口从分散居住逐步向公寓型集中居住、统一管理转变。有 300 万外来人口的北京市，将在海淀、朝阳、石景山、丰台等地建设五个外来人口临时居住点。根据规划，每个居住点的建筑面积将控制在 1 至 3 万平方米，一般为 1 至 2 层建筑，户型结构分为家庭式和单身集体宿舍式两种，设施标准将根据外来人口的特点，以适用、经济、完善为主。其中丰台区大红门村居住点是北京市第一个外来人口临时居住点，工程用地 3 公顷，建筑面积 3 万平方米，可安置外地来京务工、经商人员约 5000 人。建设外来人口临时居住点，将为合法务工、经商的外来人口工作和生活创造一个良好环境，为加强外来人口有序管理探索一条新路。厦门、北京等地虽然目前只能为极少数外来人口提供合适住房，但这种做法是一个良好开端。

除住房外，外来人口面临的另一个"硬件"问题是子女上学难。随着举家流入城市和发达地区的人口的增多，以及流入城市和发达地区后结婚生育现象的增多，外来人口子女入托、上学问题日显突出。目前举家来京长期居住的外来人口达 30 多万户。父母双方都已进城就业、并随父母进城的儿童，很难返回原籍上学；进城后生育的儿童，其父母受城市文化的影响较深，其转移具有

不可逆性，很难再融入农村社会，返回原籍上学的难度更大。目前这些儿童入托、上学的主要途径有两个：一是进入城市体制内的幼儿园、学校；二是进入针对外来人口兴办的幼儿园、学校。前一个途径"门槛"太高，一般外来民工承受不起高昂的"赞助费"、"借读费"。后一个途径不被城市政府的职能部门承认，没有取得合法地位。前几年，有的地方出现过专门为民工子弟服务的学校，但被当地政府的教育行政管理部门以不符合当地办学标准为由，予以关闭。更多的儿童则处于失学状态。如果这部分儿童在城市得不到适当教育，不仅将影响他们今后一生的发展，而且将形成一个特殊的人群，不利于提高城市人口的整体素质。流入地政府应当采取措施，以充分利用城市现有教育资源、降低外来人口进入体制内幼儿园、学校的门槛；制定符合外来人口经济实力的办学标准。

五、妥善解决进城民工的社会保障问题

进城民工中，有一部分若干年后会回原籍，承包地是其最后的生活保障。但也有一部分人、特别是一些年轻女性的转移具有不可逆性，不可能再回到农村。对这部分"沉淀"下来的转移人口，无视其今后的生活保障问题是不现实的。应根据不同情况，采取不同的养老、失业和医疗保险制度。对那些在非正规部门就业的劳动力，如个体商贩等，主要以个人储蓄和参加商业保险的方式取得养老、失业和医疗保障。对那些在正规部门就业、签订劳动合同的劳动者，应纳入社会保险覆盖范围，就业单位应在支付工资报酬之外为这些流动性极高的劳动者缴纳社会保险统筹费。

一个需要研究和探索的问题是，可考虑采取措施，将解决进城民工对原有社区资产的分享，与解决他们进城后的社会保障问题结合起来。具体办法是，成立专门针对进城民工的社会保障体系，由这种社会保障体系对进城农民在原社区所拥有的农地经营权、非农资产进行集中托管。托管者一方面将这部分农民的土地经营权集中起来，以招标的方式出租给规模经营者；另一面经营好集中起来的非农资产。托管者以所取得的租金收入、红利收入，支付进城农民的社会保障费用。这类似于目前发达国家的共同投资基金、养老基金等。这种结合的条件是成熟的：首先，土地承包期延长30年不变、30年以后也没有必要再变的政策，使土地承包权具有物权的属性；其次，股份合作制等制度创新，

为社区非农资产的分割和人格化提供了成功经验。实现这种结合，不仅为进城民工的社会保障提供了资金来源，而且可以解决土地规模经营和耕地撂荒问题。许多已有稳定的非农就业机会和非农收入来源的农户，之所以缺乏转包土地的积极性，宁可粗放经营甚至撂荒，主要是这部分已经非农化的农民不能进入城市部门的社会保障体系，不愿脱离与原社区的关系。这样，农业经营规模难以扩大、农业竞争力难以增强。实行土地集中托管后，就可以解决这些问题。

六、实施较为宽松的户籍管理制度

不仅县及县以下城镇户口要放开，大中城市也要创造条件让那些已连续进城务工经商多年的劳动者能定居下来。在户籍制度改革过程中，要尽量降低农业剩余劳动力定居下来的成本。目前，农民要取得城市永久居留权，必须支付城市土地使用费、城市基础设施建设费、城市就业安置费等。由于这个原因，许多外出打工时间较长者，积累了一定的资本后，往往选择回故乡。这虽然有其积极的一面，如可以带动故乡的经济发展，但其弊端亦十分明显。一是，这类"候鸟型"民工短期行为严重，没有长期稳定的预期，不利于企业的管理、不利于培养职工与企业同舟共济的精神。在这种情况下，民工与企业的关系，是一种纯粹的雇佣劳动关系。民工关心的是短期收入，而不是企业的长远发展。二是，"候鸟型"转移不利于输入地区劳动熟练程度的提高。目前，转移出去的农业剩余劳动力主要从事劳动密集型工作，这种工作与高新技术行业的工作有很大不同。高新技术行业主要依靠工程师，而劳动密集型行业则主要依靠劳动熟练程度较高的工人。由于不能定居下来，许多打工数年、熟练程度较高的民工往往返回家乡。据安徽阜阳的一份资料介绍，这类"回归者"一般都有5—10年的打工经历，基本上都掌握甚至精通一门或数门技术，60%左右在回归前是用人单位的技术骨干，20%左右在回归前既是技术骨干又是中层管理人员。三是，"候鸟型"转移加重了交通运输压力、增加了民工本人的费用支出，还不利于输入地区的社会治安。由于不能定居下来，许多民工很难融入当地社会，增加了冲突与犯罪的概率。有鉴于此，民工输入地区应尽量降低熟练工人定居下来的成本。

(1999 年 8 月)

农村劳动力转移
对我国工业化城镇化的影响分析

　　我国正处于经济社会结构急剧变迁阶段，其中最显著的结构变迁现象之一是农村劳动力大规模转移。已然发生并将长期持续的农村劳动力从农业向非农产业、从农村向城镇、从内陆向沿海地区的大规模转移，是人类历史上最为波澜壮阔的劳动力大转移。农村劳动力大规模转移对我国工业化城镇化到底起到什么作用，对我国经济成长到底有多大贡献，到底存在哪些深层次问题有待解决？本报告主要利用 2006 年第二次全国农业普查数据，辅之以常规性年度统计调查数据和其他典型调查，对上述问题做出初步回答。

一、农村住户户籍劳动力已占我国二三产业总就业人数的近一半，农村劳动力大规模转移促进了国家整体工业化进程

　　2006 年，全国农村住户户籍从业人员中从事二三产业的人数为 21,584 万人，占全国农村住户户籍从业人员的 38.9%，占全国二三产业全部就业人数的49.2%。总体而言，2006 年农村住户户籍从业人员中，超过 1/5 的人从事第二产业、近 1/5 的人从事第三产业；全国第二产业就业人员中超过 3/5 的人、全国第三产业就业人员中近 2/5 的人，持有农村住户户籍。农村住户户籍劳动力已成为我国产业工人的主体。

　　各地农村住户户籍从业人员从事二三产业的比例呈现以下特征：沿海经济发达地区和中部人地关系紧张地区，转移就业比重较高；人均耕地面积较多、劳动力剩余程度较轻的东北地区，以及生活习俗、语言文化与沿海地区有较大

差异的西北和西南民族地区转移就业比重较低；各地从事第二产业比例的差异程度，显著高于从事第三产业比例的差异程度。

农村住户户籍从业人员在我国二三产业内部各行业就业人员中的占比普遍较高，特别是在劳动密集型行业中已成为主要部分。据第五次人口普查资料，农民工在第二产业从业人员中占58%，在第三产业从业人员中占52%；在加工制造业从业人员中占68%，在建筑业从业人员中占80%。在我国工业化的现阶段，以农村住户户籍劳动力为主的非农行业在我国国民经济中占有重要地位。农村劳动力的流入增强了我国劳动密集型工业的国际竞争力。

二、农村劳动力"离土不离乡"和"离土离乡不进城"共同推动了农村工业化进程，农村工业化的快速发展促进了国家工业化进程

就地转向农村非农产业依然是农村劳动力的重要就业出路。2006年，在农村住户户籍从业人员从事二三产业的人中，在本乡镇范围内从事二三产业的分别占37%和45.4%；二三产业合计，农村住户户籍从业人员中"离土不离乡"的占40.6%。

农村住户户籍从业人员除在本乡镇地域范围内从事二三产业外，还到其他地区的农村从事二三产业，也就是"离土离乡不进城"。2006年，全国47,852万农村常住从业人员中，有2762万人户籍不在本乡镇，属于跨乡镇就业，约占农村常住从业人员的5.7%。

农村住户户籍劳动力就地转向二三产业（离土不离乡），以及向外地农村二三产业转移（离土离乡不进城），共同推动了农村就业结构的非农化。2006年，在全国农村常住从业人员中，从事二三产业的人员分别达到15.6%和13.6%。农村常住从业人员的非农化程度，东部地区明显高于中部、西部和东北地区。

农村劳动力在农村地域范围内向非农产业转移，还推动了农村产业结构的非农化。2006年，在农村各业增加值构成中，第二产业和第三产业分别占到54.8%和15.6%。尤其值得关注的是，具有中国特色的"乡镇企业异军突起"，在农村开辟了我国工业化的第二战场，促进了国家整体工业化进程。从总量看，2006年农村第二产业和第三产业增加值分别占全国第二产业和第三产业增加值的45.4%和30.2%，分别占全国GDP的22.2%和11.9%，这表明农村第

二、三产业已成为国民经济的重要组成部分；从增量看，2006年农村第二产业和第三产业增加值的年增长额分别占全国第二产业和第三产业增加值年增加额的44.7%和27.6%，分别占全国GDP年增加额的29.4%和8.1%，这表明农村第二、三产业已成为我国经济成长的重要贡献因素。

三、农村劳动力进城为城镇经济发展提供了大量劳动力资源，进城农村劳动力及共同生活人口是我国城镇人口扩张的主要来源

从农村住户户籍外出从业人员占城镇就业人员的比重来看，2006年达到37%。在一些典型城镇（如广东东莞等地）和城镇的一些典型行业（如居民服务业等行业），持有农村住户户籍的从业人员占更高比率。

从农村住户户籍外出从业人员及其随行共同生活人口占城镇人口比重来看，2006年达到23%。离土离乡进城的农村住户户籍外出从业人员及其随行共同生活人口，是我国城镇常住人口的重要组成部分。2006年全国农村登记住户人口为87,768.1万人，其中常住人口为74,576.1万人，照此推算，全国农村登记住户人口中约有13,192万人常住在城镇。

从农村住户户籍外出从业人员的从业城市看，地级以上大中城市占60%以上。据国家统计局对全国31个省（区、市）6.8万个农村住户和近7100个行政村的抽样调查，2006年农村外出务工劳动力13,212万人中，在地级以上城市务工的劳动力占64.7%，在县级市务工的占20.2%，其他约15%的劳动力在乡镇、村从业。

从农村住户户籍外出从业人员的从业区域看，东部地区占70%以上。2006年农村常住户外出务工劳动力中，70.1%在东部地区就业，14.8%在中部地区就业，14.9%在西部地区就业，0.2%在其他地区就业。各地离土离乡农村劳动力中，按离乡距离的不同，对各地城镇化的推动作用也不相同：在乡外省内转移，促进了本省城镇化；在省外境内转移，促进了他省城镇化。显然，农村劳动力外出务工对东部地区城镇化的推动作用超过了中西部地区，甚至对西部地区城镇化的推动作用超过了中部地区。

四、农村劳动力转移是我国经济成长的重要推动力量

在推动国民经济长期持续快速增长的众多因素中，劳动力资源的再配置效

应居重要地位。这种再配置效应体现在三个方面：劳动力资源从生产率较低的农业部门向生产率较高的非农产业部门转移，提高了全社会的劳动生产率；农村劳动力以极低的工资水平大量转向非农产业，延缓非农产业劳动力成本的上涨，促进了非农产业的快速发展；农村劳动力转向非农产业和城镇就业，因收入增加和消费方式变化导致消费水平提高，通过扩大内需促进经济增长。

从第一个方面看，转移劳动力的劳动生产率"溢价"是国民财富的重要源泉之一。2006 年，我国二三产业平均劳动生产率比第一产业分别高 46,277 元 /人和 29,714 元 /人。同年，农村住户户籍劳动力从事二三产业的人数分别为 11,810 万人和 9774 万人。假设从事二三产业的农村住户户籍劳动力的平均劳动生产率与全国二三产业的平均劳动生产率相等，则转向二三产业的农村住户户籍劳动力的劳动生产率"溢价"分别达到 54,653 亿元和 29,042 亿元，分别相当于当年全国 GDP 的 25.8%和 13.7%；总"溢价"为 83,695 亿元，相当于当年全国 GDP 的 39.5%。

从第二个方面看，转移劳动力的工资和福利"差价"是工业化城镇化资金积累的重要源泉之一。由于农村住户户籍劳动力与城镇户籍劳动力处于不平等竞争地位，转向二三产业的农村住户户籍劳动力的平均工资和福利水平明显低于城镇职工的平均工资和福利水平，由此形成转移劳动力的工资和福利"差价"。这种工资和福利"差价"的存在，为我国劳动密集型产业的发展提供了有力支撑，为工业化城镇化提供了大量资本积累。据国家统计局的农村住户抽样调查，2006 年外出务工农民的月收入平均为 946 元，按一年工作 10 个月推算，外出务工农民年收入为 9460 元，绝大多数农民工没有参加养老等社会保险；当年全国职工平均年工资为 21,001 元，加上各种社会保险，雇佣一个城镇职工的成本大致为 29,400 元。综合计算，雇佣一个农民工比雇佣一个城镇职工"便宜"20,000 元。按照 2006 年农村住户户籍从业人员从事第二产业 11,810 万人匡算，农民工的低成本为国家工业化提供的积累达到 23,620 亿元，占当年全国第二产业增加值的 23%；按照 2006 年农村住户户籍外出从业人员中约有 10,453 万人进入城镇就业匡算，农民工的低成本为城镇经济提供的积累达到 20,906 亿元。

从第三个方面看，转移劳动力的消费"拉力"是内需增长的重要源泉之一。体现在两个方面：一是收入增加产生的消费"拉力"。2006 年农村住户户籍劳动力从事二三产业的人数为 21,584 万人，按人均年收入 9460 元匡算，农村住户共从非农产业获得就业收入 20,418 亿元。当年农村居民家庭平均消费倾向为 0.79。由农村住户户籍劳动力非农就业收入派生出来的生活消费支出为 16,130 亿元，占当年农村居民消费的 76%，占当年全社会居民消费支出的 20%。二是消费方式变化产生的消费"拉力"。农村住户中，转移就业人数和转移就业收入较多的家庭，受家庭常住人口结构变化、务工城市消费风尚的影响，其消费支出、特别是现金消费支出较多。

五、工业化城镇化进程中农村劳动力转移面临的若干深层次问题及建议

（一）**关于农村劳动力转移的拐点**。还有多少农村富余劳动力可以继续向外转移、特别是向沿海地区转移，不仅事关农业农村发展，而且事关产业结构的调整升级和工业化城镇化的继续推进。有人认为，前些年一些地方出现的招工难现象，预示着我国二元经济结构正在发生变化，我国经济发展已进入"刘易斯转折区间"。也有人认为，我国农村富余劳动力数量依然庞大，继续向外转移的潜力依然很大。我们认为，从总量和占比看，农村富余劳动力继续向农外转移的潜力仍很巨大；但农村劳动力在总量剩余的同时，呈现明显的结构剩余特征：中老年劳力多、青壮年劳力少；季节性剩余多、常年性剩余少；西部和边远地区剩余劳力多，其他地区剩余少。经过 20 多年持续向外转移，我国多数地方农村劳动力剩余程度已有很大改变，不再具备典型的"无限供给"特征，已从数量的"无限供给"阶段转向"结构剩余"阶段、从工资的"低水平徘徊"阶段转向"持续上升"阶段。为此，一方面应把提高劳动生产率作为现代农业建设的重要目标，在接续和提升农业产能的同时，继续释放出农业富余劳动力；另一方面应把促进沿海地区产业转型和结构升级作为国家产业政策的重要取向，转变依靠大量使用低工资劳动力支撑高速增长的发展模式，增强对农民工工资上涨的消化能力。

（二）**关于农村劳动力融入城市社会**。我国农村劳动力转移受制于以户籍制度为基础的城乡分割体制，具有"就业在城市、户籍在农村，劳力在城市、家属在农村，收入在城市、资产在农村，生活在城市、根基在农村"的特征，是典型的流动式转移，以转移出去的劳动力最终都要回来为逻辑起点。这种流

动式转移有其相对优势，但弊端更为突出。权衡利弊，还是应当把促进转移就业劳动力融入城市社会作为明确的政策取向：加快户籍制度改革步伐，取消城市各种与户籍捆绑在一起的经济社会政策，特别是在低保、保障性住房等方面不能把进城农民工排除在外；城市政府在制定基础设施建设和公共服务发展规划时，要把全部常住人口而不仅是户籍人口的增长趋势作为规划的依据；推进农村承包土地、宅基地和其他集体资产产权制度改革，增强农民拥有的资产的可流动性，使愿意永久退出农村、迁入城市的农民可以作为"有产者"进城。

（三）关于"二代农民工"问题。这个问题与农村劳动力融入城市社会问题有关，但又有着不同的形成原因，需要给予特别关注。包括三种情形：一是在农村出生、长大，但没有在农村务农经历的新一代农民工，农村每年新进入就业人口的青年人多数选择外出务工；二是由"留守儿童"成长起来的新一代农民工，随着年龄增长他们中每年都会有一批人外出务工；三是随在城市务工的父辈长大的新一代农民工。由这三类人组成的新一代农民工，与其父辈有很大差别：没有务农的艰辛经历，对在城市务工取得的低工资不容易满足，幸福指数低；对与城市其他群体的落差的感知，超过与农村落差的感知，自卑感强烈。这一代农民工，特别是在城市出生或长大的农民工后代，既不认同自己的农民身份、又不能得到同等机会，既不会回到农村、又不能真正融入城市，是城市的边缘群体，是我国城镇化的"夹生饭"，也将是我国现代化进程中的一大社会问题。要把解决好"二代农民工"问题上升为国家战略，作为关系国家现代化全局的重大问题予以重点关注，作为构建和谐社会的重要方面予以重点推进。除了落实好既有的农民工政策外，还需要针对新一代农民工的特点，采取更有力更有针对性的措施，消除社会隔阂，帮助他们顺利融入城市社会。

（2009 年 3 月）

农民工返乡创业调查

最近，我们就农民工返乡创业问题，到农民工外出和返乡创业较多的安徽省无为县和宁国市、江西省广丰县和安义县、重庆市江津区等三省五县进行了调研，重点走访了 27 户由返乡农民工创办的企业，详细了解他们外出务工和返乡创业的经历。通过调研，我们感到，农民工返乡创业是中西部地区新农村建设和县域经济发展的重要推动力量，是我国工业化、现代化进程中涌现出的新事物，对于推动劳动密集型产业由东部向中西部梯度转移、促进区域和城乡协调发展具有重要的全局意义，应当高度关注、因势利导、积极扶持。

一、农民工返乡创业的基本特点

农民工返乡创业，一般是指外出务工农民返回原籍县域从事个体经营或投资兴办企业。根据我们对三省五县的调查，特别是对 27 户返乡创业农民工所办企业的典型调查，目前农民工返乡创业具有以下特点。

（一）从总体状况看，已经起步、不乏亮点、尚未成潮。目前各地农民工返乡创业较为普遍，但总体上仍处于起步阶段，还没有形成大的气候。安徽省无为县外出务工农民 42 万人，有 8800 人返乡创业，约占 2.1%；宁国市外出务工人数为 13.8 万人，返乡创业人数为 300 人，约占 0.2%。江西省广丰县 30 万人外出务工，1.1 万人返乡创业，约占 3.7%；安义县有 4.7 万人在外务工，返乡创业人数为 260 人，约占 0.55%。重庆市江津区有 33.6 万人在外务工，有 400 人返乡创业，约占 0.12%。尽管目前返乡创业人数和比率还不高，但在有些地方已成为经济发展的亮点。例如，江西省广丰县工业园区中由返乡创业人员兴办的企业达到 165 户，占入园企业户数的 70%；吸纳就业人数达到

13,560 人，占园区总就业人数的 57%。

（二）**从创业动因看，发家致富、照顾家庭、人脉关系、降低成本是推动农民工返乡创业的基本力量。** 农民工之所以选择返乡创业，可以分为四种类型：一是不甘心长期在外打工，希望有自己的产业，想自己当老板。部分返乡创业的农民工在外出打工之前就已具备相当的创业愿望，外出打工的主要目的是积累经验、技术和获取市场信息。据重庆市农业局和劳务办对返乡创业人员进行的问卷调查，61% 的返乡创业者在外出务工之时就有学习技术、积累资本后回乡创业的设想。二是不放心长期离家在外，希望返乡创业以便就近照顾一家老小。特别是随着年龄的增长，部分有老人和小孩留在家乡的农民工，返乡谋求发展的愿望更为强烈。三是利用家乡人脉关系。投资创业需要良好的人脉关系，部分农民工对家乡的情况更为熟悉，加之有些地方对有经济实力的在外人员进行了大量宣传和动员。四是为剩余资金寻找出路。部分农民工在外积累资金较多，甚至在外地已有产业，为有效利用剩余资金、扩大生产规模，选择到土地、劳力成本较低的家乡发展。安徽省无为县李方义 1991 年外出打工，从卖板鸭、收购羽毛起步，发展到在浙江萧山投资 3000 万元创办羽绒厂，由于浙江地价太贵、劳动力紧缺，2007 年他又返乡投资 4000 万元创办了一家羽绒制品有限公司。

（三）**从创业形式看，以个体经营为主，独资或合股兴办企业的为数不多。** 农民工返乡创业，多数从事个体经营，只有少数人创办或合股兴办企业。重庆市共有返乡创业人员 89,543 人，其中申办个体工商户 65,115 户，创办规模企业（投资 50 万元以上）4798 户。安徽省无为县近万名返乡创业人员中，从事个体经营的有 4260 户，占全县个体经营总户数的 33%；创办或参股兴办企业602 家，占本县全部民营企业的 35%。

（四）**从创业领域看，农民工返乡创业所从事的行业与打工经历有密切关系，带有明显的产业转移特征。** 除资金积累外，打工期间积累的行业技术、管理知识、营销渠道对农民工返乡创业也发挥了直接作用，从而推动了相关产业向中西部地区转移。这有三种情况：一是利用打工期间学到的技术和管理知识，返乡从事相同行业。安徽省宁国市有大批农民工在上海服装饰品行业务工，这些人中一部分学到技术和管理知识后返乡创业，目前全市已创办 20 多家服装饰品生产企业。这些企业的创办，不仅促进了服装饰品产业从上海向宁国市转移，而且带动大批原先在上海务工的女工返乡就业。我们在宁国天浩制衣厂了解到，该厂 200 个女工中，60%以前曾在上海打工。二是利用打工期间建立起来的营销渠道，返乡从事相同行业。部分农民工打工期间从事营销业务，积累了较多客户资源。利用这一优势，他们拿着订单返乡筹资办厂，把相关产业也带回了家乡。江西省安义县有大批人在全国各地销售塑钢，主要是销售沿海地区企业的产品。近年来，一批多年在外销售塑钢的农民工，返乡创办塑钢生产企业，目前已创办门窗型材企业 47 户、生产线近 600 条，初步呈现产业集群发展格局。三是利用打工期间与雇主建立的私人关系，返乡从事相同行业。有些农民工打工期间为人诚实、刻苦敬业，赢得了雇主的信任。利用雇主提供的设备、资金，返乡合办企业。安徽省宁国市夏登明 1997 年到杭州顺达集团打工，1999 年带着四台淘汰的设备返乡办厂、生产塑料密封件，2001年顺达集团转产，将生产密封件的设备全部转移到宁国市与夏登明合股经营。

（五）从创业效果看，农民工返乡创业对劳务输出地的经济社会发展发挥着广泛而积极的作用。一是促进了劳务输出地的工业化进程。农民工返乡投资办厂，成为一些地方工业发展的重要力量。安徽省无为县以"电缆之乡"闻名的高沟镇，有企业 96 户，返乡人员创办的企业 74 户，占 77%；无为经济开发区有规模以上工业企业 15 户，其中 12 户是返乡人员创办的。二是促进了劳务输出地的城镇化进程。返乡创业农民工一般集中在原籍乡镇的镇区，实力较强的进入了原籍县城。这不仅繁荣了小城镇产业，而且创造了大量就业机会，使小城镇聚集的人口越来越多。三是促进了劳务输出地的现代农业发展。返乡创业农民工从事农业，往往是站在新的起点发展规模农业。重庆市江津区慈云镇返乡创业农民陈祥富 1997 年到深圳务工，2005 年返乡租地 30 亩，种植优质柑橘 2.5 万株，建兔舍 650 平方米，柑橘园套种牧草，发展"草—畜—果"循环经济。四是促进了劳务输出地的社会发展。农民工返乡创业，不仅从事工商业和现代农业，而且投资兴办学校、医院，兴建桥梁、道路。一些有实力的企业，积极参与社会公益事业，成为当地社会捐赠的重要来源。

二、各地引导农民工返乡创业的主要做法

农民工返乡创业既是一种自发行为，又与地方政府的引导有关。地方政府特别是劳务输出地的县级政府对此比较重视，结合推进全民创业、开展招商引

资、发展非公有制经济，在鼓励、支持和引导农民工返乡创业方面采取了一些措施。

（一）营造有利于农民工返乡创业的社会氛围。 这方面最为突出的是安徽省无为县。早在 1995 年，该县即率先实施鼓励农民工返乡创业的"凤还巢"工程，把返乡创业农民工视同"外商"，与招商引资同等待遇，县委县政府每年召开外出务工人员座谈会，介绍情况，听取意见；在全国五个大城市设立招商办事处，将本地外出人员作为重要招商对象；要求各乡镇和村干部动员本地外出人员回乡创业，对引资成功者进行奖励；制作专题片通过电视、广播宣传外出人员事迹；对回乡创业有成者表彰、奖励，还给予他们政治荣誉。江西省上饶市采用举办创业博览会的方式，向农民工宣传和推广返乡创业项目，还专门设立了外出务工人员信息库，在春节期间专门召开恳谈会，宣讲家乡的创业环境和扶持政策，鼓励在外务工经商的农民工返回家乡创业。重庆市委、市政府 2007 年计划出台《关于加快发展劳务经济促进城乡统筹的意见》，将促进农民工自主创业列为重要内容，评选表彰返乡创业"十佳农民工"。

（二）制定有利于农民工返乡创业的优惠政策。 在我们所到的三省五县中，有的专门就农民工返乡创业出台扶持政策，有的则在相关政策文件中含有引导农民工返乡创业的内容。安徽省政府 2006 年 8 月专门发出鼓励农民工返乡创业的通知，要求各地各有关部门对农民工创业采取正确的分阶段引导政策，为农民工返乡创业提供指导及相关政策、法规和信息咨询服务，有条件的地方要建立农民工返乡创业扶持专项补助资金。江西省政府办公厅在《关于认真贯彻国办发〔2004〕92 号文件的通知》中要求，鼓励、帮助具有资金、技术优势的进城就业农民返乡创业，凡到城镇和工业园区投资办厂的，应将其纳入城镇和工业园区建设规划；降低农民进城创业和农民工返乡创业的市场准入门槛，简化审批手续；凡招收下岗失业人员达到规定标准的，可以享受促进再就业的岗位补贴、社会保险补贴和小额贷款政策。重庆市委、市政府发布的《关于实施百万农村劳动力转移就业工程的意见》，明确了农民工返乡创业的一系列优惠政策：凡外出务工农民回乡兴办企业的，均纳入政府中小企业担保资金支持范围，享受城镇下岗失业人员创办企业的有关优惠政策；兴办农产品加工、流通企业的，纳入农业产业化扶持范围；返乡从事个体经营的，减免个体工商户登记费 20%，免收管理费。

（三）**强化有利于农民工返乡创业的各项服务**。针对农民工返乡创业遇到的困难和问题，各地从强化服务入手，做了一些工作。一是为农民工返乡创业提供融资服务。主要是提供小额贷款和贷款担保服务。江西省广丰县建立新型投融资营运体制，引入外资合作，共投入 2000 万元，成立了"广丰县丰德投资开发有限公司"，目前已累计为返乡创业人员提供贷款 1 亿多元。重庆市江津区筹资 700 万元，组建"绿丰农业担保公司"，到 2006 年年底，为返乡创业农民工累计提供担保贷款 3147.8 万元。二是为农民工返乡创业提供智力服务。重庆市江津区定期免费对返乡创业农民工进行文化、法律、政策、经营管理等方面的培训，组织技术力量帮助返乡农民工创办的企业解决技术问题。江西省广丰县建立农村劳动力技能培训长效机制，开展万人职业技能培训，将其纳入全县国民经济和社会发展的整体目标。三是引导返乡创业农民工开展自我服务。一些地方建立了返乡创业者协会、返乡创业基金会和行业协会等民间团体，在提高返乡创业者的素质和创业能力、保障返乡创业农民工的各项权益方面发挥了积极作用。

三、进一步引导农民工返乡创业的政策建议

大量农村富余劳动力跨地区转移，往南走、向东流，是我国区域发展不平衡而产生的现象。这种跨地区转移已持续了 20 多年，还将持续相当长时期。无论总量还是增量，外出务工人数大于返乡人数是一个长期趋势。同时，也要充分认识到，在这个过程中，已经有一部分人、今后将有更多的人，从外地向原籍回流，返乡谋求更大发展，逐步形成跨地区转移与就地就近转移并举的局面。返乡创业是农民工从自身利益出发做出的理性选择，应当充分尊重农民工自由选择的权利，因势利导，积极扶持。这有利于引导农民工合理有序流动，扩大农村剩余劳动力就地转移就业。

（一）**把引导农民工返乡创业放在农民工工作总体布局中的重要位置**。近几年中央高度重视解决农民工问题，主要是围绕促进农民工外出，在加强转移就业培训、维护农民工合法权益、推进相关制度建设等方面做了大量工作。这些工作十分必要，今后应当进一步加大力度，并切实抓紧抓好。与此同时，也应当高度重视农民工返乡创业问题，加强引导和扶持。座谈中，一些地方干部讲，对农民工返乡创业，县里比省上重视，省里又比中央部门动手早，到目前

为止主要是一些地方出台了扶持农民工返乡创业的措施，中央对农民工返乡创业还没有明确的扶持政策。他们建议，中央尽快研究制定有利于农民工返乡创业的政策措施，这将是对返乡创业者的激励、对各地探索的肯定，对社会也是一种引领。

（二）**加强对农民工的创业培训和辅导**。目前农民工中有创业意愿的人较多。据重庆市劳务办等部门组织的随机问卷调查，凡有一技之长或资本积累达到 5 万元以上的人中，有返乡创业意愿的比例高达 75.8%。但这些人中具备创业能力和知识的人不多，迫切需要加强创业培训和创业辅导。目前针对农民工转移就业的培训较多，如农业部门有"阳光工程"，扶贫部门有"雨露工程"，劳动部门有"春风行动"，这些对提高农民工外出就业技能发挥了积极作用。地方干部建议，应增加针对农民工返乡创业的培训项目，把有返乡创业意愿的农民工纳入培训范围；从管理、法律、会计、信息等方面，加强对返乡创业农民工的辅导和服务。

（三）**增加对农民工返乡创业的资金扶持**。虽然返乡创业的农民工有一定资金积累，但自有资金不足、融资困难仍是返乡农民工创业阶段面临的最大难题。从根本上解决好这个问题，有待于农村金融体制改革的深入推进。当前可从以下方面努力：一是适当扩大再就业小额贷款政策的适用范围，把返乡创业农民工或返乡农民工合伙创办企业纳入扶持范围；二是充分发挥各地中小企业担保基金的作用，为返乡创业农民工的贷款提供担保服务；三是鼓励有条件的地方设立农民工返乡创业投资基金，对有发展潜力的创业者、市场前景好的创业项目给予启动资金扶持。

（四）**帮助返乡创业农民工解决生产经营场地问题**。没有合适的生产经营场地是农民工返乡创业面临的另一个突出问题。安徽省宁国市映山红手套厂创办人陈晓明告诉我们，返乡创业 10 年来她的工厂共搬了六次家，一直租不到理想场地，征地建厂投资又太大。对于许多创业规模不大的个体工商户或企业而言，没有能力独立征地建厂；对规模较大的项目，受国家建设用地指标的限制，难以取得建设用地。解决好这个问题，根本出路在于集约用地：一是改变"是个企业就要圈块地"的习惯做法，鼓励建立标准厂房，出租给有创业项目的返乡农民工使用；二是在有条件的工业园区中划定返乡农民工创业小区，通过集中布局以节约用地；三是鼓励通过土地整理以腾出土地用于投资办厂。

（五）**实行有利于农民工返乡创业的产业转移政策**。鉴于农民工返乡创业与产业梯度转移交织在一起，可考虑通过促进劳动密集型产业向中西部地区转移，来带动和促进农民工返乡创业。近年来国家利用外贸发展基金，实施"东桑西移"工程，促进中西部地区接替东部地区发展种桑养蚕，效果很好。建议比照这一做法，选择一些东部地区已无优势、以出口为主的劳动密集型产业，如服装、鞋帽、玩具等，在中西部一些劳务输出大县建立产业承接基地，实行定向扶持。这样做，既有利于引导农民工返乡创业、返乡就业，又有利于优化生产力布局、保持相关产业出口竞争力。

（六）**改善农民工返乡创业环境**。农民工返乡创业与各地开展的全民创业、发展非公有制经济、发展中小企业、招商引资等活动有共同点，也有其特殊之处。一定程度上讲，农民工返乡创业面临的困难更多，对创业环境的要求更高。一要平等相待，特别是要明确本地人返乡创业与外地客商来当地投资享受同等待遇，避免"招来女婿，气走儿子"；二要保障权益，杜绝向返乡创业者乱摊派、滥收费和"吃拿卡要"；三要改进服务，简化程序，提高办事效率。

我们在调查中还感到，对农民工返乡就业、返乡居住问题亦应予以高度关注。目前全国有 1.3 亿农民外出务工，今后还将继续增加。作为国家政策导向，应当顺应工业化城市化的趋势，破除城乡二元体制障碍，继续促进农民外出，并使尽可能多的农民工能够融入城市、沉淀在务工地。但是，必须清醒地看到，也有相当部分农民工难以融入务工地社会，"叶落归根"等传统意识浓厚，最终还是要回来。我们在所到的五个县看到，县城和中心镇扩张很快，盖了大批商品房，大部分被外出农民工购买。这表明，相当部分外出农民工是有返乡的长远打算的，但经历了若干年的打工生涯和城市文明的熏陶后，又不想回到原村老宅、重新务农。应根据这个趋势加强小城镇建设，为返乡农民工创业、就业和居住创造良好环境。可以期待的是，随着中西部地区经济的发展和小城镇条件的改善，返乡就业、返乡居住的农民工会越来越多。他们以什么方式回来，看似个人问题，实际上事关一系列体制和制度问题，涉及养老保险等社会保障关系的跨地区转移和接续、户籍制度改革、小城镇发展、农村承包地和宅基地政策完善等。应从全局的高度，审慎对待这些问题，积极谋划应对之策。

（2007 年 5 月）

"招工难"向中部地区蔓延意味着什么

最近，我们到安徽、江西农村调研时发现一个新的情况：近年来频频出现在闽东南、珠三角、长三角等沿海地区的企业"招工难"现象，已开始蔓延到中部一些传统的劳务输出大县。这一新情况表明，农村劳动力构成、剩余状况正在发生重大变化，对此要有清醒认识，并尽早谋划应对之策。

一、"招工难"已开始向中部一些地方蔓延

据安徽省农民工办、省政府研究室反映，从 2005 年开始该省一些地方出现企业"招工难"，目前全省企业缺工 40 万人，特别是合肥、芜湖、安庆、巢湖、马鞍山和铜陵等地缺工现象最为突出，其中合肥、芜湖缺工都在 10 万人左右，马鞍山缺工 3 万人。芜湖县开发区机械工业园 2007 年同时有 19 户浙江人投资的企业开工，需要招工 3 万人，为防止动手太晚招不到人，正月初五就开始招工，结果仍不理想。这些浙江投资者原本因为当地土地不足、用工紧张，才来安徽投资办厂的，没料到安徽也缺工。

安徽省无为县劳动局也反映，该县是传统劳务输出大县，全县农村户籍劳动力 76 万人，截至 2006 年年底，有 42 万人外出务工经商。但 2007 年开始，本地企业也出现"招工难"。春节期间有 46 家本地企业集中招工，县委县政府在"三干"会上做了动员，县劳动局也帮助宣传、做广告，但来应聘的人很少。2007 年县"两会"上人大代表和政协委员给劳动局的五份提案和建议中，有四份是企业反映"招工难"，要求劳动局把工作重点从组织劳务外出，转向组织更多劳动力留下。

江西省广丰县是一个有 77 万人口的大县，人均耕地仅 0.34 亩。由于人多

地少，早在 80 年代就提出"广丰经济要上去，十万劳力要出去"。截至目前，全县有 30 万人在外务工经商。近年来，随着经济的发展，本地企业招工越来越难。广丰工业园区入园企业共 235 家，目前缺工至少 1 万人。

从我们实地调研的企业来看，也印证了缺工问题的存在。我们在安徽省宁国市顺达密封件制造有限公司了解到，这个设在山区乡镇的工厂，主要生产空调用塑料密封件，设备简陋，劳动密集。为扩大生产规模，已到经济较为落后、农村劳动力较多的绩溪县设立分厂。我们在江西广丰县开发区一家企业门口看到一个大大的"常年招工"牌子，在江西省安义县黄州镇一家租地 3040 亩、种植和出口鲜菜的企业看到大批来自四川、贵州的女工。

另据劳动和社会保障部 2007 年年初的调查，2006 年春季用工需求没有得到满足的企业比重，环渤海地区为 28.8%、长三角地区为 34.4%、珠三角地区为 44.8%、闽东南地区为 50%，中西部地区也达到 35.3%。对于 2007 年春季招工，中西部地区企业认为"不会难"的比重为 25.6%，认为"会有一定困难"的比重高达 48.5%。

二、两个基本判断

"招工难"从沿海地区向中部地区蔓延，并非个别和暂时现象，而是我国工业化发展到一定阶段后的必然趋势。透过这一现象，我们应该看到更具趋势性、更为本质的两个深刻变化。

第一个基本判断：农村富余劳动力转移已从"无限供给"阶段，转向"结构剩余"阶段。农村富余劳动力转移的"无限供给"，是指农村劳动力绝对过剩。这有三个基本特征：一是农村富余劳动力可以源源不断地向外转移，二是农村富余劳动力转移就业的工资水平仅能维持其基本生存所需，三是农村富余劳动力向外转移不会导致农业生产下降。经过 20 多年持续向外转移，我国多数地方农村劳动力剩余程度已有很大改变，不再具备这三个经典的"无限供给"特征。

总体而言，目前及今后一个时期，我国农村劳动力呈现"结构剩余"状态。2006 年年底，全国第一产业就业人数为 32,561 万人。按多数专家意见，在现有物质技术装备条件下，农业仅需要 1.8 亿人，农业中仍有 1.5 亿人过剩。问题在于，这种过剩具有明显的结构性特征：第一，从构成来看，主要是中老年劳动力过剩。多数地方每年新增的青年劳动力基本向外转移，留在农村的主要是中老年劳动力。据国务院发展研究中心课题组 2006 年对 2749 个行政村的调查，约 3/4 的村反映本村能够外出打工的青年劳动力都已经出去了，只有 1/4 的村认为本村还有青壮年劳动力可转移。另据四川省农牧厅调查，全省在家务农人员，小学文化程度的占 58.2%，大多数为妇女，且 50 岁以上的占 40%。第二，从形态来看，主要是季节性过剩。农村劳动力过剩主要表现为有效就业时间短，常年性过剩越来越少。每到农忙季节，不少地方农村劳力紧缺。第三，从区域来看，主要是西部边远地区过剩。目前呈现常年性过剩的劳动力主要分布在西部边远地区，这些地方由于语言、生活习惯等原因，还有部分青壮年劳动力没有转移出去。

第二个基本判断：**农民工工资已从"低水平徘徊"阶段，转向"持续上升"阶段**。在"无限供给"阶段，农民工工资长期低水平徘徊。据国务院发展研究中心课题组的一项调查，在 2004 年以前的 12 年间，珠三角地区外来农民工月工资平均仅增长了 68 元，扣除物价因素，实际为负增长。农村富余劳动力转移"无限供给"阶段的终结，反映在劳动力市场上，就是农民工工资结束长期低水平徘徊局面，开始转为持续上升。据农业部农村固定观察点系统对全国 31 个省（区、市）的 300 多个村庄、近 2.4 万户农户和 600 多个村级企业的调查，农民工人均月工资 2003 年为 781 元，2006 年增加到 953 元，三年累计增长 22%。其中，2004 年增长 2.8%，2005 年增长 6.5%，2006 年增长 11.5%，增速逐年加快。在劳动力紧缺程度较高的地区，农民工工资上升趋势更为明显。据 2007 年 2 月份劳动和社会保障部专题调查组对 5130 名农民工的调查，珠三角地区农民工人均月工资 2006 年达到 1298 元，比 1995 年和 2005 年分别增长 241% 和 45.3%。农民工工资结束长期徘徊在"生存工资"水平的局面，既是近年来国家重视农民工权益保障的重要成果，也是劳动力供求关系变化的深刻反映。

三、三点政策启示

农村富余劳动力从"无限供给"转向"结构剩余"，农民工工资从"低水平徘徊"转向"持续上升"，是我国持续了多年的二元经济结构开始发生实质性变化的重要拐点和重大标志。如何认识和对待这两个深刻变化，不仅事关我国现代农业的发展方向和新农村建设的整体部署，而且事关我国产业结构的优化升级和生产力布局的调整完善。从这两个深刻变化，可以引申出以下几点政策启示。

（一）**应把提高农业劳动生产率作为发展现代农业的重要目标。**我国已进入工业化中期阶段，虽然农业比较劳动生产率仍然大大低于非农产业，但要继续从农业中释放出劳动力转向非农产业部门，并且使农业产出能力继续提高，就需要注重在农业中推进劳动替代技术，提高农业生产的机械化水平。这与工业化初期的农业技术进步路线有明显差异。目前我国农业中耕地、播种、收获综合机械化水平仅 38%，小麦机播和机收水平均超过 80%，但水稻栽植和收获机械化水平分别只有 10% 和 40%，玉米机播和机收水平分别为 58% 和 5%。一些地方由于缺乏劳动力，农业生产的集约程度明显下降，如改两季为一季、减少田间管理等，农民称之为"撂暗荒"。针对这种情况，现阶段发展现代农业，除应当继续着力提高土地产出率和农业综合生产能力外，还应当特别注重提高农业机械化水平，当前尤其应提高重点作物、重要农时的作业机械化程度，以释放出更多的全日制劳动力。

（二）**实现农民充分就业既要"削峰"，又要"填谷"。**农民问题的本质是收入问题，增加农民收入的关键是实现农民充分就业。一个时期以来，为增加农民就业，主要是致力于"削峰"，即促进农村富余劳动力向外转移就业，减少农村劳动力实际数量。这无疑是必要的，而且还有相当潜力。需要注意的是，农村劳动力过剩，越来越表现为季节性过剩和劳动时间过剩。不少农村平时嫌人多，农忙季节又嫌人手不够。如何用好用足农闲时间，是实现农民充分就业的关键。为此，就要"填谷"，即充分发挥农业的多功能性特征，发展多种经营，发展设施农业，就近提供季节性就业机会，充分利用农民剩余劳动时间。

（三）**工业化不能再走主要依靠廉价劳动力的发展道路。**虽然农村富余劳动力转移正在发生的两个深刻变化尚不足以改变我国劳动力资源总体丰富、就业压力将长期存在的基本国情，但那种主要依靠低工资、低福利、低成本维持价格竞争优势的发展模式是难以持久的。可以预期的是，我国劳动密集型产业的工资成本将持续上升。我们在调研中发现，目前中西部地区与沿海地区农民工工资水平的差异并不十分明显，劳动密集型产业向中西部地区转移的主要吸引力是土地，而不是劳动力。无论沿海还是中西部地区，都有一个如何推进产业结构优化升级的问题。

（2007 年 5 月）

用好用足城镇化效应的思考与建议

前几年，在讨论我国经济快速增长的局面还能持续多久时，不少人把提高城镇化水平视作我国经济未来持续快速增长的重要支撑之一。在这次应对国际金融危机的过程中，人们再次把城镇化潜力大视作对我国经济未来发展有信心的重要依据之一。我们认为，城镇化的确是拉动我国经济增长的重要力量，但城镇化的拉动效应因二元体制的存在而大打折扣；在当前局势下，应把充分释放城镇化的拉动效应放在突出位置。

一、城镇化是亚洲金融危机以来我国经济持续快速增长的重要拉动力量

1997 年暴发亚洲金融危机以来，我国之所以能够走出经济困境、实现持续快速增长，得益于体制改革激发的活力，得益于对外贸易扩张的拉动，得益于工业化的持续发展，也得益于城镇化的快速推进。2007 年末，全国城市建成区面积达到 35,470 平方公里，比 1997 年增加 14,679 平方公里；建制镇建成区面积达到 2.8 万平方公里。城镇化对经济增长的拉动作用是全方位的，突出体现在以下方面：

第一，城镇化拉动了投资增长。城镇化不仅是人口向城镇集中的过程，也是投资向城镇集中的过程。全社会固定资产总额中城镇所占比重，1997 年为77%，2008 年达到 86%。城镇固定资产投资由工业化和城镇化共同拉动，其中由城镇化直接拉动的投资至少包括以下方面：一是房地产投资。2008 年全国城镇房地产完成投资 30,579 亿元，是 1997 年的 9.6 倍。房地产投资占城镇固定资产投资的比重，1997 年为 16.6%，2008 年达到 20.6%。特别是在

1998—1999年我国制造业、采掘业投资大幅下滑期间，房地产投资保持较快增长，对我国战胜亚洲金融危机发挥了重要支撑作用。二是市政工程。2007年末城市实有道路达到24.6万公里，比1997年增长77%；城市排水管道达到29.2万公里，比1997年增长144%。三是公共交通。2007年末城市公共交通车辆达到34.8万辆，比1997年增长106%。此外，城市供电供水供气供热、环境卫生、园林绿化，以及建制镇建成区内的基础设施和公用事业发展，都花费了大量投资。所有这些，共同拉动了城镇固定资产投资增长。

第二，城镇化拉动了消费增长。在过去10多年来的居民消费增长中，城镇居民消费增长起主导作用。在居民消费总额中，城镇居民所占比重1997年为60.5%，2007年上升到74.4%，提高13.9个百分点。这与两个因素有关：一是城镇人口比重提高。从1997年到2007年，城镇人口比重提高13个百分点，这是城镇居民消费占比提高的主要因素。二是城镇居民相对消费水平提高。从1997年到2007年，城乡居民消费水平之比，由3.38∶1扩大到3.63∶1，这也促进了城镇居民消费占比提高。这两个方面，都是城镇化的必然反映。

第三，城镇化"补课"释放出巨大的经济增长动能。观察10多年来城镇化的拉动效应，还必须看到这一时期城镇化的"超常"发展。改革开放之前，我国实行严格的城乡分割管理体制，导致城镇化与工业化脱节，形成严重的结构偏差。从1952年至1978年，我国二三产业占GDP的比重年均提高0.86个百分点，但城镇化水平仅年均提高0.21个百分点，城镇化比工业化慢了一大截。从1978年到1997年，二三产业占GDP的比重年均提高0.52个百分点，城镇化水平年均提高0.74个百分点，城镇化在加速。但从1997年到2008年，二三产业占GDP的比重年均提高0.64个百分点，城镇化水平却年均提高1.25个百分点。这期间的快速城镇化，带有明显的"补课"性质。以前被束缚的城镇化动能逐步得到释放，从多个方面拉动了10多年来的经济增长。

二、城镇化的拉动效应并没有得到充分释放

虽然城镇化在过去10多年的经济增长中发挥了巨大拉动作用，但受城乡二元体制等因素的制约，城镇化对经济增长的拉动效益并未得到充分释放，而是打了很多折扣。

折扣之一：现有城镇人口中包括大量农村户籍人口，他们只实现了人口统

计学的城镇化，还不是真正意义的城镇人口。按现行统计口径，在城镇居住半年以上的人口都被统计为城镇人口，其中包括户籍在农村的农民工及其随迁人口。对这部分人口目前没有直接的统计数据，但可以采用两种估算办法：第一种办法是按农业人口与乡村人口之差推算。2006年按户籍统计的农业人口为89,162万人，按常住地统计的乡村人口为73,742万人，相差的15,420万人被"虚增"为城镇人口，使当年城镇化率"虚高"11.7个百分点。第二种办法是按普查中登记住户人口与常住人口之差推算。据第二次全国农业普查，2006年末全国农村登记住户人口为87,768万人，其中常住人口为74,576万人，照此推算全国农村登记住户人口中有13,192万人常住在城镇，使当年全国城镇化率"虚高"了10个百分点。无论按哪种估算办法，目前城镇人口的"水分"确实很大。这部分城镇人口受制于以户籍制度为基础的城乡分割体制，具有"就业在城市、户籍在农村，收入在城市、积累在农村，劳力在城市、家属在农村，生活在城市、根基在农村"的特征，是城镇化的"夹生饭"。在这种转移方式下，"虚增"的城镇人口不能在城镇扎下根，对城镇投资和消费的拉动作用均显不足。

折扣之二：现有城镇人口中包括大量小城镇人口，而小城镇基础设施严重滞后，对投资的拉动作用发挥不够。据国家统计局资料，全国城镇人口中小城镇人口的比重，1978年为20%，2007年上升为45%。据第二次全国农业普查，2006年末全国建制镇镇区人口为20,662万人，约占当年全国城镇人口的36%。这么大比重的城镇人口生活在小城镇，而小城镇的基础设施条件极为落后。据第二次全国农业普查，2006年全国19,391个建制镇镇区中，集中供水的镇区仅占72%，生活污水经过处理的镇区仅占19%，有垃圾处理站的镇区仅占37%，镇区平均绿化面积为每镇23.8公顷，平均公交车通车线路为每镇1.6条。这种基础设施水平，既表明对小城镇的投资严重不足，也表明小城镇的发展没有相应拉动投资增长。

折扣之三：户籍门槛限制高素质人才的引进和发展，削弱了大城市的发展活力。人才的聚集是城市发展最有力的支撑。经过这些年的努力，户籍制度改革取得明显进展，高素质人才落户大中城市的限制逐步取消。但部分大城市的户籍门槛依然很高，已经就业甚至创业的专门人才依然为"飘在城市"而苦恼。据最近媒体报道，上海浦东张江高科技园区的13万名在岗员工中，80%

为大学毕业，80%在35岁以下，70%来自外地。不能落户的技术人才，大多抱"迟早要走"的心态。人无恒产，则无恒心；反之亦然，人无恒心，也不可能有恒业。高层次人才不能安心就业、创业，大城市的发展活力势必受到影响。

三、用好用足城镇化拉动效应的建议

用好用足城镇化对经济增长的拉动效应，既是一个长期战略，也是当前局势下应当重点关注的紧迫课题。应把充分释放城镇化的拉动效应作为促进经济平稳较快发展的重要切入点，推动解决当前问题与谋求长远发展相结合、大中小城市与小城镇发展相协调、城镇化与农村发展相促进。

第一，把全国县城基础设施建设纳入政府投资支持范围。城镇化过程中巨大的基础设施建设需求，是拉动经济增长的重要力量。在目前我国大、中、小城市和小城镇中，小城镇的基础设施建设需求最为迫切、自身筹资能力最弱、国家的支持力度最小。据第二次全国农业普查，2006年全国平均每个建制镇基础设施投资完成额仅为1043.7万元，即使是县政府驻地镇也仅有区区1647.3万元。在这次4万亿投资计划和2000亿地方债券使用安排中，也没有把小城镇基础设施建设纳入支持范围。建议把支持小城镇基础设施建设作为促进经济平稳较快发展的重要抓手，当前可重点扶持全国1965个县级政府驻地镇，支持其扩大建成区面积，改善水电路气等基础设施条件，使其成为县域经济的增长极、进城农民的安居点、城镇化的新动力。具体设想是，中央或省级财政向各县借款，由县级政府以未来土地增值收益作还款保证；用此借款建立融资平台，吸引银行信贷和社会资金投入，放大资金的乘数效应。这既可在短期内形成有效投资，又能使全国的县城上一个档次。

第二，实行有区别的房地产支持政策。房地产投资在城镇固定资产投资中的高比重，以及对上下游产业的巨大拉动作用，决定了房地产投资上不去，整个经济难以走出低谷。但从社会大众的普遍感受看，目前房价依然偏高，难以接受政府对房地产业施以援手。这是一个公共选择难题。我们认为，目前主要是一、二线城市房价偏高，中小城市和建制镇房价并不高；近年来也主要是一、二线城市房地产投资增长快，中小城市和建制镇的房地产业刚刚起步。走出房地产政策"投鼠忌器"尴尬局面的可行途径，是实行有区别的支持政策，

即在继续支持一、二线城市发展保障性住房的同时，旗帜鲜明地大力支持中小城市和建制镇发展房地产，使这些地方尽快成为全国房地产投资增长的接续和替补力量。具体建议：一是对中小城市和建制镇的房地产开发项目实行更积极的信贷支持；二是在符合规划的前提下，通过宅基地置换等途径，引导有条件的农民到镇区自建住房，允许以新建住房作抵押从银行贷款；三是引导和支持不打算在外地长期安家落户，今后将要返乡创业、就业或养老，但又不愿回村的农民工，到原籍附近的中小城市或小城镇镇区购房置业。

第三，让部分有条件的农民作为有产者进城。煮熟城镇化的"夹生饭"，逐步把已经进城、但户籍和根基仍在农村的人口真正转换为城镇人口，是释放城镇化效应的必然要求。做到这一点，需要继续打开城门，推进户籍制度改革、降低进城农民工及其随迁人口的落户门槛，逐步实现进城农民工劳动报酬、子女就学、公共卫生、住房租购等与城镇居民享有同等待遇。同时，也需要根据部分农民工对农业生产逐步生疏、对土地的依赖逐步减轻、对农村的依恋逐步减弱、对融入城市的渴望逐步增强等新趋势、新变化，推进农村自身改革，消除农民工长期退出农村的顾虑：一是确权，加快落实土地承包关系长久不变的要求、把承包经营权证落实到包括外出农民工在内的所有农户，加快发放宅基地使用权和农房产权证，把集体资产全部折股量化到人；二是扩权，赋予农民对承包土地、宅基地、农房、股权更大的处置权，提高这些资产的流动性；三是维权，既允许进城落户的农民以多种方式转让这些资产、增加其财产性收入，也允许进城落户的农民继续拥有这些资产，建议研究取消《农村土地承包法》关于在设区市落户的农民应当退出其承包土地、《土地管理法实施条例》关于农村集体经济组织全部成员转为城镇居民后原属于其成员集体所有的土地归国家所有等不利于农民退出农村的规定。

（2009 年 3 月）

推进城镇化是解决"三农"问题的必由之路

解决好"三农"问题，需要全面推进新农村建设，也需要大力推进城镇化进程，做足"诗外功夫"。2010年中央1号文件的一个鲜明特点，是非常重视推进城镇化，特别是非常重视促进有条件的农业转移人口进城落户。这是统筹城乡发展的重要内容，也是解决好"三农"问题的必由之路。一方面，城镇化程度越高，农村人口压力就越轻，留在农村的那部分人口就越有发展空间；另一方面，城镇化程度越高，工业反哺农业、城市支持农村就越有条件，"少数人补不起多数人"，只有"多数人才能补少数人"。

2010年中央1号文件对城镇化之重视，在历史上是很少见的。着墨之多，2010年的1号文件超过了前六个1号文件的总和；政策力度之大，前所未见，有不少新的判断、新的提法、新的要求。

一、在宏观层面明确了推进城镇化的三项要求

第一，明确要求把城镇化作为调结构的重要依托和保持经济平稳较快发展的持久动力。如果说2009年宏观经济政策的主基调是"扩内需、保增长"，2010年则是"调结构、促增长"，从超常规的刺激政策转向更加接近常态的宏观调控政策，特别是更加注重提高经济增长质量和效益，更加注重推动经济发展方式转变和经济结构调整，更加注重推进改革开放和自主创新、增强经济增长活力和动力，更加注重改善民生、保持社会和谐稳定，更加注重统筹国内国际两个大局。在这五个更加注重中，"调结构"是核心。只有调结构，才谈得上增长质量、增长活力、民生改善、统筹国内国际两个大局。如何"调结构"？中央经济工作会议提出了调结构的重点和依托："要以扩大内需特别是增加居

民消费需求为重点，以稳步推进城镇化为依托，优化产业结构，努力使经济结构调整取得明显进展"，"把统筹城乡区域协调发展与推进城镇化结合起来，大力拓展发展空间"；2010年中央1号文件则指出，"把建设社会主义新农村和推进城镇化作为保持经济平稳较快发展的持久动力"。这就把城镇化上升到结构调整的依托、拓展发展空间、经济发展持久动力的高度。20世纪90年代，国际上一些经济学家就预言，21世纪影响世界经济发展有两大引擎：一个是美国的高科技，一个是中国的城镇化。最近又有人讲，后金融危机时代，带领世界经济增长的两大引擎，一是美国的新能源，一是中国的城镇化。这是很有道理的。

第二，明确要求把发展中小城市和小城镇作为当前重点。中央1号文件关于城镇化的许多要求，都是以前多次讲过的，如"积极稳妥推进城镇化"、"深化户籍制度改革"等。这次的新提法，是明确了重点，首次明确提出："当前要把加强中小城市和小城镇发展作为重点"。事实上，学术界对如何发展城镇化是有争论的，有人主张优先发展大城市，反对发展小城镇，认为"城镇化战略"的提法是倒退。中央提出把重点放在加强中小城市和小城镇发展上，并不是说不发展大城市。2008年，市辖区人口400万以上城市13个、200—400万28个、100—200万81个、50—100万110个。这些城市特别是50—100万人口城市进一步做大的潜力仍然存在。但"大有大的难处"。一方面，这些城市面临着如何消化现在已经进来的人口；另一方面，单靠这些城市的膨胀无法容纳今后新增的4.5亿城镇人口。据《国家人口发展战略研究报告》称，2033年中国人口达到峰值15亿。按70%的城镇化率推算，届时将有城镇人口10.5亿人。这意味着未来将新增城镇人口4.5亿人。这4.5亿人不可能都到大城市去。我理解，中央强调"把重点放在加强中小城市和小城镇发展上"，有三层含义：一层含义是从城镇体系结构的角度，倚重中小城市和小城镇的人口容纳潜力，未来城镇人口将增加70%—80%，不可能按现在的城镇体系等比例扩容，大城市未来人口增长的幅度小于中小城市和小城镇；一层含义是要改变目前中小城市和小城镇基础设施落后、公共服务薄弱、产业支撑能力不足等突出问题；一层含义是要推动大城市的产业向中小城市和小城镇转移，促进"人随业走"。

第三，明确要求把解决符合条件的农业转移人口逐步在城镇就业和落户作

为推进城镇化的重要任务。中央1号文件提出，"促进符合条件的农业转移人口在城镇落户"。推进城镇化需要解决的问题很多，如：城市建设和维护的资金来源，是靠现在这种土地出让方式，还是细水长流、改征物业税；城市内涵改造中的房屋拆迁、外延扩张中的土地征收，是按市场价值进行补偿，还是继续维持现行做法以降低城市化成本；各个城市如何定位，到底有多少城市可以成为"国际化大都市"，可以建地铁；城镇体系和城市圈如何规划，等等。当前最突出、最紧迫的任务，是如何解决"夹生饭"，把一只脚已经踏进来的农民有序转变为城镇居民。中央提出来把农业转移人口安居乐业作为推进城镇化的重要任务，这是稳步推进我国城镇化进程的关键。

二、在政策层面作出了推进城镇化的四项部署

第一，推进户籍制度改革。中央1号文件明确提出，"加快落实放宽中小城市、小城镇特别是县城和中心镇落户条件的政策，促进符合条件的农业转移人口在城镇落户并享有与当地城镇居民同等的权益"。这是迄今中央关于户籍制度改革最具突破性的规定。落实这一规定，要注意两个问题：一是不能强制要求进城落户农民放弃土地承包经营权和宅基地使用权，不能把"双放弃"与享有城镇居民同等权益挂钩；二是不能把户籍准入与获得集体经济组织成员资格等同起来，以解决好外地农民工在经济发达的乡镇或村庄落户难的问题。一些地方取消暂居证、实行居住证，居住证的权能范围有所扩大，持有居住证一定年限后可以入籍，这是进步，需要鼓励并进一步完善。

第二，实行有利于中小城市和小城镇发展的土地政策。2010年中央1号文件总的导向是，"安排年度土地利用计划要支持中小城市和小城镇"。从有序推进农村土地管理制度改革的角度，要求"城乡建设用地增减挂钩要严格限定在试点范围内，周转指标纳入年度土地利用计划统一管理，农村宅基地和村庄整理后节约的土地仍属农民集体所有"；从推进城镇化发展的制度创新的角度，要求"农村宅基地和村庄整理所节约的土地首先要补充耕地，调剂为建设用地的在县域内按照土地利用总体规划使用，纳入年度土地利用计划，主要用于产业集聚发展，方便农民就近转移就业"。这有利于县域内的小城镇发展。应着力推进集体土地上的工业化，产业园区用地不必都征为国有；着力推进集体土地上的城镇化，允许农民利用城镇规划区内的宅基地、集体建设用地建设

面向农民工的出租房。

第三，**推动产业转移**。人随业走，哪里有就业，人往哪里流。促进中小城市和小城镇发展，关键在于"提高城镇综合承载能力，吸纳农村人口加快向小城镇集中"。因此，2010 年中央 1 号文件要求，"大力发展县域经济，抓住产业转移有利时机，促进特色产业、优势项目向县城和重点镇集聚"。过去 30 年，发达地区、大城市周边成长起来一大批小城市、超级镇，一个重要经验就是产业、技术、人才的转移、辐射。促进中小城市和小城镇发展，产业培育是核心和关键。广东的"双转移"有效果，地方政策需要上升为国家政策；国家开发银行与商务部合作在中西部建立产业转移承接基地，需要进一步扩大规模。中小城市和小城镇要主动接受这种辐射和带动，着力完善城市功能、分担人口集聚的压力；着力优化投资环境、承接城市产业特别是服务业转移。

第四，**扩大经济强镇管理权限**。2010 年中央 1 号文件提出，"推动经济发展快、人口吸纳能力强的镇行政管理体制改革，根据经济社会发展需要，下放管理权限，合理设置机构和配备人员编制"，"完善加快小城镇发展的财税、投融资等配套政策"。这主要是针对现实生活中的四个突出问题：一是责任与权力不对等。经济强镇经济总量规模很大，实际承担着推动经济社会发展、维护社会稳定的重大责任。但在事权配置方面，仍然按照最基层政府对待，绝大多数经济和社会管理事项需要到上级部门审批，程序繁琐、效率低下。二是服务与手段不对等。经济强镇吸纳人口很多，但提供社会管理和公共服务的机构仍然以户籍人口为设置标准。这导致政府公共事务管理能力不足。三是事权与财力不对等。经济强镇税收总量很大，但地方可用财力有限。镇政府要为户籍人口和外来人口提供社会管理和公共服务，缺乏财力保证。四是投资与渠道不对等。镇区基础设施建设投资需求很大，但投融资渠道很有限。国家安排的城市基础设施建设投资，很少能安排到镇区建设。土地出让收入有限，地价没有大中城市高。政府性融资平台，对金融机构的吸引力比不上大中城市。

三、在推动农民工融入城镇层面提出了五项举措

这几年各方面很重视农民工问题，但关注的主要是一些眼前的问题。2010 年中央 1 号文件在解决农民工问题上，认识和思路上了一个层次。解决农民工问题的思路和政策取向即将发生重大转折，由着重解决眼前问题转向着重解决

长远问题、由着重解决局部个案问题转向着重解决系统性问题。

第一，着力解决住房问题。农民工融入城镇，核心问题有三个：就业、社保、住房。就业主要靠市场，政府的责任是制定并监督落实最低工资、劳动安全标准，提供就业指导和公共服务，组织开展技能培训。社会保障是政府的责任，各地正在扩大城镇职工养老、医疗等社会保险对农民工的覆盖。住房怎么办？走市场化道路，还是把住房纳入保障范围？单纯靠市场不现实，多数农民工买不起城里的商品房；完全由政府背起来也不现实。还是应该按照中央1号文件的要求，"多渠道多形式改善农民工居住条件，鼓励有条件的城市将有稳定职业并在城市居住一定年限的农民工纳入城镇住房保障体系"。一些地方的经验已经表明，这些是可以做到的。

第二，着力完善社会保障。2006年出台的《国务院关于解决农民工问题的若干意见》，从当时的条件出发，提出了一些目标和要求。四年来，情况有了很大变化，城市和农村的社会保障体系得到明显加强，农民工的社会保障问题正在逐步解决。2010年中央1号文件要求"健全农民工社会保障制度"：一是"深入开展工伤保险全覆盖行动，加强职业病防治和农民工健康服务"；二是"将与企业建立稳定劳动关系的农民工纳入城镇职工基本医疗保险"；三是"抓紧落实包括农民工在内的城镇企业职工基本养老保险关系转移接续办法"。做好这些工作，既是当前的迫切需要，从长远看也有利于农民工融入城市。

第三，着力解决子女入学问题。2010年中央1号文件要求，"落实以公办学校为主、以输入地为主解决好农民工子女入学问题的政策"。财政部已开始对接受农民工子女入学工作做得较好的地区给予专项资金奖励。从社会融合的角度看，不宜单独设立农民工子弟学校、教学班。如果形成新的城市二元结构，"龙生龙、凤生凤，老鼠的儿子会打洞"，农民工的社会融入就更加艰难。

第四，着力促进返乡创业。2010年中央1号文件要求，"完善促进创业带动就业的政策措施，将农民工返乡创业和农民就地就近就业纳入政策扶持范围"。如果说以前主要是"人随业走"，哪里有就业人往哪里走；则今后将出现"业随人走"，哪里有低成本劳动力产业往哪里转移，哪里有创业人才哪里产业兴旺。农民工返乡购房和养老也是一种趋势。这是中西部发展县城和中心镇的潜力所在。

第五，着力研究新生代农民工问题。农民工社会融入问题是我国现代化进程中的一个大问题，将伴随我国现代化全过程。农民工从农村到城镇的转移过程还要延续 20 到 30 年；在城镇人口中分不清谁是"原居民"、谁是"新移民"，实现农民工完全融入城镇，则需要几代人的努力。这个过程中存在大量深层次问题有待解决。2010 年中央 1 号文件提出，要"统筹研究农业转移人口进城落户后城乡出现的新情况新问题"，"采取有针对性的措施，着力解决新生代农民工问题"。这是中央文件首次直面"新生代农民工问题"，充分体现了中央的胆识和气魄。目前 1.5 亿外出农民工中，约 60%以上为没有务农经历的新生代农民工。与第一代农民工不同，他们既难以退回农村，又难以扎根城市；既不认同农民身份，又不被城市接纳；既有较高收入预期，又缺乏足够的就业技能。解决新生代农民工问题，涉及城镇的户籍、住房、就业、社保等制度安排问题，也涉及农村的宅基地、承包地、集体资产等制度安排问题，需要从长计议，统筹考虑。

（2010 年 2 月）

中国农民进城面临五大特殊难题

目前很多人寄希望通过城镇化扩大内需。如果仅是从当前稳增长的角度看问题，那就太功利了。我想提醒大家注意一个问题，就是通过城镇化扩大内需既是解决眼前问题的需要，又是立足长远的战略选择。我们要注意防止单纯追求城镇化在扩大内需中的短期效果。城镇化的确可以收到立竿见影的效果。昨天（2012年9月7日）股市的表现大家看得很清楚，据网上消息，是因为国家发改委批了8000亿的轨道交通项目，25个城市、8000亿的轨道交通投资。但是要注意，这只是城市化扩大内需的短期效益。真正要把城市化扩大内需的效益用足用好，不能见物不见人，更多的还是要在人的问题上做文章。这里面就涉及农民工的市民化问题。农民工市民化问题如果不解决好，城镇化的扩大内需的效益就会大打折扣。这个教训这么多年来应该是表现得淋漓尽致。51.27%的城镇化率，这中间有十多个百分点的"水分"，2亿多进城农民工没有完全市民化。对这部分人，叫"半截子城镇化"也好，叫"城镇化的夹生饭"也好，还是叫"伪城镇化"也好，反正意思都差不多。现在这个人有多少？这个数字是可以算出来的，按照我们的城镇常住人口，减去城市户籍人口，中间相差两个多亿。你说真正的城镇化水平在34%，这也是有道理的。

问题是这么多人为什么实现不了市民化？从1958年的户口登记条例，到1984年的中央一号文件，这中间的26年实行极为严格的城乡二元户籍制度。1984年中央一号文件有一个小突破，首次提出"允许务工、经商、办服务业的农民自理口粮到集镇落户"。从1984年的中央一号文件到2011年的国务院办公厅关于推进户籍制度改革的意见，这中间户籍制度改革也走过了二十七八年。二十七八年不能说没有成效，我也算了一下，1984年的城镇人口是2.4

亿，2011年的城镇人口是6.9亿，算大数就是这二十八年间城镇人口增加了4.5亿。这4.5亿里面扣掉两亿的农民工，城镇户籍人口也增加了两个亿。28年城镇户籍人口增加两个亿，说明城镇户籍制度改革还是在做，特别是2011年的文件对户籍制度改革的基本路径应该是很清晰的，大中小城市分别怎么走，应该说是到目前为止在户籍制度改革方面最全面的文件了。

中国的城市化为什么没有遵循城市化的一般规律，人口的城镇化为什么与经济结构的工业化脱节？我看是跟我们体制有关系了。我想至少有五个问题需要注意：

第一，我们是在城乡二元体制的基础上启动城镇化的，面临农民工市民化的成本消化难题。这个问题不承认不行。这是个很现实的问题。因为我们在城镇化起点时就做了一道防水墙，一个城内、一个城外，这个落差不断地扩大。从城外要进来的人，势必面临成本如何消化的问题。我们现在主要是由流入地来消化农民工市民化的成本。我这里有一个数据，讲的是农民工随迁子女上学问题。2011年广东省跨县流动的非户籍学生339万人，这339万人里面大概有25%的人是在公办学校，把这个25%提高到75%，提高50个百分点，需要增加公办学位78万多，而要满足这78万学位需要建多少学校？建学校要征地，要建校舍，要购买仪器设备，需要多少钱？需要203个亿。建了学校还要有老师，学校的经费、老师的工资每年173个亿。这是个非常现实的问题。现在是怎么去解决这个问题。这还只是义务教育。城乡之间的公共服务差距体现在很多方面，从农村到城里，转移一个人需要多少成本？有人讲需要六万，也有人测算需要十万。这个问题怎么办？解决这个问题与户籍制度改革有关。户籍制度改革的本质，实际上是剥离附着在户籍上的各种社会福利。大的方向还是要逐步缩小城乡公共服务差距。城乡差距缩小了，从农村到城市迁移的成本，也就是城市政府要付出的成本相应就会降低。同时，今后新出台城市公共服务政策原则上不应该再跟户籍挂钩。这一条应该作为一条底线。老的已经挂钩的，我们一条一条地来剥离，一个一个来解决。比如，农民工随迁子女接受义务教育的问题，据说已基本解决。又如，城镇职工社会保障问题，农民工参加的制度门槛在很多地方已经解决了，只要你本人和你的雇主愿意付费，你参加城镇职工社会保障已经没有问题了。还有其他方面，城镇户籍的社会福利也在逐步剥离。现在问题比较大、讨论比较多的是异地高考问题。这个问题主要涉及跨省流动问题，特别是京津沪的既得利益怎么解决。我想这也是一个早晚的问题，终有解决的一天。

第二，我们是在集体所有制基础上启动城镇化的，面临农民工怎么退出农业农村的难题。这个问题恐怕是中国独有的，因为全世界的城镇化都是在土地私有制的情况下实现农民进城的。在土地私有制的基础上，你卖掉你的土地进城也好，还是出租你的土地再进城也好，这是你的自由选择。我们是集体所有制，在集体所有制的基础上，我们很多选择就没法做。农民工进城的时候要考虑很多因素，跟私有制基础上考虑的问题就完全不一样，他的行为也完全不一样。为什么这么多农民工一只脚在城里面，一只脚在农村？背后有这个问题。我们要扩大土地承包经营权的权能也好，还是实现土地承包关系长久不变也好，总是要有一个解决的方向。宅基地的问题恐怕也是如此。因为我们现在的物权法里面给宅基地使用权只有两种权利，占有和使用，收益和处分的权利都没有给农民。农民通过宅基地谋利，就是你出租房子，根据现行法律是不行的，更不要说买卖了。这个问题也需要解决。

第三，我们是在房价上涨透支未来的背景下启动城镇化的，面临农民进城以后如何安居的难题。我们说就业靠市场，社保靠政府，住房靠谁？没人回答这个问题。目前城市住房保障只是覆盖城市户籍人口，就是在这样的情况下，现在城镇保障房建设还有这么多问题，压力这么大。如果把2亿农民工考虑进来，把还要进城的几亿农民工考虑进来，农民工的住房问题怎么办？现在还没提上日程。我觉得解决这个问题，纯粹靠市场恐怕很难，以现在这个房价水平，靠农民工的工资解决在城里买房的问题恐怕很难。靠保障房？我们的目标是保障性住房占城镇住房供应量的20%。即便占到了20%，也轮不到农民工。虽然一些地方已将农民工纳入经济适用房、公租房配售配租范围，但门槛恐怕也是有的。农民工进城以后的住房问题，长远来看，怎么跟他在农村的宅基地、农村的住房联系起来，这两者之间的通道怎么打开？应该考虑这个问题。这个通道不打开的话，农民工的住房问题难以解决。有人说农民工在城里住得像耗子，在农村的房子由耗子住。这个问题不解决，我们的城镇化很难谈健康发展。

第四，我们是在区域差异非常明显的基础上启动城镇化的，面临农民工稳定性差的难题。过去大量的农民工往东部地区转移，现在产业结构在调整、产业在转移，一部分农民工又向中西部回流，这个过程刚刚开始，还没结束。农民工在运动中随着产业转移，当然他就没有长期打算。他的未来到底在哪里他不清楚。这也是农民工市民化有待克服的难点。

第五，我们是在移民文化发育不足的情况下启动城镇化的，面临农民工和本地人口如何有效融合的难题。这个问题还没有引起我们的足够重视。2011年我们看到广东也好，浙江也好，就是一些小城镇，外来人口特别集中，一个地方可能就是某某省某某县的农民工。非常集中就容易出现问题，他要抱团，他要扎堆。在我们现在的体制下，当地人口在土地上、在产业上、在分配上占有优势。看看全国知名的几个明星村，本地人口和外来人口的融合问题始终没有解决好。有专家讲，中国城镇化最大的风险是造城运动，对此很担心。但是我个人感到，中国城市化的最大风险是社会融合问题，包括大城市也好、中小城市也好，没有两代人、三代人，农民工对现有的城市人口、对当地的人口很难做到高度融合。农民工的子女、农民工的后代还是农民工，现在有了农民工二代的概念，今后会不会出来一个农民工三代的概念？我们非常担心这一点。在"拚爹"时代，农民工的后代，他的社会上升通道没有完全打通，在起点上就不公平，在起点上就丧失了很多。这给我们的社会结构，特别是城市社会结构会带来很大的影响。看看法国的非洲移民问题，看看美国的黑人问题，再想想我们的农民工以及农民工的后代，恐怕要引起我们的警觉。中国城市化，从风险的角度，我觉得这才是最需要我们担心的。

（2012 年 9 月）

第二编
农民如何退出农村

城市化的另一种阻力
——农村集体产权制度对人口迁移的抑制

最近一段时期，学界对中国城市化滞后于工业化的程度、原因及其影响，进行了热烈讨论。城市化问题之所以再次引起人们的关注，一个重要原因是近年中国经济出现需求不足，而加速城市化似乎是扩大内需、刺激增长的一剂良药。有的论者甚至认为，在未来几十年中，城市化水平的提高，是支撑中国经济持续快速增长的重要力量之一。基于这种认识，人们对如何加速我国城市化进程提出了种种建议。这其中自然免不了对阻碍我国城市化的各种力量进行剖析。人们讨论较多的是户籍制度、乡镇企业分散布局、严格限制大城市扩容的传统城市发展政策等。在这些因素之外，阻碍我国城市化的力量还有哪些？我认为，农村集体经济的产权制度是阻碍我国城市化的一个重要力量，而这一点还没有引起人们足够的关注。

与城镇集体经济、经典的合作经济极不相同，农村集体经济实际上是一种社区共同体经济。这种社区共同体经济的产权制度具有如下两个特征：第一，农村社区共同体的初始资产（如土地、耕牛、大中型农具）是当时社区内全体成员个人资产的集并。在一个社区范围内，所有农户都必须加入共同体，不允许有例外，这是农村集体经济之所以成为一种社区共同体经济的主要原因。个人资产一旦并入共同体，就与个人彻底脱离联系。社区共同体的资产与社区成员之间不存在对应关系，也就是说，社区内的所有成员集体对资产拥有所有权。城镇中的社区往往由不同社会身份的人组成，因而城镇集体经济的初始资产并不是城镇某一社区内全体成员个人资产的集并，城镇集体经济并不是社区全体成员共同所有。合作经济的初始资产由合作社成员入股组成，成员与资产之间存在一一对应关系。某一合作社的成员可以来自不同社区，某一社区的成员可以参加不同的合作社。第二，进入或退出某一农村社区共同体，仅以户籍的迁入或迁出为准，不涉及资产的转换。任何人，只要取得了某一社区的户籍，就自然成为该社区共同体的成员，成为该社区集体资产的所有者之一；只要取消在某一社区的户籍，就自动丧失该社区集体资产所有者的一切权利。与农村集体经济由社区成员集体所有不同的是，城镇集体经济是由参加该经济组织劳动的劳动者集体所有。劳动关系存在，你就是集体资产所有者之一；不参加集体经济组织的劳动，就自动丧失所有者身份。合作经济的进入或退出，则以入股或退股为准。

农村社区共同体经济的上述产权制度安排，已越来越不适应人口跨社区迁移的需要，特别是不适应农村人口向城市迁移的需要。农村人口能否向城市迁移，不仅要受到户籍的限制，而且也取决于自身迁移成本与迁移收益的比较。迁移成本除包括取得户籍所需费用、搬迁费用等实际支出外，还包括放弃在原社区集体资产中所享有份额的潜在损失。有的地方甚至规定，农户到小城镇落户后必须将土地承包经营权退回给原社区集体。迁移收益包括子女入托、上学可享受城里人待遇，不必交纳高额的借托、借读费；较好的就业前景等。对社区集体非农资产不雄厚、土地增值机会不大的地区的农村人口而言，迁移收益一般是大于迁移成本的，人们一般也愿意向城市迁移。但是，对部分集体资产实力雄厚、土地增值前景看好的社区，特别是城乡接合部的社区，向城市迁移或者"农转非"的成本如此之高，以至于人们拒绝改变自己的"农民"身份、拒绝放弃自己的"农村"户口。退出社区即意味着丧失一大块资产，已成为部分地方城市化的重大障碍。

可以说，产权对我国城市化进程的制约作用并不亚于户籍。对农村人口向城市迁移而言，如果说城市户籍管理制度的主要作用是"挡"，那么农村集体产权制度的主要作用是"拖"。一"挡"一"拖"，造就了我国独特的人口迁移现象，即民工潮。大量民工涌向城市，只是一种流动性极强的跨地域就业行为，还不是严格意义上的人口城市化。看来，加速城市化步伐除了需要向农民打开城门、降低门槛外，也需要重构农村集体经济的产权制度。部分地方实行社区股份合作制改革，把社区集体资产折股量化到社区全体成员，为重构农村集体产权制度进行了一些探索。但量化到人的股份只是分红的依据，不能继承、抵押、转让，还不是完全产权；还有相当比重的股份继续由社区集体持有；个人股份的持有以取得和保留社区成员身份为前提，脱离社区不能带走股份。这种改革还不完全适应农村人口向城市迁移的需要。

　　构建有利于农村人口城市化的集体产权制度，尚需在以下方面努力：第一，对非农集体资产实行"折股到人、股随人走"的办法。也就是在目前实行的社区股份合作制改革的基础上，降低以至取消社区集体持股，赋予个人股更全面的权利，使其逐步向完全产权过渡。股份的持有不再与社区成员身份挂钩，脱离社区者可以将其股份转让，也可以继续持有。第二，农用地的承包经营权、宅基地的使用权逐步物权化。在保留社区集体所有的名义下，耕地30年、非耕地50年的承包期限可以进一步延长，以至长期化；农地承包经营权和宅基地使用权可以继承、抵押和转让；社区成员脱离社区后，可以继续持有农地承包经营权和宅基地使用权。

（1999 年 4 月）

持续释放农业劳动力的思考和建议

最近几年，每当春节过后一些地方就会出现"招工难"。2011 年春节过后"招工难"现象再次如期而至，且呈现由东南沿海向中西部蔓延、由季节性向常年性演变之势。"招工难"是不是我国劳动力、特别是农业劳动力供求关系的真实反映？现阶段应对"招工难"的着力点，究竟应放在需求方、逐步放弃劳动密集型产业，还是应放在供给方、继续释放农业劳动力？这是事关我国工业化、城镇化与农业现代化如何同步推进的大事，需要深入分析、准确判断、慎重决策。

一、我国农业劳动力转移已进入"刘易斯区间"

为分析农业劳动力向非农部门转移的变化规律，学术界普遍使用"刘易斯拐点"、"刘易斯区间"的概念。这是著名发展经济学家、诺贝尔经济学奖获得者阿瑟·刘易斯（W. Arthur Lewis）在《劳动无限供给条件下的经济发展》和《对无限劳动力的反思》两篇论文中形成的概念。刘易斯认为，二元经济国家的经济发展过程，是现代工业部门相对传统农业部门的扩张过程，在这个过程中有两个拐点：在经济发展初期，农业部门存在大量剩余劳动力，以极低的工资水平就可以吸引他们向工业部门转移，当工业部门只有明显提高工资水平才能继续吸引农业劳动力转移时，达到第一个拐点；随着农业劳动力继续转移，农业劳动生产率将持续上升，直至与工业部门相当，出现城乡一体化的劳动力市场，二元经济结构消失，这是第二个拐点。这两个拐点之间的发展阶段，称作"刘易斯区间"。

目前我国农业劳动力转移正处于"刘易斯区间"。从第一个拐点来看，大致出现在 2004 年前后。此前相当长一个时期，由于农业劳动力剩余程度严重，农民工工资在低水平徘徊。据 2004 年的一个典型调查，珠江三角洲地区外来务工人员月平均工资，12 年来仅增加了 68 元。从 2004 年开始，东南沿海一些地区出现"招工难"现象，农民工工资开始进入上涨通道。根据国家统计局农民工监测数据，农民工月工资，2001 年至 2003 年年均增长 4.4%，2004 年至 2010 年年均增长 13.5%。特别是 2010 年农民工工资上涨较为明显，人均月工资达到 1690 元，比上年上涨 19.3%。从第二个拐点来看，还有很长的路要走。2009 年，我国第一产业占全国就业人员的 38%、国内生产总值的 10.3%。近 2/5 的农业劳动力，仅创造了 1/10 的国内生产总值，农业的比较劳动生产率仍然很低。目前，发达国家第一产业就业比重，美国、英国为 1.4%，德国为 2.2%，加拿大为 2.5%，法国为 3.4%，日本为 4%，韩国为 7%。我们离农业与非农部门劳动生产率大致相当的发展阶段还很远。

对"刘易斯区间"的农业劳动力转移，应把握住以下几点：第一，农业的边际劳动生产率大于零，但仍低于非农部门，劳动力从农业向非农部门转移的过程并没有结束，这种资源再配置仍是经济增长的推动因素；第二，非农部门必须提高工资水平才能吸引农业劳动力向外转移，而且随着时间推移，农业劳动力转移对非农部门工资水平上升的弹性系数趋于下降；第三，农业部门必须及时进行物质技术改造，一方面为劳动力继续向外转移创造条件，另一方面补上劳动力转移对农业产能的影响，并且使农业产能逐步提升，也就是要"在工业化、城镇化深入发展中同步推进农业现代化"。

二、持续释放农业劳动力仍应是基本政策取向

面对年复一年的"招工难"现象和农民工工资上涨趋势，不少人主张我国经济发展必须尽快摆脱对廉价劳动力的依赖，加快产业转型升级步伐。持这种主张的人认为，发展劳动密集型产业，使我国在国际产业分工体系中处于不利地位，在对外贸易中吃亏太多；我国农业剩余劳动力已转移得差不多了，劳动力短缺时代已来临；农业劳动力不能都进城，应该有人搞新农村建设。

我们认为，尽管我国农业劳动力转移已迈过第一个"刘易斯拐点"，但目前我国农业劳动力总量仍然是过剩的，农业劳动力向非农部门转移的潜力还大得很。国民经济和社会发展"九五"计划、"十五"和"十一五"规划纲要分

别提出五年转移农业劳动力 4000 万、4000 万和 4500 万的量化目标，"十二五"规划纲要继续提出了年均转移农业劳动力 800 万的量化目标。在"十二五"时期乃至整个"刘易斯区间"，仍应把持续释放农业劳动力作为国家的基本政策取向：

第一，将更多的农业劳动力释放出来，有利于工业化城镇化持续快速发展。 劳动力资源从边际生产率低的农业部门向边际生产率高的非农部门转移，是我国过去 30 多年工业化城镇化快速发展的重要源泉。据世界银行研究报告，农村劳动力转移对 1979—1996 年中国经济增长的贡献率为 16%。蔡昉等人的研究认为，农村劳动力转移对 1982—1997 年中国经济增长的贡献率为 20.23%。迈过第一个"刘易斯拐点"后，工资成本上升确实会对工业化城镇化带来影响，产业转型升级的经济合理性逐步增强。在强调加快转变经济发展方式的当下，推进产业转型升级更容易引起重视。但需要注意的是，产业转型升级的步伐要与资源禀赋条件的变化相适应。在农业劳动生产率仍然很低、大量农业劳动力就业并不充分的发展阶段，如果过快推进产业转型升级、过早放弃劳动密集型产业，不利于发挥我国比较优势。在农业与非农部门劳动生产率存在明显差距的条件下，继续促进农业劳动力向外转移，仍是保持我国工业竞争力的重要基础，仍是支撑我国工业化城镇化快速发展的重要源泉。

第二，将更多的农业劳动力释放出来，有利于提高农业劳动生产率、从根本上增加农民务农收入。 当前我国收入分配的一个突出问题是城乡居民收入差距过大。"十二五"时期要做到"努力扭转城乡、区域、行业和社会成员之间收入差距扩大趋势"，特别是扭转城乡居民收入差距扩大趋势绝非易事。必须下决心在收入分配格局调整中着力促进农民增收，全面增加农民的工资性收入、家庭经营纯收入、财产性收入、转移性收入。其中，前两项是关键。从工资性收入来看，在第一个"刘易斯拐点"之前，主要靠外出务工人数增加；在"刘易斯区间"，工资水平将持续提高，如果外出务工人数也能持续增加，将为增加农民收入发挥更大作用。从家庭经营纯收入来看，主要是通过提高农产品价格和农业劳动生产率来增加农业生产经营纯收入，特别是要通过转移农业劳动力、使留在农业的劳动力占有更多土地资源，使务农收入增长建立在经营规模扩大、农业劳动生产率提高的基础上。

三、持续释放农业劳动力需要多方施策

在"刘易斯区间"，我国农业劳动力继续向外转移，既具有一般特征，如工资水平将持续上升；又面临特殊情况，如工资上升对农业劳动力转移的调动作用受一系列特殊因素制约。我国特殊的农地制度，使农业普遍处于小规模兼业经营形态，影响到农业劳动力的持续释放；特殊的城乡二元体制，使农民工难以融入城市，影响到中老年劳动力的长远打算；特殊的地区发展不平衡，使劳动力从内地向东南沿海长距离转移，影响到部分农业劳动力的转移决策。可以说，在"刘易斯区间"我国农业劳动力继续向外转移面临的困难和问题，比其他国家在这个阶段面临的困难和问题更多更复杂。应该从战略和全局的高度，采取措施促进农业劳动力继续向外转移。

（一）**以农业机械化置换农业劳动力**。在第一个"刘易斯拐点"之前，农业劳动力处于绝对过剩状态，向外转移并不影响农业生产。在"刘易斯区间"，农业劳动力是相对过剩，如果不采取置换措施，向外转移将影响到农业生产。最有效的置换措施是推进农业机械化。前些年，每当农忙季节，不少外出务工农民要回家参加农业生产，这说明农业劳动力存在季节性短缺问题；现在与其回家参加农业劳动，不如雇请农业机械帮忙，这表明农业中机械替代劳动力的经济临界点已经到来。2004年国家开始实行农机具购置补贴政策，现在看来这个时间节点把握得很准。这几年农业机械化步伐较快，耕种收综合机械化水平2010年已达到52%，"十二五"期末将达到60%左右。应当顺势而为，进一步加快农业机械化步伐。从国家政策的角度，主要是继续增加农机具购置补贴资金规模，向消耗劳动力较多的薄弱环节和关键农时、特别是经济作物生产所需机械倾斜；鼓励农民通过组建农机专业合作社联合购买农机具，提高农机使用率；促进农机工业发展，重点研发和推广先进适用、节能环保、区域适用性强的农机产品。

（二）**以土地流转解放农业劳动力**。实行家庭承包经营，实现了劳动者与生产资料的直接结合，极大地调动了农民生产积极性；同时，赋予农民自由支配劳动时间的权利，为农业劳动力转移提供了可能。可问题在于，尽管农业劳动力持续向外转移了近30年，多数地方土地流转步伐却迟迟难以跟上，小规模兼业经营格局趋于固化。尤其需要注意的是，由于人口增长和分家立户，全

国农业经营户数不减反增，农业平均经营规模不增反降。1996 年与 2006 年两次全国农业普查对比，尽管全国耕地面积明显减少，但农业生产经营户数却从 19,345 万户增加到 20,016 万户。在"家家包地、户户种田"的格局下，虽然农业劳动力总量过剩，但具体到每家每户现有劳动力又难以从农业中完全脱身，形成"有剩余劳动时间、没有剩余劳动力"的尴尬局面。这导致农业经营规模、农业劳动生产率、农业劳动力有效利用率均难以提高，陷入"土地难以流转是由于农业劳动力缺乏就业门路，农业劳动力难以继续转移是由于现行农业经营方式不利于他们脱身"的僵局。打破僵局的根本出路在于促进土地流转。这在法律层面已没有障碍，关键在于建立健全促进土地流转的机制。应当加快土地承包经营权的确权、登记、颁证步伐，让无论是留在农村从事非农产业的家庭，还是全家进城落户的家庭，都能放心地转出承包地，不至于担心土地承包经营权被收回；积极培育土地流转市场，发展流转中介组织，为流转双方提供信息沟通等服务；鼓励有条件的地方实行流转补贴政策，调动承包户转出土地、经营户转入土地的积极性。

（三）**以就地就近转移撬动农业劳动力。**农业劳动力转移具有"精英移民"的特征，先出去的绝大部分是青壮年劳动力。据有关研究推算，2009 年，30 岁以下、31—40 岁、41 岁以上的农村转移劳动力分别为 1.42 亿、5124 万、3699 万，分别占同年龄段农村劳动力的 92.9%、42.8% 和 16.2%。这意味着，今后能够转移出来的存量农业劳动力，主要集中在 31—40 岁和 41 岁以上两个年龄段。对这些人，特别是对 41 岁以上的人而言，决定其去留的因素，不仅包括工资水平，还包括对家庭的牵挂、对未来生活前景的担心。要想把这两个年龄段的劳动力转移出来，必须发展县域经济、走就地就近转移的道路。为此，要调整工业化、城镇化的战略布局，加快中西部地区县域工业化城镇化步伐。国家每年下达的新增建设用地指标应向中西部省份倾斜，各省应向县域倾斜；在集约节约用地、严格保护环境的前提下，对农业县的产业园区给予大力支持；推动劳动密集产业向中西部县域转移，加大对产业转移承接基地的政策支持力度。特别是要对过去 30 年一些地方发展乡镇企业的好经验、好做法，如块状经济、产业集群、一村一品等进行深入总结，处理好集中与分散的关系，既要避免"村村点火、户户冒烟"，又要防止农村产业空心化。

（四）**以技能培训提高农业劳动力。**随着产业转型升级的逐步推进，新增就业岗位对劳动力的文化素质和职业技能的要求会越来越高；随着农村文化程度较高的青壮年劳动力逐步减少，今后需要转移出去的劳动力年龄偏大、受教育年限较短的问题越来越明显。在"刘易斯区间"，加强农业劳动力转移就业培训尤为重要和紧迫。最近几年各方面对农民工培训问题比较重视，但主要是针对新进入劳动年龄的劳动力。应该根据农村劳动力结构的变化，重点开展中年劳动力培训，在培训内容、方式等方面更适合中年农民的需要，尽快提高他们的职业技能和就业竞争力。

（五）以公共服务留住进城劳动力。在"刘易斯区间"，除了要采取措施继续释放农业劳动力外，还必须采取措施留住已经转移进城的劳动力。这是我国城乡二元体制的特殊产物，也是我国现代化面临的特殊课题。目前第一代农民工已人到中年，上有老、下有小，除少数人能够在城市长期工作和生活下去外，多数人还处于"流动"状态。在对当前"招工难"的成因分析中，不少人认为部分农民工春节回家后不再出来是一个重要原因。解决好这个问题，关键是城市的大门要敞得更开一些，让进城农民工能够对未来的工作和生活有一个稳定的预期。应切实加快户籍制度改革步伐，降低落户门槛，给进城农民工市民身份，让他们有归属感；加快剥离附着在户口上的各种社会福利和公共服务，无论落户与否，都有平等接受城市公共服务的权利，给他们信心和希望，让他们有安全感。

（2011 年 3 月）

不应把"双放弃"
作为农民进城落户的先决条件

2009 年底召开的中央经济工作会议指出，把符合条件的农业转移人口逐步在城镇就业和落户作为推进城镇化的重要任务，放宽中小城市和城镇户籍限制。这将有力地促进城镇化进程。需要注意的是，在近年来的户籍制度改革实践中，一些地方把"双放弃"（放弃土地承包经营权和宅基地使用权）作为农民进城落户、与城镇居民享受同等待遇的先决条件。这种做法在社会上引起广泛讨论，意见分歧较大。我们认为，如何处置进城落户农民的承包地和宅基地，是我国城镇化进程中极为敏感的制度难题，必须慎之又慎；从有利于保护农民权益、促进城镇化健康发展出发，应允许退出农村、进城落户的农民继续持有土地承包经营权和宅基地使用权。

一、处置进城落户农民承包地和宅基地的相关规定

改革开放以来，随着城镇户籍制度改革逐步推进、部分农户陆续进城落户，对如何处置进城落户农民在农村的承包地和宅基地，相关法律法规和政策文件逐步作出了一些规范。

（一）关于土地承包经营权。对进城落户农民通过家庭承包方式取得的土地承包经营权，分两种情况作出规定：一是对到小城镇落户的农民，允许其继续持有土地承包经营权。2000 年《中共中央、国务院关于促进小城镇健康发展的若干意见》规定，"对进镇落户的农民，可根据本人意愿，保留其承包土地的经营权，也允许依法有偿流转"。《农村土地承包法》进一步明确，"承

包期内，承包方全家迁入小城镇落户的，应当按照承包方的意愿，保留其土地承包经营权或者允许其依法进行土地承包经营权流转。"二是对到设区市落户的农民，允许集体组织收回其土地承包经营权。《农村土地承包法》规定，"承包期内，承包方全家迁入设区的市，转为非农业户口的，应当将承包的耕地和草地交回发包方。承包方不交回的，发包方可以收回承包的耕地和草地。"对家庭承包的林地、通过其他方式承包的"四荒地"，法律未作明文规定。

（二）关于宅基地使用权。对如何处置进城落户农民的宅基地使用权，现行法律法规和政策文件极为谨慎。1990 年国务院批转的《国家土地管理局关于加强农村宅基地管理工作的请示》提出，"对已经'农转非'的人员，要适时核减宅基地面积"，但宅基地的分配使用是以家庭为单位，这一要求缺乏可操作性。2000 年《中共中央、国务院关于促进小城镇健康发展的若干意见》提出"对进镇农户的宅基地，要适时置换出来，防止闲置浪费"，2004 年国土资源部《关于加强农村宅基地管理的意见》提出"对'一户多宅'或空置住宅，各地要制定激励措施，鼓励农民腾退多余宅基地"，但都不是强制性要求。有人根据《土地管理法》第六十五条关于"因撤销、迁移等原因而停止使用土地的"，"农村集体经济组织报经原批准用地的人民政府批准，可以收回土地使用权"的规定，主张农村集体经济组织可以收回迁出户口农户的宅基地，但各地在实践中普遍没有采纳这种主张。少数地方根据房屋状况决定是否收回宅基地使用权。如河北省 2002 年颁布的农村宅基地管理办法规定，农村村民户口迁出本集体经济组织后，其宅基地上的房屋损坏不能利用的，应当退出其宅基地，由村民委员会无偿收回。

二、处置进城落户农民承包地和宅基地必须考虑两个基本因素

目前我国 6 亿城镇常住人口中，约有 1.5 亿人的户口仍在农村。这种"人户分离"式的人口迁移，是一种不完全的城镇化，不利于发挥城镇化对经济增长的拉动作用。出现这种局面，既与城镇户籍制度改革滞后、想进的人进不来有关，也与农村集体产权制度改革滞后、农民退出农村财产权利损失过大有关。解决好农民进城落户、完全融入城镇的问题，是我国城镇化绕不开的重大课题，既需要继续推进城镇户籍和社会保障等制度改革、把城市的大门进一步打开，也亟待建立健全有利于农民退出农村的制度安排、使农民自愿放心地进

城落户。推进这方面的制度建设，必须考虑两个基本因素。

第一，农民不应"净身出村"。 我国农村土地实行集体所有，集体成员具有获得土地承包经营权和宅基地使用权的平等权利。现行法律法规已建立明确的集体组织进入机制，对农民如何取得这两种权利有详细规定，但缺乏集体组织的正常退出机制，对退出集体组织（以迁出户口为标志）的成员的相关权益保护不够。据反映，因不愿放弃集体成员资格，浙江近年来农村学生考入大学、在外地工作后，普遍不把户口迁走。建立集体组织退出机制，是促进农村人口向城镇转移的必然要求，必须考虑周全：一要符合农村土地制度改革的大方向，应当沿着土地承包期 15 年不变、30 年不变、现有承包关系保持稳定并长久不变的改革脉络往前推进，真正做到赋予农民更加充分而有保障的土地承包经营权；二要对集体所有制的成员权属性进行新的阐释，成员权主要应体现在分配环节，在分配土地承包经营权和宅基地使用权时可以强调成员权，农民退出集体组织后自动丧失这种成员权，但不应体现在持有环节，已经获得的权利不应与成员资格挂钩，可以"地随人走"；三要有利于鼓励农民迁出农村，不让迁出户口的人吃亏，防止一些地方前些年出现过的"非转农"等逆城市化现象重演。基于这些考虑，应当允许迁出农村的农民继续保留土地承包经营权和宅基地使用权，以及对其他集体资产的权利，而不是"净身出村"。

第二，农民不宜"裸身进城"。 有人认为，农民进城落户后享受城镇社会保障，不应保留其在农村的土地承包经营权和宅基地使用权。但我们认为，对进城落户农民而言，保留这两项权利仍十分必要。作为城镇的新居民，刚刚从农村迁来的这部分人，参加城镇社会保障特别是养老保险的时间较短、个人账户积累较少，今后能够享受到的保障水平低于城镇老居民；农民全家进城，涉及就业、住房、上学等很多问题，而其工资水平又往往低于城镇老居民，保留这两项权利可以为他们增加部分财产性收入；在城镇扎下根来需要一、两代人的努力，允许他们在农村保留部分财产有利于社会稳定。应该吸取一些国家工业化、城镇化过程中大量农民失去土地和家园，作为无产者涌入城市的教训，尽可能使我国农民作为有产者进城，走出一条中国特色的农民进城道路。

三、妥善处置进城落户农民承包地和宅基地的建议

在近年来破除城乡二元体制、推进城镇化的进程中，关注点主要放在改革

城镇户籍制度、降低农民进城落户门槛等方面。对如何处置进城落户农民在农村的承包地和宅基地，政策准备不足，制度建设滞后。应当抓紧完善相关法律法规和政策。

（一）**加快土地承包经营权和宅基地使用权的登记、颁证。**这是完善农村土地管理制度的基础性工作，也是保障农民土地权益的迫切需要。农民拿到了依法登记、具有法律效力的土地承包经营权证和宅基地使用权证，就可以放心地外出务工、进城落户。国土资源部已对宅基地使用权登记发证进行了部署，要求 2009 年底前基本完成这项工作，做到权属纠纷基本解决、农民合法使用的宅基地全部发证到户。下一步应当加强宅基地使用权登记发证资料的管理，切实发挥登记成果对保障农民权益的作用。关于土地承包经营权登记发证，2009 年中央 1 号文件要求稳步开展试点，把承包地块的面积、空间位置和权属证书落实到农户。从试点情况看，这项工作费时费力，建议各级财政拿出必要资金予以支持。同时，应稳步推进农村集体产权制度改革，将土地以外的其他集体资产折股量化到人，并允许"股随人走"、迁出农村的人可以继续持有或转让所持股份。

（二）**尽快修改相关法律法规。**现行法律法规关于进城落户农民承包地和宅基地的有关规定，是从当时情况出发作出的，有明显的局限性，应尽快进行修改：一是建议取消《农村土地承包法》中"承包期内，承包方全家迁入设区的市，转为非农业户口的，应当将承包的耕地和草地交回发包方"，"承包方不交回的，发包方可以收回承包的耕地和草地"的规定；二是建议对各省出台的农村宅基地管理办法进行清理，取消其中要求进城落户农民交回宅基地使用权的规定；三是建议结合目前正在进行的《土地管理法》修订工作，相应修改《土地管理法实施条例》，取消其中关于农村集体经济组织全部成员转为城镇居民后原属于其成员集体所有的土地归国家所有的规定。

（三）**尊重进城落户农民自主处置土地承包经营权和宅基地使用权的权利。**在强调保障进城落户农民的土地承包经营权和宅基地使用权的同时，也要看到部分进城落户时间较长、已在城镇站稳脚跟的农民，有转让土地承包经营权和宅基地使用权的意愿。引导这部分人转让承包地和宅基地，有利于发展农业适度规模经营、节约农村建设用地，但要坚持依法、自愿、有偿原则。对土地承包经营权，应由进城落户农民通过出租、转让等形式进行流转，流转价格由市场决定，流转收益归进城落户农民。对宅基地使用权，鉴于进城落户农民已在城镇有稳定住所，可以实行比一般农户更灵活的转让政策，适当放宽受让对象的范围，提高转让市场的竞争性，从而形成合理的转让价格。部分网民批评洛阳"双放弃"政策的一个重要口实，是政府的补贴标准太低，没有充分体现承包地、宅基地的市场价值。由政府主导"双放弃"，涉及补贴标准、资金筹集、收回的承包地和宅基地如何管理等一系列问题。还是应该把主导权交给进城落户农民，由他们与受让方自主确定转让价格。政府的补贴只应是转让方得到的额外奖励，而不应是承包地和宅基地的转让价格。

（四）**坚持既定的城镇户籍制度改革方向。**加快落实十七届三中全会提出的"放宽中小城市落户条件，使在城镇稳定就业和居住的农民有序转变为城镇居民"的要求。正确处理农民进城务工与进城落户的关系，把引导农民进城务工放在优先位置，有了务工经历和经济基础后再考虑进城定居落户问题，不能为了片面追求城镇化率而鼓动农民先进城定居、再找工作。有条件的地方可以对自愿"双放弃"的农民给予鼓励引导，但不能改变以稳定的就业和住所为落户条件的城镇户籍制度改革方向，不能把"双放弃"与农民进城落户、享受城镇社会保障待遇等捆绑在一起。

（2009 年 12 月）

改革农村集体经济组织退出机制势在必行

最近一段时期，"农村大学生讨要农业户口"、"公务员转农村户口"等事件，成为媒体关注的焦点，引发较大社会反响。事情虽然发生在局部地方，但揭示出的矛盾和问题却是深刻的：农村集体经济组织成员到底应该如何退出，才能既顺应人口城镇化的客观趋势，又体现公平原则。我们认为，在促进人口城镇化与保护集体经济组织成员权利之间寻找平衡点，是我国城镇化面临的特殊课题；必须尽快完善农村承包地、宅基地、集体资产的处置办法，促进集体所有制从"共同共有"向"按份共有"转变，建立健全有利于农民退出农村、进入城镇的集体产权制度。

一、值得重视的利益诉求

长期以来，被招工、考上大学、参军提干、进入国家公务员队伍的农民子弟，甚至被征地农民，都积极要求"农转非"、吃商品粮，自愿放弃在农村集体经济组织的一切权利。但随着农村特别是城乡结合部集体经济组织成员身份的"含金量"上升、城市就业和住房等生活压力加大、城乡公共服务逐步实现均等化，"农转非"的动力越来越小，"非转农"的诉求越来越多。

例证一：部分来自农村的大学生"讨要农业户口"。近日，网民"黑洞洞的天"在天涯论坛发表题为《没想到读了几年大学，把自己读成一个黑人》的帖子，称他出身农村，大学毕业后在城里没有找到工作，希望回到农村老家。但户籍无法"非转农"，导致不论是城市福利还是农村待遇都无法享受。网上还出现了一封来自温州市永嘉县农村、毕业后户口无法迁回的大学生写给浙江省省长的信，认为"户口不迁回农村是以前针对大学毕业生有工作分配的政策"，现在不应该有这种限制。这类帖子引起部分网民共鸣，一些网民抱怨"读书把农村户口读没了"，毕业回来变成了"非农"，农村各种政策都不能享受；"档案挂靠在人才中心多年，现在都不知道自己是哪里人"，成为被社会遗忘的一群人。网上有关"非转农"的提问和咨询明显增多，不少来自农村的大学生询问自己还能不能转为农业户口、如何办理"非转农"。有网民甚至建议，有同样遭遇的人"组团上访"。据了解，在1994年之前，国家对大中专毕业生实行包分配的政策，不存在户口回迁问题。2003年以后，国家政策规定大中专生入学时户口迁移实行自愿原则，一大批农村户籍大学生慎之又慎，没有将户口迁至在读学校，而是保留在原籍农村。但1994年至2003年之间的这九年间，有大量来自农村的大中专学生既被要求迁走户口、国家又不包分配。目前提出"非转农"诉求的主要是这一群体。

例证二：部分基层公务员迁户口"争当农民"。2010年年初，浙江省义乌市委组织部接到群众举报，一些公务员为"当农民"把户口迁到农村。后经义乌市多个部门联合对全市4000多名公务员及参照公务员法管理的事业单位工作人员进行户口调查清理，近年来共有94名公务员把户口迁入农村，同时由于历史原因，有部分公务员一直是农业户口或村（居）集体经济组织成员。义乌市已先后把195名"农村籍"公务员户口迁出，还对40人办理了农转非、退出集体经济组织成员等手续。同时出台了《义乌市公务员户口迁移暂行规定》，要求公务员必须将本人户口迁至所在单位集体户或城市社区居委会，不得为集体经济组织成员；今后原为农业户口或集体经济组织成员录用为公务员，在收到录用通知书之日起规定时间内办理户口农转非、迁移，退出集体经济组织成员等手续。但一些基层干部对被"开除村籍"很不理解，有人说："我天生就是农民，为什么非要把我从农村赶到城里"，"《公务员法》并没有禁止公务员拥有农村户籍"。

最近，重庆市启动户籍制度改革，规划10年内将1000万农民转户进城。为此而采取的一项重要措施，是建立进城落户农民宅基地、承包地、林地弹性退出机制，允许最多三年内继续保留承包地、宅基地及农房的使用权和收益权，在承包期内允许保留林权。与一些地方把放弃承包地、宅基地作为农民进城落户先决条件的做法相比，重庆的这种"弹性退出机制"给了农民一个过渡期。但过渡期结束后，同样存在承包地、宅基地如何退出的问题。如补偿力度不能令农民满意，不排除部分农民将来会要求"非转农"。

二、透过现象看本质

无论是大学毕业后要求将户口迁回农村，还是成为公务员后不愿从农村迁出户口，都有着共同的深层次原因。

农村户口"含金量"越来越大。在过去一个时期，由于城乡差距大、城镇居民福利待遇高，农村人口大多愿意"农转非"。但随着城乡差距缩小、农村土地等资产快速增值，农村户口的"含金量"越来越大：一是拥有承包地可以获得土地流转收入和国家对农业生产的各种直接补贴；二是拥有宅基地可以自己建房，既可自住，也可出租，一些地方甚至可以出售；三是拥有集体经济组织成员身份，当集体土地被征收时可以参与土地补偿费分配，当集体有资产出租、物业等经营收入时可以参与分红。这在城郊农村尤为明显。以义乌城郊农村为例，近年来随着经济快速发展和新农村建设步伐加快，拥有农村户口关系到旧村改造补偿等利益。如果本人户口在农村，旧村改造能分到108平方米的宅基地，可以盖起四层半的房子，这中间有巨大收益：一方面，宅基地可以参与流转，当地市场价每平方米超过2万元；另一方面，盖起的房子可以利用地处义乌小商品城附近的区位优势，开展物流运输、物业租赁等业务，每月可以获得比许多城市居民还要高的收入。据估算，义乌城郊农村户口的"含金量"高达100多万元。

集体经济组织退出机制缺失。传统集体所有制实质上是一种共同共有制，具有以下特征：集体经济组织成员对集体资产享有成员权益，具有集体成员资格即享有集体资产权益，丧失集体成员资格即失去集体资产权益，但在处置集体资产时不同成员享有的权益并不完全相同；集体经济组织成员资格的取得与退出具有非交易属性，符合规定条件的新出生、嫁入、入赘人口可以"免费"获得集体经济组织成员资格，死亡、嫁出、迁出人口自动"无偿"放弃集体经济组织成员资格；集体经济组织成员资格与户籍相捆绑，迁入户籍即获得该集体成员资格，迁出户籍即丧失该集体成员资格。在城乡之间人口不流动的情况下，这种产权制度的弊端没有暴露出来。随着人口流动的不断增多、农村建制的不断调整，传统集体所有制的弊端日益显现。

三、建立健全农村集体经济组织退出机制的建议

集体经济组织退出激励不足，不仅造成"非转农"等逆城市化现象，而且也是牵制农民进城落户的重要制度因素。我国城镇化率还很低，人口从农村向城镇迁移还有很长的路要走。应当遵循经济社会发展的一般规律，对传统集体所有制进行根本性改革。

（一）按照有利于促进人口城镇化的原则，加快推进农村集体经济组织与村民自治组织分离。2010 年中央 1 号文件明确要求，"统筹研究农业转移人口进城落户后城乡出现的新情况新问题"。目前，很多地方在采取措施促进农业转移人口进城落户，特别是一些地方对处置进城落户农民在农村的承包地、宅基地和其他集体资产进行了多种探索。我们认为，解决集体所有制与人口城镇化不相适应的矛盾，根本出路在于重新设计集体经济组织的产权制度，推进集体资产从"共同共有"向"按份共有"转变，实行"产随人走"，无论户籍迁往何处，都可以保留对集体资产拥有的按份共有权。关键是要将集体经济组织与村民自治组织分开，前者承担集体资产经营管理职能，后者承担社区自治职能；将集体经济组织成员资格与农村户籍剥离，前者以资产为纽带，后者以居住地为依托。全国人大常委会在讨论村民委员会组织法修订草案时，一些常委会组成人员已提出过这一主张。建议在修订村民委员会组织法时，认真考虑这些内容。

（二）按照有利于土地承包关系长久化的原则，扩大土地承包经营权权能。十七届二中全会通过的《中共中央关于推进农村改革发展若干重大问题的决定》明确提出，"赋予农民更加充分而有保障的土地承包经营权，现有土地承包关系要保持稳定并长久不变"。但两年后的今天，各地在制定土地流转政策时，仍按土地承包法的规定，强调承包期的剩余年限；物权法也只把土地承包经营权定性为用益物权，而不是一种完整的财产权。建议尽快落实十七届三中全会精神，加快相关法律法规修订步伐，并突出以下几点：把承包地块的面积、空间位置和权属证书落实到农户；强化承包土地的生产资料属性，淡化其生活保障属性，做到"增人不增地、减人不减地"；废除"承包方全家迁入设区的市，转为非农业户口的，应当将承包的耕地和草地交回发包方"的规定和"以土地换社保"的做法，允许进城落户、加入城市社会保障体系的农民长期持有土地

承包经营权；鼓励进城落户农民以多种方式流转承包土地，对自愿永久放弃土地承包经营权的农民给予足够补偿。

（三）按照有利于土地利用集约化的原则，搞活宅基地使用权置换。宅基地使用权是农民的重要财产权利，也是农民住房制度的基础。农民进城定居，不可避免地要面对宅基地使用权和宅基地上房屋所有权的处置问题。从农民的角度，处置宅基地使用权比处置土地承包经营权更加小心谨慎；从国家的角度，处置宅基地使用权的法律法规远没有处置土地承包经营权清晰明了。宅基地使用权的取得、转让和退出事关农民的切身利益，必须在法律法规底线内尽可能照顾农民的利益，特别是要有利于维护主动退出农村、进城定居农民的利益，形成有利于农民市民化的激励机制。建议允许退出农村的家庭继续持有宅基地使用权，今后征地拆迁时对他们进行同等补偿；扩大"宅基地换房"的实施范围和方式，将退出宅基地与解决农民在城镇的居住问题结合起来；探索扩大宅基地使用权的权能，对进城落户农民实行更灵活的转让政策，适当放宽受让对象的范围，提高转让市场的竞争性，从而形成合理的转让价格。

（四）按照有利于产权明晰化的原则，推进集体资产股份化改造。除土地承包经营权和宅基地使用权外，令退出农村者割舍不下的，还有对其他集体资产的共有权。在集体经济不发达的地方，承包地、宅基地以外的其他集体净资产不多，退出农村者一般不留恋这块资产，也不把丧失对这块资产的共有权计入迁移户籍的成本。但在一些发达地区特别是城郊农村，集体净资产数额巨大，不能不考虑如何处置退出农村者对这部分集体资产享有的共有权。建议总结北京、浙江等地的经验，按照"资产变股权、农民当股东"的模式，加快推进农村集体经济产权制度改革：集体净资产全部折股量化到人，个人取得的股权不得退股，但可转让、继承、赠与；迁出户籍的股权持有者可以继续持有，也可以转让；股权转让的对象可以适当放宽，在本集体成员享有优先权的前提下，可以向外来务工人员、与本集体经济组织有业务往来的人员或法人转让；条件具备时，可通过增资扩股，吸收外部人员或法人入股，打破集体经济组织的社区封闭性，建立准入机制。

（2010 年 8 月）

农民"退乡进城"过程中的
集体资产处置问题
——以上海浦东新区为例

一、引言

促进进城农民市民化是我国城镇化面临的特殊难题。农民市民化的过程，既是进入城镇就业和生活的农民在劳动报酬、子女就学、公共卫生、住房租购以及社会保障方面与城镇居民享有同等待遇的动态过程，也是他们在身份认同、文化融合、心理调适等方面逐步成熟的过程。简言之，就是城市政府在制度上要把进城农民当作市民，进城农民在自我意识上要把城市当作归宿。

促进进城农民市民化，需要从城市和农村两头入手，对相关制度安排作出调整。从城市这头看，主要是放宽落户门槛，使符合条件的农业转移人口在城镇落户并享有与当地城镇居民同等权益，特别是纳入城镇养老、医疗、住房保障体系。

从农村这头看，主要是改革集体产权制度，包括承包地、宅基地和其他集体资产的产权制度，在集体所有制与集体成员流动之间寻找耦合点。传统集体所有制实质上是一种共同共有制，具有以下特征：集体经济组织成员对集体资产享有成员权益，具有集体成员资格即享有集体资产权益，丧失集体成员资格即失去集体资产权益，在处置集体资产时不同成员享有的权益并不完全相同；集体经济组织成员资格的取得与放弃具有非交易属性，符合规定条件的新出生、嫁入、入赘人口可以"免费"获得集体经济组织成员资格，死亡、嫁出、迁出人口自动"无偿"放弃集体经济组织成员资格；集体经济组织成员资格与户籍相捆绑，获得户籍即获得该集体成员资格，丧失户籍即丧失该集体成员资格。在城乡二元结构固化、城乡之间人口不流动的情况下，这种产权制度的弊端没有暴露出来。随着人口流动的不断增多、农村建制的不断调整，传统集体所有制的弊端日益显现、面临的挑战日益增大：一些地方的农村人口尽管早已在城镇就业和生活，甚至考上大学、成为国家公务员，但由于放弃集体成员资格的成本太高，不愿将户籍迁出，如浙江义乌等地就有这种情况；一些地方已经转为非农户口的人口想方设法将户口迁回，有的甚至凭借公权将户口落在城郊农村；一些地方嫁入的妇女不能参与集体分配，嫁出的妇女不愿迁走户口，回归"母系社会"。这些问题的存在，充分表明集体所有制下的人口城镇化比私有制下的人口城镇化更加复杂。解决集体所有制与城镇化、人口迁移不相适应的矛盾，根本出路在于重新设计集体产权制度、推进集体资产从共同共有向按份共有转变：将已经分到户的土地承包经营权和宅基地使用长久化，将其他集体资产折股量化到人；将集体成员资格与户籍剥离，实行"产随人走"，无论户籍迁往何处，都可以保留对集体资产拥有的按份共有权；逐步扩大土地承包经营权、宅基地使用权、集体资产股权的权能，直至成为完全产权。

上海浦东新区城市边界外推的速度很快，"被城市化"的农民人数远多于"退乡进城"的农民人数。但"退乡进城"引发的集体资产处置问题远比"被城市化"引发的相关问题复杂。从目前情况看，上海浦东新区主动转移进城的农民，绝大多数没有与城镇原居民享有同等权利，没有纳入城镇社会保障体系；绝大多数户籍仍在原籍，仍是集体经济组织成员；绝大多数保留土地承包经营权、宅基地使用权、住房所有权。这种转移进城，是一种不完全城镇化，有人称之为"伪城市化"。目前，一些地方针对农民"退乡进城"设计了相关制度安排。有些地方的做法引发了争议，如洛阳市的"双放弃"。也有一些地方的做法尽管考虑比较周全，但仍有改进的空间，如重庆的"3过渡、3保留、5纳入"。浦东应当从本地实际出发，在借鉴这些地方做法的基础上，设计出一整套更加周全的制度安排。

二、"退乡进城"引发的土地承包经营权处置问题

土地承包经营权是农民获得的用益物权。当城镇建成区边界以外的农民自

发转移进城就业、居住时，如何处置其在农村获得的土地承包经营权是一个敏感而复杂的政策课题。我们需要明确三点：目前土地承包经营权实际是如何处置的，国家法律法规和地方政府有哪些规定，从长远看应当如何完善处置办法。

（一）目前农村土地承包经营权是如何处置的

土地承包经营权的取得。按照上海市统一部署，上海市郊在1983年实行家庭联产承包制度，1999年开展二轮土地延包。根据《关于进一步稳定和完善土地承包关系的通知》（中办发〔1997〕16号）精神，上海市农委发布《上海郊区开展延长土地承包期工作稳定和完善土地承包经营制度的意见》（沪农委〔1999〕第78号），对二轮延包作出具体部署，明确规定：村（村民小组）范围内凡符合政策规定的在册农业户口都享有土地承包权；承包经营权的耕地统称为"承包地"，不再分为口粮田和责任田，原则上实行按人平均分配；已经建成的"高、优、高"农业示范方，由各级政府和集体高投入形成的管棚、温室农业等可以通过确权不分地或暂缓确权发证的办法，继续实行规模经营。直到目前，仍在按照有关法律法规和政策继续进行二轮延包的完善工作，重点是推动已完成土地承包到户的地方，尽快将土地承包经营权证发放到户；原暂缓延包的地方，尽快按1999年的政策完成延包，并将承包经营权证发放到户。

浦东新区，特别是原新区，维持土地集体统一经营的比例较高，土地承包经营权界定到户的进度比较慢，情况也比较复杂。截至2009年底，在45.9万亩集体所有的耕地中，实行家庭承包经营的为31.7万亩，占69%；在家庭承包经营面积中，确权确地的占85%，确权确利的占15%；照此推算，在全部集体所有制耕地中，确权确地到户的比例仅为58.6%，特别是原新区的这一比例只有20.6%，相当一部分集体土地的承包经营权还没有落实到户，要么由集体统一经营，要么已由集体出租出去。目前拥有土地承包经营权的户数为16.7万户，已颁发土地承包经营权证14.3万份，还有2.4万户没有取得土地承包经营权证（见表1）。

表 1　土地承包经营权到户情况　　（2009 年 12 月 31 日）

	单位	合计	原新区	原南汇
农用地总面积	亩	473,065	103,648	369,417
耕地面积	亩	459,293	100,596	358,697
1．家庭承包经营面积	亩	317,175	63,025	254,150
其中：确权确地面积	亩	269,100	20,724	248,376
确权确利面积	亩	48,075	42,301	5774
2．集体机动地	亩	26,230	6631	19,599
3．其他土地	亩	115,888	30,940	84,948
家庭承包经营农户数	户	166,681	45,742	120,939
颁发土地承包经营权证份数	份	142,845	30,373	112,472

　　土地承包经营权的流转。随着农村劳动力逐步转移和进城就业，浦东新区土地流转逐步推进。从流转率看，在实行家庭承包经营的 31.7 万亩耕地中，已流转面积 13 万亩，流转率为 41%，在全国属于较高水平。从转出方看，将承包土地转出的农户，其收入已基本不靠农业。从转入方看，有本地农户，有外来农户，也有农业生产经营组织。从流转方式看，出租所占比例最高，达到 61%；其次是其他形式，达到 21%；转让居第三，达到 16%；此外，转包、互换、股份合作均有少量发生（见表 2）。从流转途径看，既有农户自发流转，也有集体受托流转，特别是一些地方原先已实行规模经营、大户经营，采用"动账不动地"、确权确利等方式，实现保持农业生产力完整和承包经营权到户的统一。

表 2　家庭承包耕地流转情况　　（2009 年 12 月 31 日　单位：亩）

	合计	原新区	原南汇
家庭承包耕地流转总面积	120,808	55,765	74,133
其中：转包	1476	—	1476
转让	21,411	—	21,411
互换	76	—	76
出租	79,636	39,988	39,648
股份合作	654	—	654
其他形式	26,645	15,777	10,868

土地承包经营权的价格。土地承包经营权到底有多大含金量？从浦东新区的情况来看，至少体现在三个方面：一是政策补贴收入。在全国多数地方，种粮农民直接补贴、农资综合直补、良种补贴等生产性补贴以承包地面积（或原来的计税面积）为依据，直接发放给承包经营者。根据《浦东新区 2010 年农业生产政策性补贴实施细则（暂行）》，粮食直补等 12 项生产性补贴，发放给在浦东新区直接从事农业生产的农民和在浦东新区注册、独立核算直接从事农业生产的经营组织。只有基本农田政策性补贴是根据承包面积，发放给拥有承包经营权的农户。《浦东新区 2010 年基本农田保护和扶持村级组织专项资金使用管理办法》规定，2010 年设立 1.35 亿元专项资金，根据新区土地管理部门核定的基本农田保护面积，并已落实第二轮农村土地承包关系的耕地，每年每亩补贴 300 元，其他农用地每年每亩补贴 150 元，由村按队（组）落实到履行土地承包义务的农户。二是土地流转收入。浦东新区土地流转费一般在每年每亩 800 至 2800 元之间。三是生产经营收入。土地承包经营者直接生产经营取得的收入，取决于种植结构和经营管理水平。土地承包经营者如果直接生产经营，其土地总收入包括生产性政策补贴、基本农田保护补贴和生产经营性收入；如果流转土地，其土地总收入包括基本农田保护补贴和土地流转费收入。

土地承包经营权的退出。根据上海市和浦东新区现行政策，以下情形下土地承包经营权可以收回：一是承包经营者违反相关规定。《上海郊区开展延长土地承包期工作稳定和完善土地承包经营制度的意见》（沪农委〔1999〕第 78 号）要求，"承包土地不得买卖，不得进行破坏性、掠夺性经营，不得抛荒和擅自改变土地用途，也不得违反土地管理的其他规定。一旦发生上述情况，集体土地所有者有权进行处置，直至收回土地承包权。"现实生活中实际发生这种情况的几率很低。二是承包经营者因征地原因，户籍转性、劳力安置。《浦东新区关于稳定完善农村土地承包关系加强农村土地承包经营权流转管理的实施意见》（浦农委〔2010〕29 号）提出，二轮延包后发生征地的，特别是劳动力安置采用统筹安排方式的村、队（组），应当及时调整土地承包关系：家庭全部成员户籍转性、落实小城镇或城镇保险的农户，应交回土地承包经营权证，由原发证机关予以注销；家庭部分成员户籍转性、落实小城镇或城镇保险的农户，根据人数，相应核减接受安置人口的承包土地，由发包方办理土地承包经营权证变更登记。三是承包经营者自愿放弃。有书面承诺自愿不要或少要土地的，按照自愿放弃土地承包经营权处理。

（二）目前国家法律法规对土地承包经营权处置的规定

农民获得的土地承包经营权，分为两种类型，一种是通过集体经济组织内部的家庭承包方式获得的耕地、林地、草地等农村土地的承包经营权，集体成员人人有份，具有明显的平均分配性质。另一种是通过招标、拍卖、公开协商等方式获得的荒山、荒沟、荒丘、荒滩等农村土地的承包经营权，只有参与招投标的部分集体内部成员和集体外部投资者拥有这种权利，具有明显的竞争性。在多数情况下，土地承包经营权指第一种类型。

获得的规定。关于土地承包经营权的获得，《农村土地承包法》作出了两方面规定：一是在资格上强调成员权。"农村土地承包采取农村集体经济组织内部的家庭承包方式，不宜采取家庭承包方式的荒山、荒沟、荒丘、荒滩等农村土地，可以采取招标、拍卖、公开协商等方式承包"；"家庭承包的承包方是本集体经济组织成员"。这意味着，对耕地、林地、草地等农村土地，只有集体经济组织成员才可以承包。至于集体经济组织成员资格，法律没有明确界定。二是在分配上强调平等权。"农村集体经济组织成员有权依法承包由本集体经济组织发包的农村土地"，"任何组织和个人不得剥夺和非法限制农村集体经济组织成员承包土地的权利"；"按照规定统一组织承包时，本集体经济组织成员依法平等地行使承包土地的权利"；"农村土地承包，妇女与男子享有平等的权利。承包中应当保护妇女的合法权益，任何组织和个人不得剥夺、侵害妇女应当享有的土地承包经营权"。这意味着，只要是集体经济组织成员，无论性别、老幼，都享有平等的承包权利。

流转的规定。关于土地承包经营权的流转，《农村土地承包法》、《物权法》和十七届三中全会《决定》的主要精神有：一是土地承包经营权流转的主体是承包方。承包方有权依法自主决定土地承包经营权是否流转和流转的方式，任何组织和个人不得强迫或者阻碍承包方进行土地承包经营权流转。土地承包经营权流转的转包费、租金、转让费等，应当由当事人双方协商确定，流转的收益归承包方所有，任何组织和个人不得擅自截留、扣缴。承包期内，发包方不得单方面解除承包合同，不得假借少数服从多数强迫承包方放弃或者变更土地承包经营权，不得以划分"口粮田"和"责任田"等为由收回承包地搞招标承包，不得将承包地收回抵顶欠款。二是土地承包经营权流转的方式多种多样。农村土地承包法规定，通过家庭承包取得的土地承包经营权可以依法采取转包、出租、互换、转让或者其他方式流转，承包方可以自愿联合将土地承包经营权入股从事农业合作生产；中共十七届三中全会《决定》增加了股份合作这一具体形式。至于通过招标、拍卖、公开协商等方式取得的土地承包经营权，则多了抵押这一方式。在各种流转方式中，互换和转让的受让方只能是本集体经济组织成员，转包和出租的受让方可以是集体经济组织以外的个人或经营组织。三是依法履行有关程序。采取转让方式流转的，应当经发包方同意；采取转包、出租、互换或者其他方式流转的，应当报发包方备案。土地承包经营权采取互换、转让方式流转，当事人要求登记的，应当向县级以上地方人民政府申请登记。土地承包经营权流转的当事人双方应当签订书面合同。四是不得改变土地所有权的性质和土地的农业用途。农村土地承包后，土地的所有权性质不变。农村土地承包应当遵守法律、法规，保护土地资源的合理开发和可持续利用，未经依法批准不得将承包地用于非农建设。五是鼓励农民增加对土地的投入。承包方对其在承包地上投入而提高土地生产能力的，土地承包经营权依法流转时有权获得相应的补偿。六是受让方须具备一定资质。受让方须有农业经营能力；在同等条件下本集体经济组织成员享有优先权。

退出的规定。对农民获得的土地承包经营权在什么情况下可以收回，法律有明文规定的包括：一是对到设区市落户的农民，允许集体组织收回其土地承包经营权。《农村土地承包法》规定，"承包期内，承包方全家迁入设区的市，转为非农业户口的，应当将承包的耕地和草地交回发包方。承包方不交回的，发包方可以收回承包的耕地和草地。"二是自愿放弃。《农村土地承包法》规定，"承包期内，承包方可以自愿将承包地交回发包方"。

（三）讨论与建议

如何处置转移进城农民的土地承包经营权，是各方高度关注的敏感政策问题。总的原则，应当是有利于保护农民土地承包经营权益，有利于土地的有效利用，有利于现代农业建设。

第一，确权、颁证是构建有利于农民转移进城的土地承包经营权处置制度的基础。把土地的承把经营权落实到户、把具有法律效力的土地承包经营权证发放到户，是赋予农民更加充分而有保障的土地承包经营权的必然要求，是农民放心大胆地转移进城的制度基础。十七届三中全会《决定》要求，"搞好农村土地确权、登记、颁证工作"。2009年中央1号文件要求，"稳步开展土地承包经营权登记试点，把承包地块的面积、空间位置和权属证书落实到农户"。2010年中央1号文件进一步明确要求，"全面落实承包地块、面积、合同、证书'四到户'，扩大农村土地承包经营权登记试点范围，保障必要的工作经费"。浦东新区在落实中央关于农村土地承包经营政策方面做了大量工作，但也存在有待改进之处。突出的是，还有部分耕地没有实行家庭承包经营，在实行家庭承包经营的耕地中还有相当部分没有确地到户。建议浦东新区对全部集体所有制耕地实行家庭承包经营，即使是已经为实行规模经营建有不可分割的固定农业设施或人均耕地面积太小、不便分拆的地方，也应当把全部集体耕地的承包经营权落实到所有具有资格的集体成员，然后以受托流转的方式保持现行经营模式，将流转费用足额支付给土地承包经营权人；已经实行确权确地的地方，要按照中央1号文件要求，尽快把承包地块、面积、合同、证书落户到每一个农户；已经实行确权确利的地方，也应当把承包面积、合同、证书落实到户，并注明按份共有的地块的四至。

第二，完善土地流转市场是构建有利于农民转移进城的土地承包经营权处置制度的重点。如何顺应农村劳动力就业结构非农化的客观趋势，妥善解决好农业副业化、农民兼业化、务农劳动力老龄化对农业发展的负面影响，积极稳妥促进农村承包土地流转、逐步实现土地适度规模经营，是我国现代农业建设面临的重大课题，也是浦东新区迫切需要解决的难点问题。建议浦东新区从农村劳动力转移就业程度较高的实际情况出发，着力完善土地流转市场：一是着力培育土地供给市场。获得土地承包经营权的农户能否转出承包地，最为关键的决定因素是必须"有处可去、有活可干、有钱可挣"。促进农村劳动力转向非农产业就业的所有努力，客观上都具有促进土地供给市场发育的效果。同时，还要着力从制度上促进土地供给市场的形成，进一步健全土地产权制度，给农民一颗长效"定心丸"，消除农民"怕流转时间长说不清楚"的担忧；建立土地流转补贴制度，用经济手段激励农户转出土地。二是培育土地需求市场。当农户不愿种，大户不愿接，导致土地抛荒时，培育土地流转市场的切入点是让大户敢于接过农户抛荒的土地。当分散细碎、零星插花、基础设施落后成为制约土地规模经营的瓶颈时，应从整合农业、国土、财政、水利等部门资源大规模开展土地整理入手，开发建设田成行、地成方、田间道路和排灌沟渠齐全的农业生产基地，标准高、地块大能吸引更多的人发展土地规模经营。引进龙头企业，由龙头企业建立生产基地，可以直接或间接地推进土地规模经营。三是培育土地中介市场。农村承包地高度分散，愿意转出与不愿意转出的土地犬牙交错，有转出意向的农户与有转入意向的规模经营者之间信息不对称。这些因素的存在，抬高了土地流转的交易成本。培育中介组织，为流转双方搭建交易平台，是提高交易效率的有效途径。在降低转出和转入者的交易成本、实现土地集中连片经营等方面，委托流转比自发流转效果更好。为引导农户采用委托流转，应当降低甚至取消中介组织的收费，使转出土地的农户得到全部土地租金，同时由各级财政对中介组织给予适当补助。

第三，审慎处理土地承包经营权退出问题。对转移进城农民、特别是进城落户农民是否应当退回承包地的问题，应当十分慎重。必须考虑两个因素：一是改革大方向。转移进城农民在农村的土地承包经营权，是一种中国特色的用益物权，也是一种尚未定型、仍处于权能范围不断扩大过程中的特殊财产权利。实行家庭承包经营制度三十多年来，土地承包经营权的权能范围一直在扩大。最初，土地承包经营权只是一种"生产经营自主权"，农民只能使用、不能流转。后来，发展成有年期限制的占有、使用、收益权，在剩余承包期内可以流转，甚至在承包期内"生不增、死不减"。展望未来，土地承包经营权还会发生新的变化。物权法第三十九条规定，所有权人对自己的不动产或者动产，依法享有占有、使用、收益和处分的权利。十七届三中全会《决定》指出，完善土地承包经营权权能，依法保障农民对承包土地的占有、使用、收益等权利；赋予农民更加充分而有保障的土地承包经营权，现有土地承包关系要保持稳定并长久不变。两相比较，可以看出，土地承包经营权已与所有权非常接近。从土地承包经营权演变的大方向出发，最终将会变成农民的完全产权。二是社会保障是每个公民的平等权利。进城落户农民享有与城镇居民同等的社会保障权利，无需用土地承包经营权去交换。如同中国公民加入美国国籍、退出中国国籍，可以享受美国的社会保障，而无需放弃其在中国境内的财产权利。

基于这些考虑，建议浦东新区调整和完善要求农民退出承包土地的一系列规定：一是调整因征地原因退出承包地的规定。家庭承包经营制度的核心，是以家庭为单位进行承包经营，而不是以个人身份进行承包经营。只要该家庭存在，该家庭的土地承包经营权就不应丧失。即使是农村土地承包法，也仅规定，"承包方全家迁入设区的市，转为非农业户口的，应当将承包的耕地和草地交回发包方"。但上海市和浦东新区规定，家庭部分成员户籍转性、落实小城镇或城镇保险的农户，应相应核减家庭人口数、交回相应面积的承包地。这一规定过于严厉，应予以取消。二是调整因违约原因交回承包地的规定。对违约者，农村土地承包法第六十条仅规定"承包方违法将承包地用于非农建设的，由县级以上地方人民政府有关行政主管部门依法予以处罚。承包方给承包地造成永久性损害的，发包方有权制止，并有权要求承包方赔偿由此造成的损失。"国家法律并没有规定，对撂荒等行为，可以用收回承包经营权的方式予以处罚。但上海市和浦东新区的政策是可以收回的。三是率先实行土地承包关系长久不变。十七届三中全会《决定》的一大亮点，是明确提出"现有土地承包关系要保持稳定并长久不变"。如何从"三十年不变"过渡到"长久不变"，目前国家层面还没有统一的规定。浦东新区农村劳动力就业出路较多，城乡社会保障体系较完善，完全有条件在全国率先实行土地承包关系长久不变。可考虑以上海市二轮延包的起点年份1999年为时间节点，以当时在册农业人口为确权依据，把全部土地的承包经营权落实到户，真正实行长久"生不增、死不减"。

三、"退乡进城"引发的宅基地使用权处置问题

宅基地使用权是农民的重要财产权利，也是农民住房制度的基础。农民转移进城，特别是进城定居，不可避免地要面对宅基地使用权和宅基地上房屋所有权的处置问题。从农民的角度，处置宅基地使用权比处置土地承包经营权更加小心谨慎；从国家的角度，处置宅基地使用权的法律法规远没有处置土地承包经营权清晰明了。

（一）目前宅基地使用权是如何处置的

宅基地使用权的取得。根据《上海市农村村民住房建设管理办法》（2007年5月26日上海市人民政府令第71号公布），取得宅基地使用权必须符合以下规定。一是指标控制。区（县）房地产管理部门应当按照市房地资源局、市发展改革委下达的土地利用年度计划指标，确定村民建房的年度用地计划指标，并分解下达到镇（乡）人民政府。镇（乡）人民政府审核建房申请，应当符合区（县）房地产管理部门分解下达的村民建房年度用地计划指标。二是规

划管制。鼓励集体建房，引导村民建房逐步向规划确定的居民点集中。所在区域已实施集体建房的，不得申请个人建房；所在区域属于经批准的规划确定保留村庄，且尚未实施集体建房的，可以按规划申请个人建房。三是资格确认。具有本市常住户口的本市农村集体经济组织成员，符合下列条件之一时即可申请使用宅基地：同户（以合法有效的农村宅基地使用证或者建房批准文件计户）居住人口中有两个以上（含两个）达到法定结婚年龄的未婚者，其中一人要求分户建房，且符合所在区（县）人民政府规定的分户建房条件的；该户已使用的宅基地总面积未达到本办法规定的宅基地总面积标准的80%，需要在原址改建、扩建或者易地新建的；按照村镇规划调整宅基地，需要易地新建的；原宅基地被征收，该户所在的村或者村民小组建制尚未撤销且具备易地建房条件的；原有住房因自然灾害等原因灭失，需要易地新建或者在原址翻建的；区（县）人民政府规定的其他情形。四是面积标准。个人建房的用地面积和建筑面积按照下列规定计算：四人户或者四人以下户的宅基地总面积控制在150平方米至180平方米以内，其中，建筑占地面积控制在80平方米至90平方米以内。不符合分户条件的五人户可增加建筑面积，但不增加宅基地总面积和建筑占地面积；六人户的宅基地总面积控制在160平方米至200平方米以内，其中，建筑占地面积控制在90平方米至100平方米以内。不符合分户条件的六人以上户可增加建筑面积，但不增加宅基地总面积和建筑占地面积。村民户申请个人建房用地的人数，按照该户在本村或者村民小组内的常住户口进行计算，其中，领取本市《独生子女父母光荣证》（或者《独生子女证》）的独生子女，按两人计算；户口暂时迁出的现役军人、武警、在校学生，服刑或者接受劳动教养的人员，以及符合区（县）人民政府规定的其他人员，可以计入户内；村民户内在本市他处已计入批准建房用地人数的人员，或者因宅基地拆迁已享受补偿安置的人员，不得计入用地人数。

宅基地使用权的转让。农村村民一户只能拥有一处宅基地。农村村民将原有住房出售、赠与他人，或者将原有住房改为经营场所，或者已参加集体建房，再申请建房的，一律不予批准。

宅基地使用权的退出。在两种情形下宅基地使用权可以退出：一是建新退旧。根据《上海市农村村民住房建设管理办法》，农村村民按规划易地实施个人建房的，应当在新房竣工后三个月内拆除原宅基地上的建筑物、构筑物和其他附着物；参加集体建房的，应当在新房分配后三个月内拆除原宅基地上的建筑物、构筑物和其他附着物。原宅基地由村民委员会、村民小组依法收回，并由镇（乡）人民政府或者区（县）房地产管理部门及时组织整理或者复垦。区（县）人民政府在核发用地批准文件时，应当注明新房竣工后退回原有宅基地的内容，并由镇（乡）土地管理所负责监督实施。二是宅基地换房。根据《上海市人民政府办公厅关于同意关于鼓励本市村民宅基地让出给农村集体经济组织实施细则（试行）的通知》（沪府办〔2003〕16 号）精神，为促进郊区村民向城镇集中，合理利用土地，鼓励进镇村民自愿将宅基地让出给农村集体经济组织，不再申请宅基地，在全市试点城镇行政区域内和奉贤区先行"宅基地换房"试点：让出宅基地的村民或者村民住房的所有权人购买本区（县）范围内城镇商品住房的，可以凭新购商品住房的房地产权证，向区（县）土地管理部门申请返还政府收取的部分土地出让金（即由本区、县政府分成的部分）；经区（县）土地管理部门审核，报区（县）财政部门批准后，申请人可获得返还的按所购商品住房建筑面积计算的部分土地出让金。但申请人所购商品住房建筑面积超过宅基地原住房建筑面积的部分，不予返回土地出让金。让出宅基地的村民或者村民住房所有权人自行复垦宅基地的，由区（县）土地管理部门验收合格后，按照全部复垦面积支付耕地开垦费。

（二）国家法律法规和政策对宅基地使用权的规定

宅基地使用权的取得。根据国土资源部《关于加强农村宅基地管理的意见》（国土资发〔2004〕234 号）的规定，在农村取得宅基地应遵循以下规定：一是指标控制。农村宅基地占用农用地应纳入年度计划。省（区、市）在下达给各县（市）用于城乡建设占用农用地的年度计划指标中，可增设农村宅基地占用农用地的计划指标。各县（市）可根据省（区、市）下达的农村宅基地占用农用地的计划指标和农村村民住宅建设的实际需要，于每年年初一次性向省（区、市）或设区的市、自治州申请办理农用地转用审批手续，经依法批准后由县（市）按户逐宗批准供应宅基地。二是规划管制。引导农村村民住宅建设按规划、有计划地逐步向小城镇和中心村集中。对城市规划区内的农村村民住宅建设，应当集中兴建农民住宅小区，防止在城市建设中形成新的"城中村"，避免"二次拆迁"。对城市规划区范围外的农村村民住宅建设，按照城镇化和集约用地的要求，鼓励集中建设农民新村。在规划撤并的村庄范围内，除危房改造外，停止审批新建、重建、改建住宅。三是资格确认。农村村民一户只能拥有一处宅基地，面积不得超过省（区、市）规定的标准。各地应结合本地实际，制定统一的农村宅基地面积标准和宅基地申请条件。农村村民将原有住房出卖、出租或赠与他人后，再申请宅基地的，不得批准。

宅基地使用权的转移。宅基地使用权也是一种用益物权，但其权能范围明显小于土地承包经营权。物权法第一百五十二条规定，"宅基地使用权人依法对集体所有的土地享有占有和使用的权利"。尽管宅基地使用权人对宅基地没有收益权、处分权，但因对附着在其上的房屋拥有所有权，在处置房屋的特定情形下，宅基地使用权相应发生转移：一是因转让、购买房屋发生的转移。集体经济组织成员之间可以买卖房屋，卖方不得再次申请宅基地，买方必须符合宅基地申请条件。但也有例外情形，如国家土地管理局1995年发布的《确定土地所有权和使用权的若干规定》规定，"接受转让、购买房屋取得的宅基地，与原有宅基地合计面积超过当地政府规定标准，按照有关规定处理后允许继续使用的，可暂确定其集体土地建设用地使用权"。这意味着买方即使在面积上超过规定的宅基地标准，仍可取得超出部分的土地使用权。二是随继承房屋发生的转移。如果继承人是本集体经济组织成员，符合宅基地申请条件的，可以经批准后取得被继承房屋的宅基地；如果不符合申请条件，则继承人在继承房屋所有权时，宅基地可由继承人继续使用。城镇居民继承农村房屋后，可以继续使用原有宅基地，但不能办理过户手续。同时，法律严禁城镇居民在农村购置宅基地，严禁为城镇居民在农村购买和违法建造的住宅发放土地使用证。

宅基地使用权的退出。对如何处置进城落户农民的宅基地使用权，现行法律法规和政策文件极为谨慎。1990年国务院批转的《国家土地管理局关于加强农村宅基地管理工作的请示》提出，"对已经'农转非'的人员，要适时核减宅基地面积"，但宅基地的分配使用是以家庭为单位，这一要求缺乏可操作性。国家土地管理局1995年发布的《确定土地所有权和使用权的若干规定》提出，"非农业户口居民（含华侨）原在农村的宅基地、房屋产权没有变化的，可依法确定其集体土地建设用地使用权。房屋拆除后没有批准重建的，土地使用权由集体收回"；"空闲或房屋坍塌、拆除两年以上未恢复使用的宅基地，不确定宅基地使用权。已经确定使用权的，由集体报经县级人民政府批准，注销其土地登记，土地由集体收回"。2000年《中共中央、国务院关于促进小城镇健康发展的若干意见》提出"对进镇农户的宅基地，要适时置换出来，防止闲置浪费"，2004年国土资源部《关于加强农村宅基地管理的意见》提出"对'一户多宅'或空置住宅，各地要制定激励措施，鼓励农民腾退多余宅基地"，但都不是强制性要求。有人根据《土地管理法》第六十五条关于"因撤销、迁移等原因而停止使用土地的"，"农村集体经济组织报经原批准用地的人民政府批准，可以收回土地使用权"的规定，主张农村集体经济组织可以收回迁出户口农户的宅基地，但各地在实践中普遍没有采纳这种主张。

（三）讨论与建议

宅基地使用权的取得、转让和退出事关农民的切身利益，必须在法律法规底线内尽可能照顾农民的利益，特别是要有利于维护主动退出农村、进城定居农民的利益，形成有利于农民市民化的正向激励机制。

第一，允许退出农村的家庭继续持有宅基地使用权。无论是户籍已转性、仍居住在村的家庭，还是户籍转性、进城居住的家庭，都应当允许他们继续拥有原宅基地使用权。当今后征地拆迁时，对他们进行同等补偿；当今后集体统一规划建房时，允许他们平等参与。

第二，扩大宅基地换房的实施范围和方式。借鉴试点城镇和奉贤区先行先试的具体做法，率先在浦东新区行政区域范围内全面实施鼓励村民宅基地让出给农村集体经济组织的政策。可以对退出宅基地的农民按原占地面积发放"地票"，允许在城镇购买商品房时以"地票"顶抵购房款中的土地出让金。对已经在城市购买商品住房的农民，也可允许他们将退出宅基地换取的"地票"转让他人，或由土地储备中心收购。

第三，探索扩大宅基地使用权的权能。应该像完善土地承包经营权权能一样，抓紧完善宅基地使用权权能。鉴于进城落户农民已在城市有稳定住所，可实行比一般农户更灵活的转让政策，适当放宽受让对象的范围，提高转让市场的竞争性，从而形成合理的转让价格。借鉴浙江一些地方的做法，对农房发放土地使用权证和农房产权证、允许进行抵押。

四、"退乡进城"引发的其他集体资产处置问题

除土地承包经营权和宅基地使用权外，令主动退出农村者割舍不下的，还

有对组、村、镇三级其他集体资产的共有权。在集体经济不发达的地方，承包地、宅基地以外的其他集体净资产不多，主动退出农村者（以迁出户籍、放弃成员权为标志）一般不留恋这块资产，也不把丧失对这块资产的共有权计入迁移户籍的成本。但像浦东新区这样的地方，城郊农村的集体净资产数额巨大，不能不考虑如何处置主动退出农村者对这部分集体资产享有的共有权（见表3）。

表3　浦东新区农村集体资产情况　　　　　单位：亿元

项目	合计	原浦东	原南汇
一、镇级集体净资产	59.54	44.45	15.09
二、村级集体总资产	84.11	69.18	14.93
1.流动资产	48.87	42.00	6.87
2.农业资产	0.05	0.04	0.01
3.长期资产	35.19	27.14	8.05
其中：固定资产	24.41	18.58	5.83
三、村级集体总负债	36.55	29.21	7.34
四、村级集体净资产	36.55	29.21	7.34

注：镇级资产为2008年数，村级资产数为2009年年底数

在传统集体所有制体制下，集体资产是典型的共同共有资产，具有社区封闭性，非集体经济组织成员不能进入，退出集体经济组织者也不能带走其应享有的资产权益。在人口流动性很低、不同地区农村集体经济发展水平差别不大的情况下，这种产权制度安排的内在缺陷被掩盖。在人口迁入、迁出越来越频繁，各地农村集体经济发展水平差距扩大的新形势下，这种产权制度安排的矛盾和问题逐步显现：集体经济发达的地方，外嫁女不愿迁出，嫁入者落户难；早先"农转非"者现在要求"非转农"，已经融入城市者不愿迁走户口，出现"逆城市化"现象；外来务工人员加入发达地区集体经济组织比加入城市户籍还难，不利于提高这些地区的人口素质。

如何改革农村集体产权制度，从国家层面看尚未破题。对这一问题，十七届三中全会《决定》只字未提，2004年以来的七个中央1号文件中也仅只2010年的中央1号文件提出"鼓励有条件的地方开展农村集体产权制度改革试点"。目前主要是一些地方在自行探索。例如，近年来北京市按照"资产变股权、农民当股东"的方向，全面推进农村集体经济产权制度改革。2009年是改革力度最大、进度最快的一年。2009年，北京市新完成改制单位346个，完成集

体经济产权制度改革的乡村累计达到 812 个，占乡村集体经济组织总数的 19.4%；全市已有 52 万农民成为农村集体资产的股东，真正成为拥有集体资产的市民。2010 年，北京市农村集体经济产权制度改革的工作重点放在推进城乡结合部、新城规划区及重点小城镇的产权制度改革上。今后一个时期，北京市要求原则上拥有集体净资产的乡村都要进行改革，没有集体净资产的乡村，要做好集体组织成员身份界定、劳龄统计和清产核资等基础性工作。浙江、广东等地推进农村集体经济产权制度改革的力度也很大。可以说，集体资产越雄厚、城镇化进程越迅速的地方，集体资产产权制度改革越迫切。

借鉴各地经验，建议浦东新区加快农村集体资产产权制度改革步伐：

第一，要像重视撤制村、队集体资产处置一样，重视现有队、村、镇集体资产产权制度改革。农村集体企业已完成股份制改造，但农村集体资产产权制度改革依然滞后。由于产权主体不清，目前农村集体资产管理上问题很多，村组干部利用权力寻租、背离村民集体利益的现象较为普遍。推进集体资产产权制度改革，增强集体经济组织成员的监督权力，建立集体资产保值增值机制，是减少农村矛盾、提高集体资产使用效率的迫切需要。目前浦东新区对撤制村、队的集体资产处置问题比较重视，制定了较为系统的办法，但对继续保留建制的队、村、镇集体资产的产权制度改革问题重视不够，目前仅在小范围内推进村级集体资产股份化、镇级集体资产市场化改革试点。在这方面，浦东新区滞后于上海其他郊区。应当在总结试点经验的基础上，加快集体资产产权制度改革。

第二，要明确界定乡镇政府与乡镇集体经济组织、村委会与村集体经济组织的关系。随着人口迁出、迁入的频繁发生，乡镇、村域内的户籍人口不断变化。应当严格区分户籍人口与集体经济组织成员。拥有户籍的，不一定都是集体经济组织成员；拥有集体经济组织成员权的，户籍不一定保留在当地。在这种情况下，应当明确界定乡镇政府、村委会与乡镇、村集体经济组织的关系。特别是要明确界定村委会与村集体经济组织的关系，不能由村委会代替村集体经济组织。涉及集体经济组织成员利益的重大事项，如土地承包经营方案、宅基地使用方案、集体资产处置方案等，应当经村集体经济组织成员讨论决定。

第三，要针对集体成员变动特征设计集体资产产权制度改革的具体模式。与撤制村、队不同，保留建制的队、村、镇中大部分集体经济组织成员没有迁出，对集体资产的处置不能简单采用货币分配到人的方式。可以考虑主要采用股份制的方式，将集体净资产量化到每一个集体成员。总的原则是要让农民能够带着集体资产进城，持有集体资产股权者一样可以成为完全意义上的市民：队、村、镇三级集体净资产都应全部折股量化到人，不保留所谓的集体股；个人取得的股权不得退股，但可转让、继承、赠与；迁出户籍的股权持有者可以继续持有，也可以转让；股权转让的对象可以适当放宽，在本集体成员享有优先权的前提下，可以向外来务工人员、与本集体经济组织有业务往来的人员或法人转让；条件具备时，可通过增资扩股，吸收外部人员或法人入股，打破集体经济组织的社区封闭性，建立准入机制。

第四，妥善解决集体资产的管理主体和经营风险问题。实行股份制改革以后，镇政府、村民委员会都不能再代表集体经济组织管理集体资产。新成立的股份公司治理结构能否适应农村特点，管理层能否尽责尽力、村民能否有效行使股东权利，都将面临考验。尤为严峻的是，在市场经济条件下任何股份制企业都面临一定的经营风险，并非都能实现集体资产的保值增值。对这些从农村集体经济组织改制而来的股份制企业而言，是否需要设置经营领域限制，将其经营范围限制在有固定收益回报的投资领域，以锁定经验风险，都需要审慎决策。

（2010 年 7 月）

农民"被城市化"过程中的
集体资产处置问题

——以上海浦东新区为例

一、引言

我国正处于快速城镇化进程中,这不仅体现在大量农村人口主动向城镇建成区迁移,而且也体现在城镇建成区边界不断向外推移。全国城市建成区面积,1990 年为 12,856 平方公里,2008 年达到 36,295 平方公里,年均增加 1302 平方公里。全国建制镇镇区面积也在快速扩张。在城镇化进程中,农村土地因城镇建成区边界外推而逐步"被征收",农村人口因户籍性质变更而逐步"被居民",作为农村建制的组(队)、村、镇因集体土地和农业人口消失而逐步"被撤销"。

在后金融危机时代,如何培育经济增长内生动力是我国面临的重大课题,各方面普遍对城镇化在中长期经济增长中的支撑作用寄予厚望。"十二五"将是我国城镇化的黄金期,"城进乡退"的历史步伐将继续往前迈进,大量城郊农民将"被城市化"。学界以往更多的是将"被城市化"农民称作"失地农民"、"三无农民"(种田无地、就业无门、社保无份),关注点主要集中在低补偿标准征地侵占了农民土地财产权利、城市化"要地不要人"带来诸多社会问题等方面。随着征地补偿标准的逐步提高、被征地农民社会保障的逐步健全,过去关注较多的问题正在逐步得到解决。目前需要给予高度关注的则是,被征地农民如何更加顺利地融入城市经济社会体系,消除与市民社会的隔阂。

一些地方的情况表明，被征地农民虽然登记为城镇居民户口、享受城镇居民社会保障和就业公共服务待遇，但由于集体资产产权制度改革滞后，他们仍难以脱离原村社共同体、最终实现市民化，被征地农民、城市原居民、进城农民工构成城市三大社会群体。

2005年国务院批准设立上海浦东新区综合配套改革试验区，城乡一体化是三大改革任务之一。在上海浦东新区快速城市化进程中，城市建成区边界不断外移，"城进乡退"使大量农民、农村、农地"被城市化"。另一方面，随着城市化的推进，集体资产特别是集体土地资产增值很快，集体经济组织成员变动很大。如何妥善处置农村集体资产，保障农民对农村集体资产的权利，吃好"散伙饭"，既是关系农民能否最终脱离对社区集体的人身依附、尽快融入城市市民社会的关键所在，也是关系征地拆迁、补偿分配中能否减少矛盾和冲突的核心所在。浦东新区为此进行了一些探索。以浦东新区的探索为蓝本，可以为其他地区提供借鉴。

二、浦东新区农民"被城市化"的基本特征

"被城市化"泛指农民因土地被征收而被迫接受城镇居民身份、纳入城市社会管理体系。城乡结合部和产业园区大量被征地农民属于这种城市化类型。根据浦东开发规划，1991—2000年为近期，集中城市化地区从38平方公里增加至90平方公里；2001—2020年为远期，集中城市化地区从90平方公里增加到200平方公里。浦东新区原来的农民大半已成为市民，占上海市农转非人口的2/3。城市化的快速推进导致行政区划不断调整。1995年浦东新区经撤乡建镇、调整街道后，共设11个街道、30个镇；后经多次调整，2008年年底共设12个街道、11个镇。村民委员会和居民委员会的个数也发生了较大变动。浦东新区农村城市化、农民市民化与全国其他地区有类似之处，也有自身特征：

一是被动性。城市建设者利用公权征收农村承包地和农村宅基地、拆迁农民住房，失地农民被转为城镇居民、纳入城镇社会保障体系（镇保）。这种转移进城，主要是从农民到市民的身份转换，在回迁安置时并没有发生空间上的迁移，在异地集中安置或货币安置时也仅发生近距离迁移。

二是整体性。在城市化进程中，城市政府的土地整理储备中心作为征地主体，为实施城市建设规划，习惯于将一个村的土地全部征收，将该村农民全部

转为城镇居民。深圳市甚至一次性将全市农村集体土地全部征为国有、农民全部转为城镇居民。但广州等地在城市化过程中，为降低土地成本，先征收补偿标准低的农用地，对成本较高的宅基地和村庄建设用地避而不征，结果随着城市的扩大，形成大量被城市包围的"城中村"。

三是彻底性。与广州等地不同，上海在城市化进程中实行的是城市边界扩展到哪里，土地连片征收到哪里，被征地农民全部加入小城镇社会保障体系，土地被征完的组、村、镇的农村建制被撤销，土地被征完的组、村集体经济组织的资产全部以股权形式量化到人或以现金方式分配到人，对撤销建制的组、村集体资产有完整的处置办法，既不保留实物形态的"城中村"，也不保留作为社会自治组织的"城中村"，农民完全纳入城市社会管理体系。

三、浦东新区农民"被城市化"过程中集体资产处置的主要做法

在全国其他一些地方，虽然"被城市化"农民的承包地被征收，并取得城镇居民身份，但其宅基地和集体企业用地往往仍保留集体土地属性，甚至返还部分被征土地用于回迁安置和集体经济组织发展产业，集体经济组织仍具有经营职能、从事经营活动，被征地农民仍是集体经济组织成员。

浦东新区的做法则是，土地被征完的组、村，农民没有了承包地和宅基地，甚至也没有了村、队集体企业。根据《上海市撤制村、队集体资产处置暂行办法》(沪府发〔1996年〕34号)和《关于〈上海市撤制村、队集体资产处置暂行办法〉的补充意见》(沪府发〔1998〕年55号)，结合浦东新区实际情况，2010年2月4日发布了《浦东新区撤制村、队(组)集体资产处置的若干规定》。主要有以下做法：

(一) 界定集体产权

在处置撤制村、队集体资产之前，先要进行清产核资、资产评估和产权界定。由于集体资产的形成、类型、实际占有等情况极为复杂，如何界定哪些集体资产归集体经济组织成员共同所有、可量化分配给个人，对每个集体成员都至为重要。浦东新区的做法是，对经评估确认的撤制村、队净资产，分三种情况予以产权界定：

一是明确界定归村、队集体所有。主要有以下情形：1. 撤制村、队集体经济组织以各种形式投资形成的资产以及经营收益（含收益性补偿），因建设单位征用土地缴纳的村、队集体所有土地补偿费和其他补偿费，根据国家法律

法规和政策享受减免税优惠等形成的资产，均界定为村、队集体资产。2.撤制队依法取得的土地补偿费，40%划归队集体经济组织所有，30%上缴村集体经济组织，30%上缴镇集体经济组织，划归撤制队集体经济组织所有的土地补偿费，可以股权形式或者货币形式全部量化到队集体经济组织成员个人；撤制村依法取得的土地补偿费，50%划归村集体经济组织所有，50%上缴镇集体经济组织，划归撤制村集体经济组织所有的土地补偿费，可以股权形式或者货币形式全部量化到村集体经济组织成员个人；上缴村、镇集体经济组织的土地补偿费，作为村、镇集体经济组织公积金收入。

二是按投资来源分割。主要包括以下情形：1.撤制村、队集资兴办的农田基本设施、自来水管线、照明广播线路等形式的资产，按出资方和出资额进行产权界定，已获价值补偿的，按实际补偿价值和各出资方的出资比例分割；2.撤制村、队集体经济组织开发工业、商业等使用的集体土地，在开发过程中投资形成的资产，按"谁投资、谁所有"的原则进行界定。3.撤制村、队集体经济组织在返征地上投资的工业、商业等建筑物及地下设施，按"谁投资、谁所有"的原则进行产权界定，属于村、队集体经济组织投资的，纳入撤制村、队分配。

三是明确界定为非村、队集体所有。主要情形包括：1.由自然人与撤制村、队以外的单位投入的资本金及相应经营收益（含收益性补偿），界定为外来投资者资产；2.撤制村、队集体经济组织及其所属企业中历年来由镇扶持用于农业基本建设的款项、实物等形式所形成的资产，界定为镇级资产；3.因开发建设等原因处置、占用农用设施而取得的补偿费中，属于国家、市、区扶持、投资的农业基本建设款项，界定为国有资产，按有关规定上交新区财政专项资金专户，新区农委在征求财政局和水务局意见后，将上交资金继续投入农业基础设施建设。4.撤制村、队因集体土地非农化的增值资金和因享受国家特定优惠政策（税前还贷、以税还贷等）形成的集体资产，是非劳动积累的集体资产，界定为非村、队集体资产，应当按照规定上缴镇集体经济组织。

（二）确定分配办法

撤制村、队存续的时间较长，期间有生老病死的、有嫁入嫁出的，也有导入迁出的，这些人与村、队集体存量资产有着千丝万缕的关联。哪些人有资格参与撤制村、队可分配净资产的分割，原始投入、劳动工龄等因素的分配权重如何确定，关系到每个成员的切身利益。浦东新区的做法是：

确定分配对象。以集体经济组织成员参加劳动的时间为依据，可以享受分配的对象是：自农业合作化起始年份 1956 年至批准撤制之日期间，户口在队（村）、劳动在册的集体经济组织成员。这是上海市和浦东新区的统一规定，但也有例外。例如，浦东新区周浦镇牛桥村撤资办领导小组公告称，农龄计算办法是，根据周府〔2004〕135 号文件精神，自撤制批文日起向前推 30 年，即 30 年内户口在队（农业户口）、年满 16 周岁以上的村民（见专栏 1）。

专栏 1

告村民书

村民们：

你组因国家建设征用土地，经区人民政府土地行政管理部门批准，你组的生产队建制已撤销。现根据沪府〔1996〕34 号、〔1998〕55 号，关于《上海市撤制村队集体资产处置暂行方法》的通知精神来处置你组原来的集体资产。集体资产的处置工作按以下程序进行：

一、建立组织机构。采用无记名投票形式，选举产生常务代表 5 人，作为资产处置工作小组，由常务代表中推荐一名组长。工作小组在镇、村撤制工作领导小组的指导下开展工作。

二、资产处置应做好三项主要工作。1. 做好土地的清理，确认土地面积。2. 做好生产队集体资产的清理，确认总资产。3. 做好农龄清理。根据周府〔2004〕135 号文件精神，自撤制批文日起向前推 30 年，即 30 年内户口在队（农业户口）、年满 16 周岁以上的村民。

三、对资产处置中清理的个人农龄、集体资产应张榜公布，做到公开、公正、公平。

四、常务代表的条件

1. 必须是本组集体经济组织成员的户代表（不参加本组分配的人员不得当选）。

2. 对集体资产情况比较了解。

3. 要有一定文化知识和工作能力、在群众中有一定威信。

4. 为人正直、办事公道、热心为群众服务。

5. (1). 本次选举常务代表时间 2010 年 1 月 19 日上午 7 时整。

（2）. 四组地点在闵丽仙家，十八组地点在陈国安家。

（3）. 过时不参加选举的户代表作自动放弃。

希望村民们理解、支持，积极配合共同做好撤队后的集体资产处置工作。

浦东新区周浦镇牛桥村撤资办领导小组

2010 年 1 月 15 日

退出原始投入。撤制村、队集体经济组织成员加入农村合作社的原始股金，按照原额返还；原始股金的红利分配，可以按照股金原额 10 倍至 15 倍的比例，以现金方式兑现。

确定分配顺序。撤制村、队集体资产经评估、界定后，从净资产总额中提取 5%—10% 作为资产处置统筹基金，由镇政府有关部门管理，专项用于解决撤制工作中的遗留问题。处置撤制村、队集体资产之前，先进行当年收益分配。撤制队依法取得的集体青苗补偿费、低值易耗品补偿或者作价变卖款，作为集体收入，可以列入当年收益分配，也可以纳入撤制队集体资产一并处置。强调当年收益分配，有利于保护现状成员的利益；强调一并处置，有利于保护历史成员的利益（见专栏 2）。

专栏 2

惠南镇城南村二组撤组后资产界定处置意见

一、城南村二组撤组依据

根据南汇区撤制村队推进工作领导小组办公室南撤制办（2009）09 号文《关于对惠南镇城南村 2 组、3 组、4 组实施"土地承包权换保障"撤制后进行资产处置的批复》同意按 2004 年 6 月 14 日上海市南汇区人民政府南府（2004）第 136 号文《上海市南汇区人民政府关于同意撤销 118 个生产组建制的批复》进行资产处置。

二、城南村二组资产界定处置依据

1. 《上海市撤制村、队集体资产处置暂行办法》沪府发（1996）34 号文件；

2. 《关于上海市撤制村、队集体资产处置暂行办法的补充意见》沪府发（1998）55 号文件；

3. 《南汇区撤制村、组集体资产处置的若干意见》南府办（2003）100号文件；

4. 《关于撤制村、组集体资产处置的暂行办法（试行)》惠府（2003）20号文件；

5. 南汇县建设用地事务所(2004)170号《征地费包干协议书》。

6. 南汇区建设用地事务所(2005)87号《征地费包干协议书》。

7. 工业园区《城南村2、3、4组撤组资产处置情况表》。

三、征用土地面积

1.（2004）170号《征地费包干协议书》

耕地：23,644平方米折35.47亩

非耕地：3422平方米折5.13亩

合计：40.60亩

2.（2005）87号《征地费包干协议书》

耕地：32,740平方米折49.11亩

非耕地：3746平方米折5.62亩

合计：54.73亩

3. 工业园区《城南村2、3、4组撤组资产处置情况表》

耕地：39.25亩

非耕地：74.38亩

合计：113.63亩

以上三项合计：

耕地：123.83亩

非耕地：85.13亩

合计：208.96亩

四、土地补偿费

耕地：123.83亩×14400元/亩=178.32万元

非耕地：85.13亩×7200元/亩=61.29万元

合计：239.61万元

五、设施补偿费

1. 依据（2004）170号、（2005）87号《征地费包干协议书》，设施补偿费合计 2,648,308.84 元，其中：属组的设施补偿费 467,878.27 元，其中二组 103,806.55 元；由村直接支付给属于个人的补偿费 646,935.86 元，净额为 1,533,494.71 元。征用土地总面积 387.61 亩，经测算分配标准为 3956.28 元/亩，二组被征用土地 95.33 亩，分配设施补偿费 377,152.17 元。

2. 工业园区《城南村 2、3、4 组撤组资产处置情况表》属二组的设施补偿费总额 336,345.00 元。

六、土地补偿费界定分摊

239.61 万元提取 5%统筹基金 11.98 万元后为 227.63 万元

镇：68.29 万元（30%）

村：68.29 万元（30%）

组：91.05 万元（40%）

七、设施补偿费界定分摊

1. 属二组的设施补偿费 10.38 万元，提取 5%统筹基金后为 9.86 万元；

2. 提取 10%金额补偿二组：37.72 万元提取 5%统筹基金后为 35.83 万元，再提取 10%金额为 3.59 万元；

3、33.63 万元提取 5%统筹基金 1.68 万元后为 31.95 万元

镇：9.585 万元（30%）

村：9.585 万元（30%）

组：12.78 万元（40%）

4、二组实际分摊得设施补偿费总额为 26.23 万元（9.86 万元 +3.59 万元 +12.78 万元）。

八、二组撤组后，镇、村、组集体资产处置分摊

镇：土地补偿费：68.29 万元

设施补偿费：25.705 万元〔（35.83-3.59 万元后为 32.24 万元，镇 50%，村 50%=16.12 万元）+9.585 万元〕

合计：93.995 万元

村：土地补偿费：68.29 万元

设施补偿费：25.705 万元

合计：93.995 万元

组：土地补偿费：91.05 万元

　　　　设施补偿费：26.23 万元

　　　　合计：117.28 万元

　　镇提取统筹基金：22.07 万元

　　经镇、村、组和村民代表协商，二组撤组后，镇、村、组集体资产界定分摊确认为：

　　镇：土地补偿费：68.29 万元

　　　　设施补偿费：25.705 万元

　　　　合计：93.995 万元

　　村：土地补偿费：68.29 万元

　　　　设施补偿费：25.705 万元

　　　　合计：93.995 万元

　　　　组：土地补偿费：91.05 万元

　　　　设施补偿费：26.23 万元

　　　　合计：117.28 万元

　　镇提取统筹基金：22.07 万元

　　说明：

　　1. 城南二组到撤制日止，公积金、公益金合计 35,991.00 元，纳入该组兑现到村民。

　　2. 青苗补偿费已由村按标准支付完毕。

　　3. 设施补偿费中，镇分摊所得部分，主要用于撤组后该组人员的独生子女费、计生费和社区公益性管理费用等。

浦东新区惠南镇撤制村、组集体资产处置领导小组

2009 年 12 月 11 日

（三）确定持有方式

　　对于可分配的集体净资产，是彻底清盘、全部以现金方式分配给个人，还是继续保留统一经营的外壳、仅将股权量化到人？农民获得的股权到底有多大权能，仅仅只是分红依据，还是完整的财产权利？对这些问题都需要作出回答。浦东新区的做法如下：

　　确定个人分配形式。对撤制村、队集体资产，有规模、有效益并有条件继续

经营的集体经济组织，主要应以股权形式量化到人；对规模小、效益差并无条件继续经营的集体经济组织，在清算债权债务的条件下，可以采用现金分配方式。

确定个人股权权能。撤制村、队集体经济组织成员个人获得的股权依法享有收益权，可以继承，也可以在持股者自愿基础上在本经济组织内部依法转让。

维持不可分配资产的完整性。撤制村、队集体经济组织中以股权量化方式界定为镇集体资产的，由镇集体资产管理部门以股权形式代为持有；撤制村、队集体经济组织采用股权量化、并在继续运作中的非村、队集体资产的其他资产，不得量化到村、队集体经济组织个人。村、队撤销建制后，原集体经济组织所属经济实体，在明确权属关系和依法改制为新的独立经济实体的基础上继续存在。

四、讨论与建议

目前在国家层面对城市化过程中如何处置撤制村、队的集体资产，没有系统完整的明文规定。仔细比对 1996 年上海市和 2010 年浦东新区关于撤制村、队集体资产处置的规定，参考全国其他一些地方的做法，对浦东新区处置撤制村、队集体资产的有关做法讨论分析如下。

第一，土地补偿费应归土地所有者。无论是 1996 年上海市政府出台的暂行办法，还是 2010 年浦东新区政府出台的若干规定，对撤制队的土地补偿费，按 40∶30∶30 的比例，由队、村、镇三级集体经济组织分享；对撤制村的土地补偿费，按 50∶50 的比例，由村、镇两级集体经济组织分享。这种分配办法在全国绝无仅有，据称是以人民公社"三级所有、队为基础"的所有制结构为法理基础，认为组（生产队）、村（生产大队）、镇（公社）三级集体经济组织共享土地等农村集体财产所有权。

事实上，1962 年人民公社六十条所构造的"三级所有、队为基础"所有制，是一种"自下而上"的共有制，即生产队的土地等财产，归生产队成员集体所有；生产大队的土地等财产，归全大队成员集体所有；公社的土地等财产，归全公社社员集体所有。不能倒置过来，把"三级所有、队为基础"理解为，生产队的土地等财产归全大队成员共有，生产大队的土地等财产归全公社社员共同所有。改革开放以后，随着人民公社的解体，"三级所有、队为基础"已演变为三种集体所有制。按照《土地管理法》第十条和《物权法》第六十条的规定，农村集体土地所有权分为三种类型，即：农民集体所有的土地依法属于村农民集体所有的，由村集体经济组织或者村民委员会代表集体经营、管理和行使所有权；分别属于村内两个以上农民集体所有的，由村内各该集体经济组织或者村民小组代表集体经营、管理和行使所有权；属于乡镇农民集体所有的，由乡镇集体经济组织代表集体经营、管理和行使所有权。这意味着，农村土地的所有权主体，要么是村集体，要么是组集体，要么是乡镇集体，不存在一块土地有两个或三个所有权主体。不能认为农村土地所有权，由队（组）、村、乡（镇）三级集体经济组织分享。

同时，也需要明确，土地补偿费是对土地所有权的经济补偿，主要应用于补偿被征地农民。《土地管理法》明文规定，"被征地的农村集体经济组织应当将征收土地的补偿费用的收支状况向本集体经济组织的成员公布，接受监督"，"禁止侵占、挪用被征收土地单位的征地补偿费用和其他有关费用"。《物权法》第五十九条规定，"土地补偿费等费用的使用、分配办法，应当依照法定程序经集体成员决定"。《国土资源部关于完善征地补偿安置制度的指导意见》（国土资发〔2004〕238号）也规定，"按照土地补偿费主要用于被征地农民的原则，土地补偿费应在农村集体经济组织内部合理分配。具体分配办法由省级人民政府制定。土地被全部征收，同时农村集体经济组织撤销建制的，土地补偿费应全部用于被征地农民生产生活安置。"

很显然，上海和浦东新区的土地补偿费分配范围、程序等，既不符合农村土地集体所有制的内涵，也与国家法律法规的相关规定不符；既没有做到"土地补偿费主要用于被征地农民"、"经集体成员决定"，更没有做到"农村集体经济组织撤销建制的，土地补偿费应全部用于被征地农民生产生活安置"。建议修改这一规定，把撤制村、队的土地补偿费全部界定为该村、队集体资产。在土地由队集体所有的地方，村、镇集体经济组织不能分享土地补偿费；在土地由村集体所有的地方，镇集体经济组织不能分享土地补偿费。

第二，不必刻意保留集体经济组织外壳和不可分割的集体股。无论是上海市1996年的暂行办法，还是浦东新区2010年的若干规定，在处置撤制村、队集体资产上有两个不同于其他一些地方农村集体经济产权制度改革的显著特征：一是对确股到人还是分钱到人更加灵活。上海市1996年的暂行办法提出，撤制村的集体资产，应当主要以股权形式全部量化到村集体经济组织成员人；

但撤制队的集体资产，如果队集体经济组织有条件继续组织生产的，应当主要以股权形式全部量化到队集体经济组织成员人，如果资产总额较小、队集体经济组织不具备组建新经济实体条件的，也可以全部以货币形式量化到队集体经济组织成员。这些做法是实事求是、从实际出发的。实际执行中，农民绝大多数主张分钱到人，而不愿确股到人。二是对是否设集体股更加灵活。即便在确股到人的情况下，也有一个是否把可分配集体资产全部量化到人、是否保留一定比例的集体股的问题。上海市和浦东新区的政策，都没有强制性要求在集体资产的量化分配中必须保留一定比例的不可分割的集体股，也没有明确要求实行股份合作制。这也是符合实际的制度安排。很多实行社区股份合作制改革的地方称，保留一定比例的集体股，是体现集体经济性质的需要，是开展集体公益事业的需要。实际上，这是改制不彻底的表现，集体股权利的行使会带来很多负面问题。城郊农村集体资产管理问题很多，村干部贪污腐败突出。

但与国家相关法律法规对照，浦东新区由政府规定哪些情形下撤制村、队集体资产主要应以股权形式量化到人，不能采用现金分配方式，属于程序违法。《物权法》第九十九条规定，"共有人约定不得分割共有的不动产或者动产，以维持共有关系的，应当按照约定，但共有人有重大理由需要分割的，可以请求分割；没有约定或者约定不明确的，按份共有人可以随时请求分割"。建议按照国家相关法律法规，对撤制村、队的集体资产是否进行分割，是以股权形式量化到人还是以现金方式分配到人，由作为共有人的农民自主决定，而不是由政府决定。

第三，尽可能扩大个人股权能。 在以股权形式将村、队集体资产全部量化到个人的情形下，需要讨论和明确的一个突出问题，是如何界定个人股权的权能范围。浦东新区2010年的若干规定要求，撤制村、队集体经济组织成员个人获得的股权，依法享有收益权，可以继承，也可以在持股者自愿基础上，在本经济组织内部依法转让。

如何看待这一权能范围？可以从三个角度对比分析：一是与其他一些地方的做法相比。目前实行集体经济产权制度改革的地方，多数对个人股的权利范围限制较多。有些地方个人股仅仅只是分红的依据，没有投票权，也没有继承、处分的权利。比较而言，浦东新区赋予个人股的权利是比较大的。二是与上海市的一般规定相比较。上海市1996年的暂行办法规定，撤制村、队集体经济组织成员个人获得的股权，依法享有收益权，可以继承，也可以依法转让，但不得退股。两相比较，浦东新区对股权转让的限制更多。限制在集体经济组织成员内部转让，使集体经济的封闭性特征更加凸显，不利于建立现代产权制度；减少了潜在的竞购者，不利于提高股权转让市场的竞争程度和转让价格。三是与物权法的规定比较。将集体资产以股权形式全部量化到集体经济组织成员，完成了从共同共有到按份共有的重大转变。农民获得的个人股份，是作为共有人对共有的不动产或者动产享有的份额。《物权法》第一百零一条规定，"按份共有人可以转让其享有的共有的不动产或者动产份额。其他共有人在同等条件下享有优先购买的权利。"与此对照，浦东新区关于农民个人股权转让只能在本集体经济组织成员内部进行的规定，属于把其他共有人的优先受让权放大为排他权。

综上所述，浦东新区对撤制村、队农民个人获得的股权的权能界定有失偏颇。建议按照国家相关法律法规，依法赋予农民获得的股权更大的权能，包括依法享有占有、使用、收益和处分的权利，以及转让、抵押、担保等其他派生权利。

第四，妥善处理后续问题。从浦东新区处置撤制村、队集体资产的具体做法来看，还有一系列问题没有得到妥善解决。一是统筹基金问题。为解决撤制工作中的遗留问题，上海市1996年暂行规定和浦东新区2010年若干意见，都明确要求从撤制村、队净资产中提取5%—10%的资产作为资产处置统筹基金，上交镇政府指定部门管理。二是资产划转问题。浦东新区2010年的若干意见，将一些应归村、队集体所有的资产，划归镇所有。例如，"村、队集体资产处置后，原工业、商业等用地仍是集体土地的，其土地使用权归镇集体经济组织所有"；又如，"返征地使用权（包括作价投资和受托返征地的资金）和返征地使用权转让而形成的收益，归镇集体经济组织"；再如，"撤制村、队因集体土地非农化的增值资金和因享受国家特定优惠政策（税前还贷、以税还贷等）形成的集体资产，是非劳动积累的集体资产，界定为非村、队集体资产，应当按照规定上缴镇集体经济组织"。三是遗留资产问题。撤制队集体资产处置完毕后，如何保障和体现队集体经济组织成员在村集体资产、镇集体资产中的权益；撤制村集体资产处置完毕后，如何保障和体现村集体经济组织成员在镇集体资产中的权益；建制镇撤销后，镇集体资产如何处置。这些问题目前都悬而未决。

对以上问题，我们的看法和建议是：资产处置统筹基金是撤制村、队农民的共有资产，应该全部用于解决各村、队的遗留问题，而不应"被统筹"用于其他村、队农民，否则就有平调的嫌疑；集体土地所有权和使用权、返征地使用权是原村、队的集体资产，应尽量评估作价、纳入分配范围，无法评估作价的，也应锁定原村、队受益成员范围，待以后作价变现后再进行分配，镇集体经济组织只能进行受托管理；集体土地非农化增值资金，虽不是劳动积累，但是农民土地财产的增值收益，应归农民集体所有；国家对农村集体实行特定优惠政策并不是一种投资行为，因此形成的资产仍是农村集体资产，不能界定为国有资产，如同国家扶持私有制企业形成的资产并不是国有资产；对悬而未决的问题，特别是镇级集体资产处置问题，宜趁村、队集体成员多数健在、历史事实清楚的有利条件，早作决断（专栏3）。

专栏3

新桥镇探索镇级集体资产折股量化到人

近年来，上海市松江区新桥镇城镇化进程迅猛。2004年，该镇农民就通过小城镇保险全部转为居民户口，原有的生产队、村级建制按照政策规定逐步撤销，成立居民委员会。但农村集体资产并没有消失，反而随土地及相关资产的升值而不断发展壮大。截至2009年6月底，该镇农村集体总资产超过38亿元。随着撤队撤村及人口的频繁导入迁出，集体资产权益主体越发模糊，具体到个人拥有多少权益，谁也说不清楚。

2010年，新桥镇在全上海市率先探索建立农村集体经济联合社，代表镇农村集体经济组织全体成员行使对集体资产的管理权、经营权、处置权和收益权。联合社参照现代企业管理架构，在全体社员中推选出50名社员代表成立第一届社员代表会议，在此基础上再选举产生理事会和监事会，对联合社的日常事务进行管理。重大事项如分红、股东变动、预决算公开等，则要召开社员代表大会讨论。考虑到经营风险，集体资产主要投向不动产，如出租标准厂房、写字楼、外来人口居住中心等。有的则尝试参股，如以土地入股形式拥有漕河泾国际光仪电产业园区40%的股份，由于园区的服务品质高，租金、售价都较高，镇集体可获得的分红回报可观而又稳定。

该镇对自1956年成立农业合作社起，至2004年3月31日实行"镇保"

为止，期间已经撤销建制的原村队的人数、人均耕地、劳动贡献年和干部干龄情况等开展调查摸底，按照每亩土地折算 35 股、一年劳动贡献年折算 1 股的计算方式，将全镇集体资产量化到 110 万股左右，全社居民平均每人 61 股，使 1.8 万多农民全部变成"股民"，不仅解决了集体资产遗留问题，还使农民可以公平分享城镇化的长效收益。据估算，目前新桥镇集体资产年收益约 1 亿元，若镇里拿出 1000 万元分红，平均每人就可分到 600 元。随着镇集体资产不断升值，社员有望分得更多的红利。

第五，正确对待"被城市化"农民的财富暴涨。"被城市化"农民是城市常住人口中的特殊群体。与进城农民工相比，他们享受的公共服务和社会保障待遇更高、在城市安居的实力更强，但退路更少；与城镇一般居民相比，他们的财产性收入更多，但职业技能和就业竞争力明显偏低。面对这部分新市民，城市主流社会的心态极为矛盾：既有因为他们是"失地农民"、为城市建设作出了贡献和牺牲，应当善待的一面；也有因为他们获得大面积住房和巨额货币补偿、"一夜暴富"，而愤愤不平的另一面。通过对上海市和浦东新区被征地农民社会保障、撤制村队集体资产处置等政策的分析，我们可以看出，城市主流社会和掌握城市政策话语权的政策制定者确实具有这种矛盾心态：为被征地农民设计出一套"小城镇社会保障"（有些地方建立专门的被征地农民养老保险体系），其保障待遇明显低于城镇职工和城镇居民，人为造成城市社会保障体系细碎化，人为设置农民市民化障碍；层层截留土地补偿费；界定村、组集体资产权属时，明显倾向于将集体资产界定给镇政府或由镇政府主导的"镇集体经济组织"所有。

在"被城市化"农民的财富暴涨问题上，我们的基本主张是：尽快启动征地制度改革，按项目建设资金来源和建成后维持运转的经费来源从严界定公益性建设用地范围，对其他建设项目用地尽快废除按"统一年产值标准和区片综合地价"进行补偿的做法、改为按市价进行补偿；加入城市社会保障体系是被征地农民的公民权利，不能要求他们用土地财产权利去交换社会保障权利；可以引导被征地农民理性对待获得的巨额土地补偿收入，但不能因部分被征地农民的非理性消费而不将土地补偿费全部分配到人。

（2010 年 7 月）

第三编
农民如何进入城镇

清理民工收费取得积极进展
巩固成果尚需解决深层问题

国家计委、财政部 2001 年 10 月联合发出《关于全面清理整顿外出或外来务工人员收费的通知》，要求各地全面清理主要面向外出或外来务工人员的各种收费，并明确要求 2002 年 2 月底以前一律取消暂住费、暂住（流动）人口管理费、计划生育管理费、城市增容费、劳动力调节费、外地务工经商人员管理服务费、外地（外省）建筑（施工）企业管理费等 7 项行政事业性收费。通知发布后，社会反响强烈，普遍认为这是保障民工权益、减轻民工负担的实际行动，是拓宽就业渠道、增加农民收入的有效措施。

从几个月来的情况看，各地在清理民工收费方面做了大量工作：一是清理地方性法规。一些地方对民工收费，是以地方立法的形式确定的。要取消这些收费，就必须先修改或废除这些法规。北京市人大常委会已通过对《北京市外地来京务工经商人员管理条例》等五项地方性法规部分条款的修改，消除了对民工收费的法律依据。二是清理收费项目。据不完全统计，农民外出进城务工，涉及的收费项目共有 20 多项。对其中国家计委、财政部明令要求取消的七项收费，各地都已停止收取。对其他收费项目，一些地方也进行了重新审核，作出了取消、保留或降低标准的决定。

经过清理，民工负担大大减轻。深圳市仅取消每人每年 300 元暂住人口管理费一项，民工减轻负担超过 10 亿元。到北京、上海打工的民工，每人每年可以减轻负担 300 元左右。外地人员到河南务工，每年只需交四种证件的工本费，共计 14 元，相当于过去的 1/10。外地民工到新疆打工，只需办理暂住证和流动人口计划生育证，每证收费不超过 5 元，与以前相比每人每月可以少交 56 元。

但是，存在的问题也不容忽视。一是一些地方至今未按规定向外界公布清理后的民工收费项目及标准，不利于加强社会监督。二是一些地方对不合理的收费项目只是宣布"暂停收取"、"2002 年不收取"，没有明确宣布彻底取消或废除，随时有恢复的可能。三是靠向民工收费维持运转的机构和人员，对国家有关部门清理民工收费的决定有抵触情绪，对今后如何管理民工感到茫然。四是存在变相收费问题。以前由派出所收取的暂住人口管理费，北京一些地方改由居委会收取。五是清理不彻底，一些明显不合理的收费项目得到保留。北京市以确保市民健康安全为由，仍在向民工收取每人 35 元的健康检查费，却未曾要求本市居民也都必须自费进行健康检查。

这些问题之所以存在，从根本上讲，是城市管理者歧视、限制民工的思想根深蒂固，没有得到彻底清除。也与地方财政、相关管理部门的经济利益有关。为巩固减轻民工负担成果，防止乱收费反弹，需要进一步采取措施。建议如下：

（一）尽快制定全国性的民工管理条例。大量农民进城务工经商将是一个长期存在的经济现象。加强引导和管理，切实保障他们的合法权益，既是当前的现实需要，又是一项长期任务。目前一些地方出台的地方性法规，更多的是着眼于加强管制，歧视性、限制性条款多，服务性、保障性条款少。建议尽快制定并颁布实施全国性的民工管理条例，突出服务，加强保障，为各地的管理行为提供基本规范。在条件成熟时，应以民工管理条例为基础，制定并颁布实施民工管理法。

（二）把清理民工收费列入整顿和规范市场经济秩序的重点。对民工乱收费，实质上与对进入本地市场的商品乱收费属同一性质，是劳动力市场的地方保护。各地应把清理民工收费，作为整顿和规范市场经济秩序工作的突出任务，在按规定取消七项收费的同时，本着有利于促进劳动力合理流动，减轻务工人员负担的原则，对其他各项收费继续进行清理。凡未经国务院和省、自治区、直辖市人民政府及所属财政、物价主管部门批准的行政事业性收费项目，一律取缔。即使符合规定权限和程序设立的行政事业性收费，也要重新审核。清理后的收费项目及标准应尽快向社会公布，以接受各方监督。

（三）保证相关部门依法行政的必要财政开支。大量外来务工人员的涌入，确实增加了公安、劳动、计划生育等部门的工作量。近年来，各地的普遍做法是，各部门成立专门管理外来人员的机构和队伍，靠收费保证开支。北京市公安部门设立 4000 多个外来人口管理站点，聘请 6000 多名协管员，所需经费全靠收取暂住人口管理费。深圳市每年收取的 10 多亿元暂住人口管理费，大部分拨付给公安、劳动、计划生育等部门用于暂住人口管理队伍的经费开支。武汉市规定，每 500 名暂住人口或 50 户出租户配一名协管员，所需开支从暂住费和治安管理费中解决。这种管理体制不改变，乱收费难以取消；即便暂时取消，也难以持久。必须明确，城市各类工商企业上缴的税收中，包含着外来务工人员的贡献，管理暂住人口，与管理常住人口一样，所需经费应直接在地方财政中列支。为减轻地方财政负担，对各部门现有的专门管理外来人口的机构和队伍，应进行大幅度精简。

（2002 年 8 月）

为农村劳动力转移与进城务工创造良好环境

促进农村劳动力转移与进城务工，调整农民就业结构，是新阶段农业和农村经济结构战略性调整的重要内容，是统筹城乡经济社会发展的重大举措，是推进我国工业化和现代化进程的必由之路。党的十六届三中全会《决定》对改善农村富余劳动力转移就业的环境提出了明确要求。把这些要求落到实处，为农村劳动力转移和进城务工创造良好环境，是一项重要而又紧迫的任务。

一、进一步提高对农村劳动力转移和进城务工必要性的认识

（一）这是扩大农民就业，增加农民收入的根本出路。我国农业和农村经济发展已经进入了一个新的阶段，中心任务是增加农民收入。新阶段促进农民增收，必须多渠道、广门路，尤其要千方百计扩大农民就业。据国家统计局统计，1998 年至 2002 年 5 年间，全国农民人均纯收入共增加 386 元，平均每年增加 77 元。在这 77 元中，工资性收入增加占 65 元，工资性收入增长对农民收入增长的贡献率达 84%。2002 年全国农民人均纯收入比上年增加 109 元，其中来自农业仅 8.5 元，来自非农产业 100.5 元。这表明，促进农村富余劳动力向非农产业和城镇转移，已经成为新阶段增加农民收入的主要途径。

（二）这是提高农业劳动生产率，增强农业竞争力的重要途径。我国农村人多地少，有发展劳动密集型农产品生产的比较优势。但另一方面，人多地少却不利于粮食等土地密集型农产品的竞争。而且从长远看，无论劳动密集型还是土地密集型农产品，只有逐步扩大生产规模、提高劳动生产率、降低生产成本，才能从根本上提高我国农业的竞争力。只有加快农业富余劳动力向农外转移，才能实现这一目标。

（三）这是保持我国工业和服务业低成本竞争优势，实现国民经济长期快速增长的现实需要。一些经济学家的研究结果表明，在工业化的成长期，劳动力资源从低生产率的部门向高生产率部门转移，是经济持续较快增长的重要源泉。我国 20 多年来的经济快速成长，农村富余劳动力大规模转移是重要贡献因素之一。目前，我国建筑业的 90%、煤矿采掘业的 80%、纺织服装业的 60% 和城市一般服务业的 50% 的从业人员是农民工。可以说，如果没有大量来自农村的低成本劳动力，就没有我国制造业和服务业的低成本竞争优势，就没有外贸出口的迅速扩张，就没有城市居民生活质量的明显提高。我国正处于工业化中期，在今后一个相当长时期内，促进农村富余劳动力向非农产业和城镇转移仍将是国民经济较快增长的重要源泉。

二、进一步提高对农村劳动力转移和进城务工紧迫性的认识

改革开放以来，在市场力量推动和各地政府引导下，大批农村劳动力逐步向非农产业和城镇转移。截至 2002 年底，全国农村劳动力在非农产业就业的已达 1.7 亿人，占农村劳动力总数的 35%。其中相当部分是外出务工就业。据农业部调查，2002 年全国农村外出就业的劳动力为 9400 万人，其中，在乡外县内打工的占 33.39%，在县外省内打工的占 29.72%，在省外打工的占 36.89%。农村劳动力大规模向非农产业和城镇转移，是 20 多年来我国经济社会最显著的变迁之一。

尽管如此，农村富余劳动力多仍是我国目前面临的最大结构性问题。对农民就业不充分究竟到了何种程度，有多少农民需要寻找就业门路，可以从两个不同的角度进行分析和把握。一是根据目前农业所能容纳的劳动力，推算农业劳动力绝对过剩情况。截至 2002 年年底，全国农村劳动力中在农、林、牧、渔业就业的为 3.2 亿人。根据现阶段农业的物质技术装备水平，一个劳动力至少可以耕种 15 亩地，种植业仅仅需要劳动力 1.3 亿人。加上林业、畜牧、水产业需要劳动力 6000 万人，农业总共需要的劳动力充其量不会超过 2 亿人。现有的 3.2 亿人中，至少有 1.2 亿人属于剩余。二是根据农业的就业份额与农业的 GDP 份额的偏差，推算农业劳动力相对剩余情况。发达国家和新兴工业化国家的发展历程表明，农业劳动力占社会总劳动力比重的下降与农业占 GDP 比重的下降基本上是同步的。但 2002 年我国农业占 GDP 的 14.5%，农业

劳动力占 50%，如果把农业劳动力的比重下降到农业占 GDP 的比重，则需要从农业中转移出劳动力 2.5 亿人。这表明，促进农村劳动力转移和进城务工的任务还很艰巨，要走的路还很长。

三、进一步为农村劳动力转移和进城务工创造良好环境

党中央、国务院高度重视农村劳动力转移和进城务工问题，近年来各地区、各有关部门采取了多种措施，做了大量工作。应进一步建立健全农村劳动力的培训机制，推进乡镇企业改革和调整，大力发展县域经济，积极拓展农村就业空间，取消对农民进城就业的限制性规定，为农民创造更多就业机会。当前应重点按照"公平对待、合理引导、完善管理、搞好服务"的原则，采取有效措施，为农村劳动力转移和进城务工全面创造良好环境。

一是取消对农民进城就业的限制性规定，逐步树立城乡统筹的就业观。对农民工实行就业限制、设置就业障碍，有违公平竞争原则。应逐步统一城乡劳动力市场，加强引导和管理，形成城乡劳动者平等就业的制度。各地应取消对企业使用农民工的行政审批，取消对农民进城务工就业的职业和工种限制。各行业和工种要求的技术资格、健康等条件，对农民工和城镇居民应一视同仁。在办理农民进城务工就业和企业用工的手续时，除按照国务院有关规定收取的证书工本费外，不得收取其他费用。对越权向农民工设立行政事业性收费项目和提高收费标准的行为应坚决加以禁止。

二是切实解决拖欠和克扣农民工工资问题。这是当前影响农村劳动力进城务工的主要因素之一。解决这个问题，必须做到用人单位依法与农民工签订劳动合同。劳动合同中有关劳动报酬的条款，应明确支付标准、支付项目、支付形式以及支付时间等内容。劳动合同履行期间，农民工享有《劳动法》规定的各项权利。用人单位必须以法定货币形式支付农民工工资，不得以任何名目拖欠和克扣。劳动保障部门应加大对农民工劳动合同的监督检查力度，及时受理劳动合同纠纷。应加强对用人单位工资支付情况的监督检查，建立农民工工资支付监控制度。对拖欠和克扣农民工工资的用人单位，要责令其及时补发，不能立即补发的，要制订清欠计划，限期补发。对恶意拖欠和克扣工资的企业，涉嫌犯罪的，移交司法机关依法严肃处理。企业在依法破产、清偿债务时，要按照《企业破产法》的规定，把拖欠的农民工工资纳入第一清偿顺序。

三是改善农民工的生产生活条件。保障农民工的生产安全，加强职业病防治，既是维护农民工切身利益的迫切需要，也是提升工业文明和城市文明的客观要求。使用农民工的单位，应按照国家标准和行业要求，为农民工提供必要的安全生产设施、劳动保护条件及职业病防治措施。应做好将农民工纳入工伤保险范围的工作。发生生产安全事故要严格追究事故责任人的法律责任，并保证在事故中受到损害的农民工依法享有各项工伤保险待遇。要关心农民工的生活，切实解决他们的实际困难。卫生部门要做好农民工的计划免疫和健康教育工作，建立农民工集中居住地的环境卫生和食物安全检查制度，严防发生群体疫病传染和食物中毒事件。用人单位为农民工安排的宿舍，必须具备一定的卫生条件，并保证农民工的人身安全。在农民工居住较集中的地段，当地政府应提供必要的基础设施，改善公共交通和环境卫生状况。有条件的地方可探索农民工参加医疗保险等具体办法，帮助他们解决务工就业期间的医疗等特殊困难。

四是做好农民工培训工作。应把农民工的培训工作作为一项重要任务来抓，结合实际，制定专门的培训计划，提高农民工素质。流出地政府在组织劳务输出时，应搞好农民工外出前的基本权益保护、法律知识、城市生活常识、寻找就业岗位等方面的培训，提高农民工遵守法律法规和依法维护权益的意识。流出地和流入地政府应充分利用全社会现有的教育资源，委托具备一定资格条件的各类职业培训机构为农民工提供形式多样的培训。为农民工提供的劳动技能培训服务，应坚持自愿原则，由农民工自行选择，政府可给予适当补贴。用人单位应对所招用的农民工进行必要的岗位技能和生产安全培训。劳动保障、教育等有关部门应对各类培训机构加强监督和规范，防止借培训之名，对农民工乱收费。

五是多渠道安排农民工子女就学。政府有责任保障农民工子女接受义务教育的权利。流入地政府应采取多种形式，接收农民工子女在当地的全日制公办中小学入学，在入学条件等方面与当地学生一视同仁，不得违反国家规定乱收费，对家庭经济困难的学生要酌情减免费用。要加强对社会力量兴办的农民工子女简易学校的扶持，将其纳入当地教育发展规划和体系，统一管理。简易学校的办学标准和审批办法应适当放宽。教育部门对简易学校要在师资力量、教学等方面给予积极指导，帮助完善办学条件，逐步规范办学，不得采取简单的关停办法，造成农民工子女失学。流入地政府要专门安排一部分经费，用于扶持农民工子女就学。流出地政府要配合流入地政府安置农民工子女入学，对返回原籍就学的，当地学校应当无条件接收，不得违规收费。

六是改进对农民工的管理。流入地政府应把农民工及其所携家属的计划生育、子女教育、劳动就业、妇幼保健、卫生防病、法律服务和治安管理工作等，列入各有关部门和社区的管理责任范围，并将相应的管理经费纳入财政预算，不应另向用工企业和农民工摊派。流出地政府要主动做好对外出就业农民的管理，向流入地政府通报有关农民工身份、计划生育、子女教育等方面的真实信息。对外出务工就业农民的承包地，不能强行收回，应支持和鼓励外出农民工依法、自愿、有偿转让承包地使用权，保护农民工的权益，维护农村社会的稳定。从长远看，要深化户籍制度改革，完善流动人口管理，引导农村富余劳动力平稳有序转移。在城市有稳定职业和住所的农业人口，可按当地规定在就业地或居住地登记户籍，并依法享有当地居民应有的权利，承担应尽的义务。

（2003 年 10 月）

农民作为有产者进城

——江东区"三改一化"的核心和有待解决的问题

拜读了陆学艺先生的调查报告《宁波江东区"三改一化"——为城郊农村实现城市化创造了一个好模式》，很受启发，很受教益。这是对我国城市化经验的近距离观察，研究的是一个事关全局的重大问题，分析精辟，见解深刻，可谓微言大义。江东在撤村改居、股份合作制改革、旧村改造，实现城郊农村城市化的过程中，确实做到了以民为本，确实保护了农民利益，确实充满了人文关怀。江东模式的核心是什么？如果用一句话概括，我以为就是：农民作为有产者进城。

城市化的本义是越来越多的农民进城，城市人口比例上升。农民进城是当今中国最大的社会结构变革之一。这有两种情形。一种是人进地不进，也就是农民工进城，目前全国约有 1.26 亿农民工进城就业。一种是人进地也进，也就是城市外延扩张。全国城市建成区面积，1989 年是 1.2 万平方公里，2004年已达到 3 万平方公里，翻了一番多。江东区 2001 年建成区面积为 15 平方公里，2005 年扩大到 30 平方公里，五年翻一番。在前一种情形下，农民单纯作为一种生产要素进城，作为有产者进城涉及承包地、宅基地、集体资产分割等问题，情况十分复杂，暂且存而不论。这里主要讲后一种情形下，城郊农民如何作为有产者进城。

我以为，城郊农民要作为有产者进城，而不是"光着身子进城"，必须解决土地、住房、集体资产这三大资产进城的问题。这三大资产随人走，随农民进城，并非仅指实现空间上的位移，更关键的是要突破城乡二元体制这堵墙，从农村这一元跳到城市这一元，因为这三大资产在农村和城市实行着极为不同的体制。一些地方之所以出现"城中村"、"一城两制"，一个根本原因就是这三大资产仍然采用农村体制。

江东是如何实现三大资产进城的？

先看土地。随着城市边界不断向外推进，越来越多的农村土地用于城市建设。在现行体制下，农民与土地一起进了城，但土地并不是作为农民的资产进城的，而是先要改性，即由集体所有制改为国家所有制。可以说，农民是失去了土地才进的城。这是一般情况。但江东有所不同。江东留出征地的10%，作为"农村集体"（实际已变成城市社区）的发展用地，这是对现行体制的一个创新，具有方向性意义。至少这10%的土地的使用权留给了进城农民，随农民进了城。

再看住房。江东对29个需要改造的行政村，按照先城中村、后近远郊村的顺序，采取整体拆迁、先建后拆、拆一赔一、就近安置的办法，解决了进城农民的住房问题，多数农户拥有两套或两套以上住房，既可自住，又能出租。应该说，住房确实随农民进了城。

最后看集体资产。江东的做法是，把集体资产全部折价量化，把股权全部分配到个人，实现了集体资产随人进城。这两个"全部"很有意义，比起其他更早实行股份合作制的地方做得更彻底，不留死角、不留盲点。这方面要做大量细致的工作，要处理好各种利益关系，在清理集体资产、确定股权分配办法、界定股权分配对象的过程中存在大量博弈，让所有当事人都满意很不容易。江东在实现三大资产随农民进城方面，集体资产进城做得最好。

江东为实现三大资产随农民进城而采取的这些做法，在全国是领先的，具有方向性意义，诚如陆学艺先生所言，"为城郊农村城市化创造了一个好模式"。当然，由于受现行体制的限制，三大资产进城很不平衡，有些做法具有过渡性。从江东和其他一些地方的情况来看，要使城市化进程更加和谐，要使城市化进程更加具有人文精神，还有很多问题需要研究解决。

在土地方面，要研究解决"城市的土地属于国家所有"这一制度约束。这是农民作为有产者进城面临的最大障碍，也是三大资产进城中难度最大、最为敏感的一个。按照现行体制，土地进城必须先征收为国家所有，集体所有制土地不能进城。现在是农民因失地而进城，而不是土地随农民进城，有的地方甚至是城市"要地不要人"。这一体制是怎么来的呢？深层次根源在于我国土地立法的指导思想受传统工业化和城市化发展战略的左右太深，直接根源在1982年宪法。在1954年、1975年和1978年宪法中，都没有明确城市土地属于国家所有。1954年宪法的第十三条规定："国家为了公共利益的需要，可以依照法律规定的条件，对城乡土地和其他生产资料实行征购、征用或者收归国有。"1975年宪法的第六条去掉了"国家为了公共利益的需要"的先决条件，其他内容未变。从这两部宪法的表述来看，城市土地并非国家所有，国家要用城市土地，与国家要用农村土地一样，都必须"征购、征用或收归国有"。从期间的一些相关法律法规来看，城市土地不仅不属于国家所有，而且国家对城市土地所有者的权利是尊重的。例如，1958年1月6日颁布实施的《国家建设征用土地办法》第十条规定，"征用城市市区内的房屋地基，如果房屋和地基同属一人，地基部分不另补偿；如果分属两人，可以根据地基所有人的生活情况酌情补偿"。"地基所有人"概念的成立，有力地证明了城市土地并非国家所有。该办法第十四条规定，"已经征用的土地，所有权属于国家"。那么此前城市存量土地中非经国家征用来的土地，就不属于国家所有。1978年宪法的第六条也仅只规定"国家可以依照法律规定的条件，对土地实行征购、征用或者收归国有"。这里所指的土地是农村土地还是城市土地，语焉不详。只是到1982年宪法的第十条中，才首次明确规定"城市的土地属于国家所有。农村和城市郊区的土地，除由法律规定属于国家所有的以外，属于集体所有；宅基地和自留地、自留山，也属于集体所有。国家为了公共利益的需要，可以依照法律规定对土地实行征用"。法学界对1982年宪法评价甚高，但从有关土地立法的指导思想来看，反倒不如前几部宪法。一夜之间城市土地全部变为国家所有，没有任何补偿，这是城市土地所有制的一场静悄悄的"革命"，是一次没有引起任何注意的土地产权平调。1982年宪法关于城市土地属于国家所有的规定，引发了后来一系列认识层面和制度层面的混乱。受其影响，1986年6月25日颁布、1987年1月1日实施的《中华人民共和国土地管理法》，不仅在第六条中规定"城市市区的土地属于全民所有即国家所有"，而且在第二十四条中规定"国家建设征用的集体所有的土地，所有权属于国家"。这样一来，不仅把城市的存量土地界定为国家所有，而且把城市建设新征用的农村集体土地也一律界定为国家所有。正所谓以讹传讹。从法理上讲，1982宪法所规定的"城市土地属于国家所有"，本意是对城市土地产权进行初始界定，指的是此时的城市土地属于国家所有，并没有规定以后新进入城市的土地也必须属于国家所有。但是，人们长期以来误读了这一规定。按照后来的错误理解，凡进入城市的土地必须先征为国家所有，集体土地不能以集体所有制的形式进入城市化进程。土地只有改变所有制性质才能用于城市建设，表面看是为了加强土地管理、控制农地流失的规模和速度，实质在于为国家垄断土地一级市场创造制度基础。备受关注的物权法草案沿用了土地管理法的相关规定，如"城市土地属于国家所有"、"公共利益"含义不清。这个问题，最近也引起一些人的注意。在 2006 年 8 月下旬举行的十届全国人大常委会第二十三次会议审议物权法草案五次审议稿时，全国人大内务司法委员会委员应松年教授就对如何理解"城市的土地，属于国家所有"发表了看法，他认为城市的范围在不断扩大，对"城市"应该有一个时间的界定。这个观点需要引起我们的重视。我们应该恢复 1982 年宪法的本来面目，新进入城市的土地并非都必须实行国家所有，集体所有制土地也可以用于城市建设。我们现在强调这一点，并不是要算老账、纠缠历史，老账是算不清的，而是要面向未来，采取一些过渡性的办法，比如提高留地比例、允许集体非农建设用地进入市场、允许集体经济组织以土地使用权入股，直至重新设计我国的土地制度特别是征地制度。

在住房方面，主要是要解决进城农民住房的完全产权问题。在农村体制下，农民宅基地属集体所有，农民住房没有产权证，不能与村外人交易。撤村改居、旧村改造后，进城农民获得的安置房的权能范围，在一些地方是受到限制的，只能居住、出租，不能出售。应该赋予进城农民完全产权，发放住房产权证。

在集体资产方面，有四个问题需要研究解决的办法。一是社区股份经济合作社名实相符问题。社区集体所有制，特别是农村社区集体所有制，是一种社区成员所有制，谁脱离了社区，谁就自动丧失其对集体资产拥有的那份所有权。江东 29 个行政村的集体资产随农民进城后，变成了 29 个社区股份经济合作社。虽然使用了社区概念，但除实行村改居、保留社区轮廓的 22 个村外，其他 7 个村实行村并居、不建社区组织、分散到城市各个社区，这 7 个村作为社区实际上已经散了，现在把他们联系在一起的是股权，而不是社区成员身份。在这种情况下继续称作"社区股份经济合作社"已名不符实。二是社区股份经济合作社的法人地位问题。目前主要经营房地产、物业管理、租赁经济，今后要发展第三产业、搞资本运作，具有公司的特征。那么，现在是工商还是民政登记？如在工商登记，是登记为合作社、集体企业，还是登记为股份公司？三是治理结构问题。目前看，股东（代表）大会、董事会、监事会都很健全，运作绩效也很好，但主事的仍然是原村干部。村干部当家有做得好的，出问题的也不在少数。建立什么样的委托代理机制、如何避免内部人控制、如何适应公司化经营的需要引进职业经理人，这些都是不容回避的问题。四是扩大股权权能问题。目前的规定是，进城农民得到的股权只有收益权、部分处置权（继承、赠与、成员间转让），显然这是一种不完全产权。股权结构的封闭性，既不利于"股份经济合作社"做大做强，也不利于股权真实价格的形成。在有限成员中转让股权，转出者要吃亏（2006年9月15日中午，笔者到福明街道江南社区访谈：3个自然村、460户、1010人、27名党员、4个支委、8名脱产干部；1983年时有地429亩，现有土地370亩，其中宅基地30亩、宁波市征用100亩用于建拆迁安置住房、集体建设用地240亩；2002年股改时总资产5243万元、897人持股，现总资产7407万元、909人持股，资产总额指原值，未包括土地；2005年分红900万元，占农民纯收入的48%，今年人均分红2万元；到目前为止，有6例股权转让，其中2例因离婚而转让、1例为还债、3例为变现享用，村干部为怕惹纠纷而无人买进，是村里有钱人买进，买卖价双方议定，约为股权原始价的120%）。这么规定，无非是为了"坚持原有的集体资产集体所有制不变"。从长远看，扩大股权权能、直至变成完全产权，是势所必然。这个问题迟早也要解决。

最后要讲的一个点是，农民要实现真正进城，取得与城市老居民一样的社会身份，必须实现社会保障的"无缝链接"。对村改居的原村民、现市民，有些地方仍然实行专门的社会保障办法，如有些地方在城保之外建立镇保、农保，有些地方建立专门的失地农民保障体系，把城乡二元体制演变为城市内部新老居民二元体制，今后解决起来将十分困难。江东对村改居的这部分人，仍实行农村养老保险的一套养老保障制度、实行新型农村合作医疗的医疗保障制度，与老市民有很大差别，这个问题需要研究解决的办法，做到"无缝链接"、完全并轨。

（2006年9月）

安得广厦千万间　大庇天下农民工

—建议把解决进城农民工居住问题
作为扩内需、保增长的储备性政策

农民工是我国工业化城镇化与城乡二元体制交互作用的特殊产物。关注农民工，既要关注他们当前的就业和收入状况，也要关注他们的长远出路；制定农民工相关政策，既要针对部分农民工今后将要回到农村而设计相关农村政策，也要针对越来越多的农民工将难以回到农村而设计相关城市政策。解决进城农民工居住问题，是城镇化的必然要求，是促进经济持续增长的重要抓手，应当尽快摆上议事日程，采取有力措施逐步推进。作为促进经济持续较快增长的储备性政策之一，建议把进城农民工纳入城镇住房保障体系，大幅度增加保障性安居工程投资和建设规模。

一、越来越多的进城农民工难以回到农村

据国家统计局农民工统计监测，截至 2008 年年底，全国农民工总量为 22,542 万人，其中到本乡镇以外就业的外出农民工数量为 14,041 万人。从长远看，农村富余劳动力进城务工人数将长期持续增加。进城农民工一头连着农村，一头连着城市，既是我国城镇常住人口中的特殊群体，也是我国农村户籍人口中的特殊群体。今后他们将何去何从，是留在城市还是回到农村，不仅事关他们本人的福祉，而且事关城乡如何统筹发展。

不少人认为，在我国城镇化进程中，农村劳动力将长期在城乡之间双向流动就业，城里有工作时就到城里打工，城里没工作了就回乡务农；农民工在农村有承包地、宅基地，大部分人最终都将回到农村；城市基础设施和社会保障

体系的承受能力有限，当务之急是满足城市现有户籍人口的基本需求，没有余力覆盖进城农民工；新农村建设需要劳动力，农民工应当回到农村去。

我们认为，经过二十多年持续向外转移，进城农民工的生活经历、转移动因、心理特征、未来憧憬等情况正在发生深刻变化。尤为突出的是，越来越多的农民工今后将难以回到农村。

第一，新生代农民工难以回到农村。 出生于20世纪50年代和60年代的第一代农民工，生长在农村、从事过农业生产、主要资产在农村，外出务工的主要动因是增加家庭收入，到一定岁数后大多会回农村。但70年代以后出生的新一代农民工，大多是初中毕业即外出打工，没有务农经历，对土地和故乡的眷恋很轻，外出务工的动因从单纯增加收入，转向改变命运、转换身份。经过若干年的城市生活，多数新一代农民工不再认同自己的农民身份。新一代农民工的通婚半径扩大，男女双方来自不同地方的越来越多，今后既难以回男方老家，也难以回女方老家。

第二，举家外出农民工难以回到农村。 老人、孩子、配偶在农村，自己单独在外打拼的务工劳动力，若干年后他们中的大部分人将回到农村。但越来越多的劳动力已不再是单独外出，而是举家外出。据国家统计局资料，2008年全国农村举家外出务工劳动力达到2859万人，占外出务工劳动力的20.36%。这些人基本脱离了农业生产和农村生活，回老家的次数逐年减少。随着在务工地稳定居住的时间延长，他们融入现居住地的意愿比较明显，呈现明显的"移民化"趋势。

第三，生活水平落差决定了农民工难以回到农村。 农民工虽然处于城市底层，收入和生活水平大大低于城市其他阶层，但比在老家农村要好得多。一旦回到农村，仅靠老家的几亩承包地，不可能维持其收入和生活水平不下降。在这次百年一遇的国际金融危机的冲击下，部分农民工暂时回乡，但很快又陆续外出务工，回去后不再出来、特别是选择重新务农的人很少。据国家统计局2009年春节后开展的一次大样本调查，春节前返乡农民工为7000万人左右，春节后80%以上已经进城务工；在需要重新找工作的返乡农民工中，打算收回耕地自己耕种的仅占0.3%。这次国际金融危机对农民工就业的冲击，为检验农民工能否回到农村、能否回到农业，提供了一次难得的"压力测试"。"测试"结果表明，农民工转移就业具有很强的不可逆性，一旦转移出去了就很难再退回来。

二、该是把解决进城农民工居住问题提上议事日程的时候了

面对越来越多的进城农民工难以回到农村的客观趋势，农民工政策的着力点需要进行新的调整。在继续抓好农民工技能培训、就业服务、子女入学、社会保障等问题的同时，从现在开始，就应当高度关注并着手解决农民工的居住问题。

从维护人的尊严看，理应着手解决农民工的居住问题。目前，外出农民工的居住问题主要通过两种途径解决。一是用人单位提供的集体宿舍。如建筑施工企业的务工人员绝大多数居住在工棚中，劳动密集型制造企业的务工人员多数居住在企业集体宿舍。二是自己租房。如批发零售、餐饮服务等行业，务工人员自行租房比例较高。无论是单位宿舍还是自行租房，条件都很简陋。特别是举家外出的这部分人，必须租房住。尽管到目前为止，我国城镇化过程中还没有形成明显的贫民窟，但农民工集中租住的地下室、城中村、城乡结合部比一些国家的贫民窟好不了多少。农民工租住的场所，不仅人均面积小，而且生活设施不配套，有些还存在不同程度的安全隐患。第一代农民工只要能找到一份工作、能按时拿到工资就心满意足，对恶劣的居住条件尚能忍受。新一代农民工则明显不同，他们对居住环境的敏感程度越来越高。与就业问题一样，居住问题也关乎人的尊严。必须从维护农民工的人格尊严、保障其居住权的高度，来看待解决他们居住问题的迫切性。

从城镇化的客观趋势看，必须着手解决农民工的居住问题。2008 年，我国城镇化率为 45.68%，城镇人口为 6.067 亿人；2020 年，这两个指标预计将分别达到 55% 和 7.975 亿人。城镇化率提高、城镇人口增加，主要来源是农民进城。尽管已经进城的部分农民工将会回到农村，但今后转移出来的农村人口会更多，最终有一个庞大的迁移人口群体将会脱离农村、沉淀在城镇。顺应城镇化的客观趋势，必须从多方面入手，长久接纳进城农民。居有定所，是农民扎根城镇的基本条件，是最终实现市民化的必然要求。

从促进经济持续增长看，需要着手解决农民工居住问题。无论是当前扩内需、保增长，还是今后推动经济持续增长、力争把我国经济高速增长期保持得更长些，都需要产业规模大、产业链条长、乘数效应高、市场前景好的支柱产

业来拉动。到目前为止，还找不到比房地产更好的产业来担当此重任：房地产投资占城镇固定资产投资的 20%以上，是规模最大的单一产业；不仅拉动上游产业，而且拉动下游居民消费；城镇人口持续增加，住房刚性需求潜力巨大。值得注意的是，尽管 2009 年前五个月全国城镇固定资产投资同比增长 32.9%，同比加快 7.3 个百分点；但全国房地产开发投资同比仅增长 6.8%，同比下降 25.1 个百分点。房地产投资以市场主导的企业自主投资为主，是民间投资的代表，是判断经济走势的标杆。我国经济能否真正走出本轮周期的谷底，很大程度上取决于房地产投资能否回升到正常增速。即便是美国这样的发达国家，本世纪以来经济增长的产业支撑是房地产业，下一阶段经济复苏仍然要靠房地产业的企稳回升。在 90 年代以来我国经济快速成长中，房地产业发挥了明显的拉动作用；在今后较长时期内，仍然需要发挥房地产业对经济增长的支撑作用。大量难以回到农村的进城农民工的存在，为房地产业提供了巨大的发展空间。

从部分地方的实践看，可以着手解决农民工居住问题。主张着手解决农民工的居住问题，并非天方夜谭、遥不可及，而是有现实基础、成功经验。例如，位于城乡结合部的北京市顺义区李桥镇，常年居住着 2 万多个外来务工人员，全镇 15,605 户居民户中，有 2168 户向外来务工人员出租房屋。为解决散居带来的种种问题，李桥镇引导企业把职工住宿条件纳入项目建设规划，要求为招用的来京务工人口提供统一住宿。目前已建樱花园机场公寓、后桥公寓 2 家来京人员集中住宿区域。其中，首都机场集团公司樱花园公寓占地 35 亩，拥有 4 栋楼房，31 个单元，372 套房间，可容纳 3868 人居住。又如，广西已率先把进城农民工纳入经济适用房配售范围。该区平果县在县城修建进城务工农民及低收入居民生活小区"龙江新城"，安排建设 3400 套住房，按经济适用房政策配售给 3000 户在县城就业的农民工、400 户国有企业改制下岗失业人员家庭，让一大批来自本县和外地的农民工在平果县城安居乐业。这些做法充分表明，解决好农民工的居住问题是可以做到的。

三、把解决进城农民工居住问题作为促进经济平稳较快增长的着力点

解决好进城农民工的居住问题，是城镇化过程中不可回避的艰巨任务。要根据走中国特色城镇化道路的要求，顺应城镇化的一般规律，调整城镇建设规

划的指导思想，把包括农民工在内的全部常住人口作为编制规划的依据；调整房地产业发展布局，促进房地产业从注重一线城市，转向注重中小城市和小城镇，从注重现有城镇人口的住房需求，转向注重进城农民工等新增城镇人口的住房需求；调整城镇住房保障政策，把农民工纳入廉租房和经济适用房保障范围，为农民工建立住房公积金。这是一个长期过程，需要统筹考虑，从长计议，逐步推进。当前，应结合扩内需、保增长，从以下方面入手解决农民工居住问题：

第一，把农民工公寓建设纳入保障性安居工程范围。一些地方的实践表明，在外来务工人员集中的产业园区，统一建设农民工公寓，统一出租给用工企业，再由务工人员向所在企业申请租住，是解决务工人员居住问题的成功做法。农民工公寓是公共租赁房的一种，其租金介于市场租金与廉租房租金之间。建议：扩大保障性安居工程内容，把农民工公寓建设纳入扶持范围，引导地方政府和企业建设面向农民工的低租金住房；允许使用园区一定比例的工业用地建设农民工公寓，允许农村集体经济组织利用集体土地建设农民工集体宿舍。

第二，逐步把农民工纳入廉租房配租范围。住房和城乡建设部等部门刚刚制定的《2009—2011年廉租住房保障规划》提出，今后三年国家将基本解决747万户"现有城市低收入住房困难家庭"的住房问题。但这并不包括进城农民工。建议：尽快调整全国廉租房建设规划，大幅度增加投资和建设规模，鼓励有条件的地方特别是中小城市逐步把农民工纳入廉租房配租范围。

第三，逐步把农民工纳入经济适用房配售范围。目前经济适用房仅占城镇住房供应总量的5%，这限制了配售范围，特别是绝大多数地方把农民工排除在外。扩大经济适用房建设规模、允许农民工购买，短期看城市政府要损失土地出让收入和房地产税费收入，但长远看有利于农民工定居和扩大消费、从而有利于当地经济发展。建议：住房和城乡建设部等部门在制定经济适用房建设规划时，应综合考虑城市低收入居民、拆迁和征地安置、进城农民工等的住房需求，制定更积极的经济适用房发展规划，大幅度提高经济适用房供应总量；总结推广广西的经验和做法，允许已在当地居住一定年限、符合当地政策规定的收入水平的进城农民工家庭购买经济适用房。

第四，扶持农民工在城镇购房定居。在进城农民工中，有些人进城就业时间较长、已有一定积蓄，有些人甚至创业有成。他们中的部分人已在城市购房，圆了安居梦。据有关部门前些年调查，约5%的农民工已自购住房。对这部分人的购房潜力不可低估，如果在公积金、购房贷款、有效抵押物等方面予以支持，这种潜力将源源不断地释放出来。建议：有条件的地区为进城务工人员建立住房公积金，缴存满一定年限后允许其申请住房公积金贷款购房；对进城农民工申请银行购房贷款，实行与城镇居民同等待遇；针对农民工的特点，完善购房贷款政策，允许有在城镇购房定居意愿的农民工，将农村的住房、宅基地和承包地作为购房贷款抵押物；探索宅基地换房的具体操作办法，提高农民工进城购房定居的经济实力。

（2009 年 6 月）

促进农民工市民化必须解决成本消化问题

前不久，广东、河南等地提出要适时出台取消"农民工"称谓的政策措施，引发广泛争议。岁末年初，国家统计局公布我国城镇人口首次超过乡村人口后，引发一些人对我国城镇人口统计口径的质疑，认为把农民工及其随迁子女计入城镇常住人口是"伪城市化"、"半城市化"。"两会"前后，公布2011年初即已出台的《国务院办公厅关于积极稳妥推进户籍管理制度改革的通知》，教育部负责人"各地要在年底前出台有关允许异地高考的时间表"的表态，引起社会极大关注。3月底、4月初，四川、重庆等地接连发生农村留守妇女因生活艰难、心理扭曲而残害亲生子女的惨剧，再次触动社会敏感的神经。在当今中国，有关农民工的争议性或负面新闻，很容易成为社会舆论的焦点和社会矛盾的触点。解决好这方面问题，根本出路在于转变目前这种人口城镇化方式、促进农民工尽快实现市民化；而要做到这一点，关键在于解决好农民工市民化的成本消化问题。

一、关于农民工市民化的两个基本概念

促进农民工市民化，首先需要明确两点：

第一，到底什么是农民工市民化。字面理解，就是农民工转化为城镇居民。狭义而言，是指农民工获得城镇户籍、与城镇居民享受同等社会保障和福利待遇，这主要取决于体制改革进展。广义而言，不仅包括户籍、待遇与城镇居民完全一样，而且包括文化、心理与城市社会高度融合，古今中外的移民经验表明这是一个长期过程，往往需要经历几代人才能实现。这里主要涉及狭义的农民工市民化。

第二，**到底有多少农民工有待市民化**。以 1978 年全国城镇人口为基数，按全国平均人口增长率推算，2011 年这部分城镇"原住民"应增长到 2.41 亿人。2011 年按常住人口口径统计的城镇人口为 6.91 亿人。这意味着，1978 年以来累计有 4.5 亿人从农村进入城镇。这分三种情况：一是计划体制内的国家招工、大学招生、参军提干等"选择性"进入，这部分人基本被城市体制接纳；二是城镇空间扩张导致城郊农民"被动性"进入，这部分人多数已变为城镇居民，还有一些没有被完全纳入城市体制；三是城镇建成区外的农民为寻求就业和定居机会"自主性"进入，也就是进城农民工，他们中的部分人受益于户籍制度改革、已获得城镇户籍，但大部分户籍仍在农村。就狭义的市民化而言，"被动性"进入的一部分和"自主性"进入的大部分，是有待市民化的重点人群。2011 年底，农村户籍人口约为 9.55 亿人，按常住人口口径统计的乡村人口为 6.57 亿人，相差的 2.98 亿人就是有待市民化的农民工及其随迁人口。我国城镇化远未完成，今后还将有几亿乡村人口要进入城镇，他们同样将面临市民化问题。

二、农民工市民化究竟难在哪里

在世界各国城市化中，都存在农民进城后如何适应与融合的问题。但我国是在特殊体制条件下，走了一条特殊的农民进城道路。这种特殊性在于，农民从农业向非农产业的职业转换、从农村向城镇的空间转换、从农民向城镇居民的身份转换，被城乡二元体制分割成三个阶段。身份转换滞后于职业转换和空间转换，造成为数众多的就业在城镇、户籍在农村的农民工。农民工是特殊体制下的特殊产物，使他们真正成为城镇居民，"绝不是改变一下户籍那么简单"，面临成本消化的特殊难题。这个问题分成两方面：

第一，**农民工市民化确实会产生社会成本**。如果城乡基本公共服务实现了均等化，从农村向城镇的人口迁移，反而会节省社会成本，这是因为农村人口居住分散，提供相同质量的公共服务成本更高。但长期以来，我国在城乡实行两种不同的社会管理体制，城镇基础设施和公共服务明显好于农村。从农村向城市的人口迁移，确实会增加全社会的成本。城乡差距越大，这种成本越高。据广东省测算，2011 年全省跨县（市、区）流动的非户籍学生达到 339 万人，如果将这些非户籍学生入读公办学校的比例由目前的 25% 提高至 75%，需要新增公办学位 78 万个，为此需要投资 203.5 亿元用于新建学校的征地、校舍和教学仪器设备，每年还要支出 173.3 亿元用于公用经费补助、教师工资福利。这些学生如在原籍就读，所需财政投入应低于这个水平。两者之差，就是新增社会成本。除义务教育外，在学前教育、养老保险、公共交通、社会救助等所有存在城乡差距的领域，都会因人口迁移而产生相应的社会成本。

第二，农民工市民化产生的社会成本主要由输入地城市政府承担。在现行财政和事权划分体制下，农民工市民化产生的各种社会成本，主要靠输入地城市政府自行消化。这使城市政府承受较大财政支出压力。这是城市政府不愿向农民工开放户籍的根本原因。在早期的户籍制度改革中，一些地方曾向新进入者征收"城市增容费"，俗称"卖户口"。当时，买方因为对城镇户口福利的预期而愿意支付买价，卖方因为需要支付社会成本而索取卖价。这种做法为当时农民进城开了一个口子，但终因弊端丛生而遭禁止。一些地方为降低承担的社会成本，对进城农民工实行费率、补贴、待遇比城镇职工低很多的社会保险，如上海的外来务工人员综合保险，作为一种过渡性制度安排有其积极意义，但也带来社会保险"碎片化"等新的问题，不利于农民工真正融入城市。近年来，针对一些地方反映的突出问题，中央财政开始分担部分责任。例如，中央财政从 2008 年秋季学期起，安排奖励资金专项用于接收农民工子女的城市义务教育阶段学校补充公用经费和改善办学条件。但截至目前，农民工进城的各种社会成本绝大部分仍要靠地方承担。

三、消化农民工市民化成本的思路与建议

进城农民工作为公民，他们有平等获得公共服务的公民权利；进城农民工作为纳税人和财富创造者，城市政府有义务为他们提供公共服务。我们不仅要树立这样的理念，而且要采取切实有效的具体措施：

（一）**从制度上缩小城乡基本公共服务差距。**这是消除人口迁移产生的社会成本的治本之策。如果说实现城乡和区域经济发展水平均等化主要取决于市场对资源的配置作用，那么实现城乡和区域基本公共服务均等化则主要取决于政府对公共资源的配置决策。这些年在统筹城乡发展理念的指导下，农村道路、饮水、电力、通讯等基础设施和教育、医疗、养老、低保等社会保障发展较快。在有些方面已接近城乡均等化，如国家层面对新农合与城镇居民医保的

财政补助标准是一样的，一些地方对新农保与城镇居民社会养老保险实行相同的财政补助、个人缴费和待遇标准。但总体而言，城乡之间的公共服务，无论在制度设计还是保障水平上均存在明显差距，不少方面还带有明显的城乡二元体制烙印，在城市实行一套办法，在农村实行另一套办法。如医疗保险，城镇是"职工医疗保险"、"居民医疗保险"，农村是"合作医疗保险"。实际上农村医疗保险已失去了合作制的基本属性，成为政府主导的一种社会保险。应尽可能在城乡实行相同的公共产品供给制度，即使暂时做不到，也应为未来的转移接续和城乡并轨预留接口。应继续加大对改善农村民生的支持力度，国家新增民生投入应向农村倾斜，逐步缩小而不是扩大城乡基本公共服务差距。

（二）**从财力和机构编制上增强输入地的公共服务能力。**即便城乡基本公共服务实现了均等化，从农村向城市的人口迁移不会产生额外的社会成本，但在现行财政和事权划分体制下，存在成本转移问题，输入地政府还是要承担公共服务成本。进城农民工较多的地方，本来是经济比较发达、地方财力较好的地方，承受能力较强。但完全由输入地财政承担，不利于加快农民工市民化步伐。就输入地而言，在制定城市公用设施发展规划、安排重大民生工程时，应自觉将外来人口纳入覆盖范围。就上级政府而言，衡量输入地人均财力时，应将全部常住人口作为基数，并充分考虑提供公共服务成本较高的因素；借鉴中央财政对输入地解决农民工随迁子女接受义务教育的奖励办法，建立与实际服务人口相匹配的公共财政转移支付制度，调动输入地接纳外来人口的积极性。一些输入地反映，当地外来人口规模巨大、甚至超过户籍人口，而社会管理和公共服务的机构设置、人员编制仍以户籍人口为依据，不利于为外来人口提供均等化的公共服务。应从实际出发，重新核定这些地方的机构人员编制，并适当扩大其经济社会事务管理权限。

（三）**根据成本消化能力逐步剥离附着在城镇户籍上的各种公共服务获取资格。**在目前体制下，农民工从城市政府获得户籍，标志着实现了市民化；城市政府给予农民工户籍，意味着要担当责任。这些年来，户籍制度改革呼声很高，也确实迈出了较大步伐。在国家层面，主要是按现有城市人口规模和资源环境承载能力，对大中小城市和小城镇设置松紧有别的落户条件。在地方层面，一些大中城市按购置房产、居住年限、文化程度、职业技能、荣誉奖励等单一或综合因素，对部分人群有选择地开放户籍，如上海等地实行的优秀农民工入户、广州等地实行的积分制；一些大中城市实行蓝印户口、居住证制度，赋予持有者大于一般外来人口、小于户籍人口的公共服务获得权限。采取诸如此类的做法，主要是为了使人口城镇化的过程更加平顺，防止从农村到城市、从小城市到大城市的"福利移民"、"社保移民"。但必须明确，这些都是不得已而为之的过渡性办法，并不是我国人口迁移的目标制度。人口自由迁徙，是社会公平正义的内在要求。只有把附着在城镇户籍上的各种公共服务获取资格剥离出去，才能最终实现人口自由迁徙。为此，一要坚决停止赋予城镇户籍任何新的社会福利，加强对各地新出台政策的监督，真正做到"今后出台有关就业、义务教育、技能培训等政策措施，不要与户口性质挂钩"，即使出台其他政策也要尽量不再与户籍挂钩。二要对目前仍与户口性质挂钩的所有政策进行一次彻底清理，从易到难，排出顺序，逐项制定时间表，逐项出台剥离方案，最终还原户籍的人口登记功能。例如，在住房租购方面，经济适用房、公租房配售配租已基本与户籍脱钩，下一步应推进廉租房申请资格与户籍脱钩，对目前与户籍挂钩的住房限购措施应尽快研究采取替代办法；在子女上学方面，2012 年《政府工作报告》已宣布"初步解决农民工随迁子女在城市接受义务教育的问题"，下一步应推进学前教育、特别是中高考与户籍脱钩；在社会保障方面，城镇职工养老、医疗保险已向农民工开放，计划免疫等公共卫生已向非户籍人口覆盖，下一步应推进城镇居民养老和医疗保险、低保等社会救助与户籍脱钩。

（2012 年 4 月）

促进被征地农民市民化的建议

目前我国正经历着人类历史上最大规模的人口城镇化。在这一过程中，我们面临双重任务：一是继续提高城镇人口比率。2009 年我国城镇人口比率仅为 46.6%，不仅低于工业化国家一般水平，而且与我国工业化已经达到的程度也不相称。多数预测认为，2030 年左右我国将达到 14.5 亿的人口峰值，城镇化率将达到 65%。这意味着今后 20 年内全国城镇人口还要增加约 3.2 亿人。如何容纳这一庞大人口是我国现代化建设面临的重大课题。二是促进城镇新增人口市民化。目前我国城镇人口中，除城镇户籍人口及其自然增长部分外，还包括大量城郊被征地农民、从农村向城镇迁移的农民工。后两个部分虽然被统计为城镇人口，但受城乡二元体制掣肘，只能算是"半城镇化"人口。如何促进城镇新增人口融入城市社会、完成市民化，同样是我国现代化建设面临的重大课题。与进城农民工相比，城郊被征地农民在市民化上面临的问题有其特殊性，需要专题研究、采取专门措施。

近年来国家采取了一系列措施保障城郊被征地农民的权益，一些地方在土地所剩无几的城郊农村推进城乡一体化改造，多数城郊被征地农民已被转为城镇户口、纳入城市社会保障体系、就业和住房等生计问题得到较好解决，一度较为突出的城市化"要地不要人"问题已有很大缓解。但总体看，城郊被征地农民仍是一个特殊的社会群体，与城市社会仍存在很大隔阂，真正实现市民化仍面临制度、文化、心理等方面的障碍。解决好城郊被征地农民面临的种种问题，使他们更加顺利地融入城市经济社会体系，是促进城市社会和谐的迫切需要，是提高城市化整体水平的迫切需要。从各地普遍反映的情况看，当前应着力解决好以下问题。

（一）**把被征地农民全面纳入城市社会保障和公共服务体系**。一些地方对被征地农民进行集中安置，而安置区建设标准普遍较低，位置偏远，交通不便，城市的水、电、路、气、热等公用设施没有及时覆盖进来，与周边的商品住宅区形成强烈反差。一些地方建立专门面向被征地农民的养老保障体系，或将被征地农民纳入缴费标准和保障待遇较低的小城镇社会保障，人为造成城市社会保障体系"碎片化"。诸如此类的问题，使被征地农民成为城市的特殊群体，使被征地农民集中安置区成为城市的特殊社区。衡量被征地农民是否实现了市民化，不仅要看他们是否获得了城镇户籍，更要看他们是否与城镇居民享有同等的社会保障和公共服务待遇。为此我们建议：加强被征地农民集中安置区的公用设施建设，在公用事业收费标准上实行同城待遇；改进被征地农民安置方式，鼓励有条件的农民自行解决住房问题，避免高度同质化的社会人群大规模集中居住，进而避免今后形成城市"问题区域"；改进被征地农民的社会保障政策，在医疗、养老、低保等方面与城市居民并轨，所需资金纳入征地补偿安置费用，不足部分由当地政府从国有土地有偿使用收入中解决。

（二）**将城市公共设施和服务延伸到"城中村"**。一些地方在城市化过程中为降低土地成本，先征收补偿标准低的农用地，对征地成本较高的宅基地和村庄建设用地避而不征，结果随着城市的扩大，形成大量被城市建成区包围的"城中村"。尽管"城中村"与城市建成区已连为一体，但由于其土地属集体所有制性质，在社会管理、公用设施等方面仍实行农村的一套体制。"城中村"的存在，一方面有利于为外来农民工、刚毕业大学生等群体提供廉价住处，为当地被征地农民提供多样化的收入来源；另一方面，也存在治安较差、环境脏乱等问题，有人甚至视其为都市"牛皮癣"。为解决"城中村"问题，一些地方引进开发商，通过市场化运作，实行征地、拆迁、开发建设、返迁安置。这么做，虽然改善了城市形象，但也给外来农民工、刚毕业大学生造成困难，逼迫他们向距中心城区更远的郊区农村寻找廉价住处。我们认为，对待"城中村"，当前应把重点放在将城市基础设施和公共服务向其延伸覆盖，解决好这些地方的治安、供水、供电、供气、供热和垃圾处理等问题；从长远看，应探索集体土地上的城镇化模式，破除按集体土地和国有土地分别实行两种不同的社会管理体制的传统做法。

（三）**保障被征地农民的土地财产权利。** 被征地农民的土地财产权利流失，不仅体现为"低价征地、高价出让"，而且体现为征地补偿费不能足额兑现到农民。一些地方在连片征收农村集体土地、撤销被征地农村的建制时，规定土地补偿费由各级集体经济组织分享。例如，对撤制队的土地补偿费，按 40：30：30 的比例，由队、村、镇三级集体经济组织分享；对撤制村的土地补偿费，按 50：50 的比例，由村、镇两级集体经济组织分享。据称，这是以人民公社"三级所有、队为基础"的所有制结构为法理基础，认为组（生产队）、村（生产大队）、镇（公社）三级集体经济组织共享土地等农村集体财产所有权。事实上，随着人民公社的解体，"三级所有、队为基础"已演变为三种集体所有制。按照《土地管理法》第十条、《农村土地承包法》第十二条和《物权法》第六十条的规定，农村集体土地所有权分为三种类型：农民集体所有的土地依法属于村农民集体所有的，由村集体经济组织或者村民委员会代表集体经营、管理和行使所有权；分别属于村内两个以上农民集体所有的，由村内各该集体经济组织或者村民小组代表集体经营、管理和行使所有权；属于乡镇农民集体所有的，由乡镇集体经济组织代表集体经营、管理和行使所有权。这意味着，农村土地的所有权主体，要么是村集体，要么是组集体，要么是乡镇集体，不存在一块土地有两个或三个所有权主体。很显然，一些地方土地补偿费由各级集体经济组织分享的做法，既不符合农村土地集体所有制的内涵，也与国家法律法规的相关规定不符；既没有做到"土地补偿费主要用于被征地农民"，更没有做到"农村集体经济组织撤销建制的，土地补偿费应全部用于被征地农民生产生活安置"。建议调整这类做法，把撤制村、队的土地补偿费全部界定为该村、队集体资产，在土地由队集体所有的地方，村、镇集体经济组织不分享土地补偿费；在土地由村集体所有的地方，镇集体经济组织不分享土地补偿费。更为重要的是，应当加快推进征地制度改革，借鉴一些国家的做法，严格界定公益性建设用地，对经营性建设用地实行市场定价。这是从制度上保障农民土地财产权利的根本出路，不能总是迟疑不决，应当下决心迈出实质性步伐。

（四）**建立更加灵活的集体经济组织退出机制。** 在一些地方，虽然被征地农民取得了城镇居民身份，但宅基地和集体企业用地仍保留集体土地属性，甚至返还部分被征土地用于回迁安置和集体经济组织发展产业，集体经济组织仍具有经营职能、从事经营活动，被征地农民仍是集体经济组织成员。这种做法虽然有利于维持被征地农民的基本生计，但也带来集体资产管理混乱、村组干部贪腐严重、被征地农民难以摆脱对村社集体的人身依附等问题。促进被征地农民尽快实现市民化，必须改革集体产权制度，建立有利于个体成员退出的集体资产分割、持有、转让制度：一是对确股到人还是分钱到人应更加灵活。被征地村组集体资产数额较大，是以股权形式量化到集体经济组织成员，还是以货币形式量化到集体经济组织成员，应尊重农民意愿。二是对是否设集体股应更加灵活。即便在确股到人的情况下，也有一个是否把可分配集体资产全部量化到人、是否保留一定比例集体股的问题。很多实行社区股份合作制改革的地方称，保留一定比例的集体股，是体现集体经济性质的需要，是开展集体公益事业的需要。随着集体经济组织承担的部分功能逐步被政府社会管理和公共服务功能替代，集体股的存在必要性在逐步减退。三是对个人股权能范围的设定应更加灵活。一些地方对个人股的权利范围限制较多，个人股仅仅只是分红的依据，没有投票权，也没有继承、处分的权利。也有一些地方规定，成员个人获得的股权，依法享有收益权，可以继承，也可以依法转让。需要明确的是，将集体资产以股权形式量化到集体经济组织成员，完成了从"共同共有"到"按份共有"的重大转变；农民获得的个人股份，是作为共有人对共有的不动产或者动产享有的份额，依照物权法可以转让；其他共有人在同等条件下享有优先购买的权利，但不能把优先受让权放大为排他权，规定个人股权转让只能在本集体经济组织成员内部进行。

（五）正确对待被征地农民的财富暴涨。被征地农民是城市常住人口中的特殊群体。与进城农民工相比，他们享受的公共服务和社会保障待遇更高、在城市安居的实力更强，但退路更少；与城镇原居民相比，他们的住房等财产性收入更多，但文化素质、职业技能和就业竞争力明显偏低。面对这部分新市民，城市社会的心态极为矛盾：既有因为他们是"失地农民"、为城市建设作出了贡献和牺牲，应当善待的一面；也有因为他们获得大面积住房和巨额货币补偿、"一夜暴富"，而愤愤不平的另一面。这种矛盾心态反映在政策制定上，就是不愿把被征地农民全面纳入城市社会保障体系，把他们视作"二等市民"；层层截留土地补偿费；界定村、组集体资产权属时，明显倾向于将集体资产界定给镇政府或由镇政府主导的"镇集体经济组织"所有。在被征地农民的财富暴涨问题上，我们的基本主张是：加入城市社会保障体系是被征地农民的公民权利，不能要求他们用土地财产权利去交换社会保障权利；可以引导被征地农民理性对待获得的巨额土地补偿收入，但不能因部分被征地农民的非理性消费而不将土地补偿费分配到人。

（2010 年 10 月）

第四编
土地如何城镇化

对城乡建设用地增减挂钩的看法和建议

最近一个时期，中央反复强调，要把稳步推进城镇化作为后金融危机时期我国结构调整的依托和拓展发展空间的方向。目前各地推进城镇化的热情很高。需要注意的是，随着城镇化进程加快和今后国有土地上房屋拆迁难度加大，城镇建设用地不足问题将进一步显现。一些地方为满足城镇建设的用地需求，将目光转向置换农村集体建设用地，想方设法推动农村宅基地和村庄整理。办法之一，是实行城镇建设用地增加与农村建设用地减少挂钩。我们认为，增减挂钩是大势所趋，但需要正确引导、趋利避害，真正做到既促进城镇化、又造福农民。

一、各地为何热衷城乡建设用地增减挂钩

城乡建设用地增减挂钩，是指依据土地利用总体规划，将若干拟复垦为耕地的农村建设用地地块（即拆旧地块）和拟用于城镇建设的地块（即建新地块）共同组成建新拆旧项目区；通过建新拆旧和农村居民点及农村工矿废弃地的整理复垦，减少农村建设用地，增加城市建设用地，最终实现项目区内用地布局更合理；国家对每个项目区下达一定的土地周转指标，在规定的时间内用土地复垦新增加的耕地归还这些周转指标。

这一政策起初是为了解决小城镇发展的用地指标问题。《中共中央国务院关于促进小城镇健康发展的若干意见》（中发〔2000〕11 号）提出，"对以迁村并点和土地整理等方式进行小城镇建设的，可在建设用地计划中予以适当支持"，"要严格限制分散建房的宅基地审批，鼓励农民进镇购房或按规划集中建房，节约的宅基地可用于小城镇建设用地"。国土资源部随后发出《关于

加强土地管理促进小城镇健康发展的通知》（国土〔2000〕337号），明确提出小城镇建设用地指标，"主要通过农村居民点向中心村和集镇集中、乡镇企业向工业小区集中和村庄整理等途径解决"，对试点小城镇"可以给予一定数量的新增建设用地占用耕地的周转指标，用于实施建新拆旧"。对目前我国土地政策具有重要影响的《国务院关于深化改革严格土地管理的决定》（国发〔2004〕28号）也提出，"鼓励农村建设用地整理，城镇建设用地增加要与农村建设用地减少相挂钩"。为解决实践中出现的问题，国土资源部先后下发《关于规范城镇建设用地增加与农村建设用地减少相挂钩试点工作的意见》（国土资发〔2005〕207号）、《关于进一步规范城乡建设用地增减挂钩试点工作的通知》（国土资发〔2007〕169号）和《城乡建设用地增减挂钩试点管理办法》（国土资发〔2008〕138号），明确了一些基本政策要求。

增减挂钩政策出台后，天津、浙江、江苏、安徽、山东、湖北、广东、四川、内蒙古、河南等省区市先后申请进行试点。国家发改委和国土资源部于2006年联合发文决定，把挂钩试点扩大到部分全国发展改革试点小城镇。各地热衷此道，原因大致有三：

第一，城市缺地。2004年国家在宏观调控中，不仅收紧银根，而且收紧地根，对农用地转用的年度计划实行指令性管理。目前每年国家重点建设项目和地方建设所需用地约1200万亩，按宏观调控和保护耕地的需要，实际每年仅能供地600万亩，供需缺口较大。到2020年，港口、码头建设用地只能满足1/3，公路和机场建设用地只能满足2/3。地方政府为解决工业化城镇化用地需求快速增长与土地指标不足的矛盾，纷纷把目光转向到农村集体建设用地，尤其是村庄和宅基地。典型做法是推行"乡镇企业向工业小区集中，农民住房向小城镇集中"，改造旧村庄，小村并大村，推进农民上楼，把腾退出来的农村建设用地指标置换成城镇或产业园区用地。

第二，农村缺钱。目前多数地区农村居民点数量多、规模小、布局分散，脏、乱、差问题突出，亟待进行整治改造。特别是在新农村建设过程中，一些地方进行村庄整治改造的心情更加急迫。虽然近年来中央和地方在农村基础设施建设方面增加了投入，但远不能适应各地的实际需要。一些地方就推进农村建设用地整理，通过将腾出的土地进行经营性开发、将复垦换取的土地指标进行有偿转让等方式，筹集农民住房、农村公共设施等建设资金。

第三，有账可算。城乡建设用地增减挂钩对地方之所以有吸引力，主要在于以下几笔账对地方有利：一是土地指标账。增减挂钩项目节约出来的土地置换为城镇建设用地，不占用国家下达的新增建设用地计划指标。二是耕地保护账。挂钩项目中已包含土地复垦，在建新区占用耕地无需履行占补平衡的法定义务。三是报批规费账。建新区如是农用地，可免交新增建设用地有偿使用费、耕地占用税等土地税费。建新区如是集体建设用地，无需办理农用地转用手续。四是资金平衡账。增减挂钩项目不需要地方政府投入资金，农民安置、土地复垦等所需投入全部来自节约土地的增值收益，有些地方甚至可以为拆旧区的集体经济组织增加收入。

尤其需要注意的是，正在征求意见的《国有土地上房屋征收与补偿条例》一旦施行，将大幅度提高城镇低容积率存量土地的开发利用成本。受此影响，城镇发展将更加倾向于外延扩张、占用农村集体土地。在每年分到的新增建设用地计划指标有限的情况下，各地置换农村集体建设用地的积极性将更加高涨。

二、对增减挂钩的正反两种意见

城乡建设用地增减挂钩作为促进土地集约利用的重要举措，从推出到现在一直处于争议之中。有极力赞成者，也有质疑和反对的声音。

正方的赞成理由主要集中在三个方面：一是有利于减少农村土地浪费。据统计，1997 至 2008 年，全国乡村人口减少了约 14%，而村庄用地却增长了约 4%。目前全国农村居民点人均用地面积达 191 平方米，比国家规定的最高标准 150 平方米高出 27%；农村居民点用地 2.48 亿亩，占全部建设用地的51%。农村居民点"散、乱、空"现象比较普遍，土地资源浪费严重。据河北省调查，全省村庄内空闲土地达 50 万亩。推进城乡建设用地增减挂钩，可以在城乡建设用地总规模不增加的条件下，满足城镇化的用地需求。二是有利于边远农村分享城镇化产生的土地级差收益。作为拆旧区的村庄一般在城镇规划区外，在今后相当长时期内城镇化扩展不到这些地方，这里的集体土地原本缺乏开发利用和增值的机会。纳入增减挂钩项目区后，使这些边远村庄可以像城郊农村一样获得城镇化带来的土地级差收益，从而为改善农民生活和居住条件、推进村庄整治提供了机会。三是有利于推进城镇化。一些地方通过多种方式在城镇周边安置拆旧区的农民，甚至转成城镇居民，促进了农民集中居住和市民化。

反方的质疑和担心主要集中在以下方面：一是容易导致强迫命令。农村宅基地和村庄整理往往需要"大拆大建"、整村连片推进，而同一个村庄中各家各户因现有房屋质量、收入水平、未来生活打算等不同，对拆迁和安置会持不同意见，难以做到全体农户自愿接受，稍有不慎就会发生违背部分农民意愿的问题。二是容易导致部分农民增支减收。为腾出尽可能多的建设用地指标，一些地方用尽可能少的土地安置拆旧区农民，部分地方甚至用容积率很高的楼房集中安置拆迁农民，导致农民上楼后生活成本增加。部分农民原来的庭院具有增收功能，可以发展庭院经济，上楼后这块收入也没有了。三是容易导致农村土地财产权利流失。拆旧区腾出的建设用地指标到底值多少钱，目前还没有科学合理的价格形成机制，一些地方给拆旧区农民的补偿连建房费用都不够，遑论分享建新区的土地增值收益。腾出的建设用地指标固然可以换来部分资金，但这是眼前小利；腾出的建设用地指标流向城市，挤占了农村今后发展非农产业的空间，失去的是长远利益。

三、几点看法和建议

（一）减少农村建设用地是大势所趋。2009年底我国城镇化率仅46.6%，不仅远低于发达国家水平，也低于与我国处于相同发展阶段国家的水平。我国城镇化还有很长的路要走。实行最严格的节约用地制度，推进城镇闲散土地整合，鼓励低效用地增容改造和深度开发，可以在一定程度上缓和城镇建设用地不足的矛盾。但相比我国面临的城镇化任务，现有城镇土地无法承载越来越多的城镇人口，城镇建设用地边界向外扩展将是长期、不可避免的趋势。另一方面，人多地少的基本国情，决定了必须严格控制城乡建设用地总规模，为农业发展留足空间。摆在我们面前的唯一出路，是在城乡建设用地不增加或少增加的前提下，根据城乡人口布局的变化，适时调整城乡建设用地布局。按照国务院批复的《全国土地利用总体规划纲要（2006—2020年)》，从2010年到2020年，全国城镇及工矿用地将增加3255万亩，而城乡建设用地规模仅增加2655万亩，这意味着农村建设用地必须净减少600万亩。

（二）增减挂钩是减少农村建设用地的重要途径。在我国目前的土地政策体系中，农村土地整治政策的主要功能是解决土地利用形态破碎和零乱问题、增加耕地面积，主要方式是对零散地块实行归并、对废弃地块实行复垦；耕地占补平衡政策的主要功能是保护耕地面积，主要方式是要求各地通过农村土地整治、开发未利用土地等途径，补充相同面积和质量的耕地；集体建设用地流转政策的主要功能是盘活依法取得的农村集体经营性建设用地，主要方式是通过统一有形的土地市场、公开规范地转让土地使用权。但这三项政策解决不了农房和村庄"散、乱、空"问题，更解决不了城乡建设用地布局调整问题。通过增减挂钩政策，将农村建设用地整理节余的土地指标调剂到城镇使用，将获得的土地增值收益返还农村，用于补偿土地整理成本和农村其他建设，不失为减少农村建设用地的一条有效途径。

（三）明确农村建设用地节余指标的补偿范围。增减挂钩政策的核心，是合理确定对拆旧区土地节余指标的补偿范围。这直接关系到拆旧区农民的切身利益。与土地征收不同，目前国家对农村建设用地节余指标转让价格的构成因素没有明确规定，各地自行其是。由于增减挂钩由地方政府主导，使用节余土地指标的建新区又往往是当地政府力推的"开发区"、"产业集聚区"、"城市功能拓展区"，对节余土地指标的补偿普遍偏低。建议国家明确规定，节余指标的补偿至少应能涵盖以下范围：拆旧区土地复垦费用、农民建房补助、安置区基础设施建设。

（四）探索建立农村建设用地节余指标价格的市场形成机制。一些地方通过土地市场，形成农村建设用地节余指标的转让价格，较好地维护了指标交易双方的利益，应当鼓励这种探索。需要注意的是，土地指标的交易半径越大，竞买者越多，价格就越高，拆旧区的农民分享到的土地增值收益就越多。规定农村宅基地和村庄整理所节约的土地在县域内调剂使用，虽然有利于促进县域产业集聚和小城镇发展，但土地整理复垦潜力大的地方往往经济落后、地价低，从而也会带来土地节余指标转让价格低、土地整理资金不足、拆旧区农民利益受损等问题。表面看，这是在"防止农村土地资源流向中心城市"，实际上却不利于维护拆旧区农民的利益。我们反对的是压低农村土地价格、侵占农民土地财产权益，而不应当是土地资源在城乡之间的优化配置。

（五）妥善处理操作层面的问题。从各地增减挂钩的实践看，在具体操作中应注意把握好以下几点。一是尊重农民意愿。在土地调整和利用方式、旧房拆迁、新居建设等方面，要给拆旧区农民充分的话语权、选择权和知情权。二是安置方式要符合农民生产生活的需要。既要促进农民向城镇集中，又要防止一味强调农民上楼。要方便农民生产生活，保护好农村人文景观和生态环境。三是明确拆旧区复垦形成的耕地归农民集体所有。这些耕地不能成为集体的"机动地"，应将承包经营权落实到每一个具有集体成员资格的农户。四是控制好整理规模和节奏。按照新一轮土地利用总体规划确定的农村建设用地整理总规模，逐年按计划实施，避免借农村土地整理过快扩张城镇建设用地规模。

（2010 年 3 月）

推进征地制度改革的时机已经成熟

—— 征地制度改革专题研究之一

土地制度是国家经济社会制度的核心部分，土地制度改革是经济社会体制改革的重点领域，征地制度改革是土地制度改革的关键环节。30 多年来，我们在土地制度改革方面采取了许多重大步骤，如实行农村土地承包经营制度、国有土地使用权出让制度等。但迄今为止，也还存在一些没有进行实质性改革的环节，征地制度是其中最突出的一个。随着《国有土地上房屋征收与补偿条例》的颁布施行，如何改革集体土地和集体土地上房屋的征收与补偿制度，成为社会各方面广泛关注的焦点。改革现行征地制度，社会有强烈诉求、中央有明确要求、工作有一定基础，应下定决心尽快启动。

一、社会有强烈诉求

长期以来，大量农村集体土地低价转为城市建设用地，为推进我国工业化城镇化作出了巨大贡献。同时，以存在明显缺陷的征地制度大量征收农民土地，引发了一系列尖锐的社会矛盾，带来了一系列严重的社会问题。

一是城市建设用地粗放。 实行国有土地使用权有偿出让制度以后，市县政府通过"计划价"征地、"市场价"供地，获得大量土地出让收益，形成所谓的"土地财政"。这既为城市基础设施建设提供了重要资金来源、促进了城市发展，也为市县政府征地提供了利益激励，导致征地面积快速增长。1997 年至 2009 年，全国依法批准的建设占用耕地 4000 多万亩，其中 70% 是征地。据一些专家观察，我国城市建成区面积扩张速度明显高于城镇人口增长速度，呈现"土地城镇化快于人口城镇化"、"城市人口低密度化和分散化"趋势。另据国土资源部最近组织的调研，2011 年全国 31 个省区市全年需要新增建设用地 1616 万亩，而年度新增建设用地计划指标仅 670 万亩。这既与"十二五"开局之年各地新上项目较多有关，也与《国有土地上房屋征收与补偿条例》施行后城市存量土地利用成本大幅提高有很大关系。如不尽快改革征地制度，城市建设将更加倾向于外延式扩张。

二是农民的土地财产权利严重流失。按照现行土地管理法规定，征收耕地的土地补偿费和安置补助费的总和，不得超过被征收前三年平均年产值的 30 倍。征收其他土地的土地补偿费和安置补助费，以及地上附着物和青苗补偿费的标准，由各省自定。不少地方，特别是基础设施建设项目的征地补偿往往按最低标准进行。在有些情况下，地方政府为了争取到建设项目，承诺由地方承担征地费用，这时农民得到的补偿往往低于法定的低限标准。即使按法定标准进行补偿，补偿力度也不足以使被征地农民保持原有生活水平。据专家估算，1986 年土地管理法施行以来，全国农民因征地流失土地财产权益高达数万亿元，远远超过计划经济时期通过工农产品价格剪刀差为国家工业化提供的原始积累。

三是征地补偿费的管理和使用存在漏洞。按现行征地补偿费的分配规定，只有青苗和地上附着物补偿费能够直接支付给被征地农民，在单位安置情况下安置补助费补给安置单位、在农民自谋出路情况下安置补助费才发给个人，而土地补偿费是补给集体经济组织的。不少地方对土地补偿费的分配和管理使用存在严重问题，有村干部贪污、挤占挪用的，有用于办集体企业而垮掉的，也有被行政村、乡镇政府截留的。

四是被征地农民就业无保障。在就业已经市场化的情况下，对被征地农民往往采用货币化安置。而现有的安置补助力度、被安置对象的创业能力和就业竞争能力，使他们难以获得稳定的就业岗位，成为我国社会结构中极不稳定的一个特殊社会群体。一些地方单独为被征地农民建立一套养老保障办法，人为造成养老保障体系碎片化。

五是强制征收拆迁现象较为普遍。一些地方在征收农村集体土地时没有按规定征求农民意见，土地往往在农民不知情的状况下被征收。一些地方在征收集体土地过程中程序不透明，有的甚至与企业签订供地协议之后，才与农民签订征收合同。一些地方习惯动用行政力量强征强拆，动辄采取断水、断电、断路等野蛮手段。

由于上述这些问题的存在，近年来各地因征地问题引发的信访居高不下，群体性事件和恶性案件时有发生，严重影响社会稳定。不仅被征地农民强烈要求改革现行征地制度，学术界改革现行征地制度的呼声也日渐高涨；不仅从事"三农"工作的人强烈要求推进征地制度改革，从事其他工作、对"三农"问题稍加关注的人也有这种期盼。可以说，推进征地制度改革是全社会的强烈诉求。

二、中央有明确要求

党中央、国务院高度重视征地制度存在的问题和社会各方面的强烈诉求，多次明确要求推进征地制度改革。

一是在中央全会的文件中多次要求推进征地制度改革。 党的十六届三中全会审议通过的《中共中央关于完善社会主义市场经济体制若干问题的决定》要求，"按照保障农民权益、控制征地规模的原则，改革征地制度，完善征地程序。严格界定公益性和经营性建设用地，征地时必须符合土地利用总体规划和用途管制，及时给予农民合理补偿"。党的十七届三中全会审议通过的《中共中央关于推进农村改革发展若干重大问题的决定》指出，"改革征地制度，严格界定公益性和经营性建设用地，逐步缩小征地范围，完善征地补偿机制。依法征收农村集体土地，按照同地同价原则及时足额给农村集体组织和农民合理补偿，解决好被征地农民就业、住房、社会保障。在土地利用规划确定的城镇建设用地范围外，经批准占用农村集体土地建设非公益性项目，允许农民依法通过多种方式参与开发经营并保障农民合法权益。逐步建立城乡统一的建设用地市场，对依法取得的农村集体经营性建设用地，必须通过统一有形的土地市场、以公开规范的方式转让土地使用权，在符合规划的前提下与国有土地享有平等权益"。党的十七届五中全会审议通过的《中共中央关于制定国民经济和社会发展第十二个五年规划的建议》强调，"完善城乡平等的要素交换关系，促进土地增值收益和农村存款主要用于农业农村"，"按照节约用地、保障农民权益的要求推进征地制度改革"。

二是在指导农业农村工作的中央文件中多次强调推进征地制度改革。《中共中央、国务院关于做好农业和农村工作的意见》（中发〔2003〕3 号）指出，"近几年，一些地方征用农村土地补偿标准低、部分农民生活得不到保障和违法占地的问题比较突出"，首次明确要求"要区分公益性用地和经营性用地，合理确定补偿标准，妥善安置农民。有关部门要在调查研究的基础上，进一步完善农村土地征用办法，逐步建立符合社会主义市场经济要求、有利于经济社会协调发展、有利于保护耕地、保护农民利益的土地征用制度"。《中共中央、国务院关于促进农民增加收入若干政策的意见》（中发〔2004〕1 号）要求："加快土地征用制度改革"，"要严格区分公益性用地和经营性用地，明确界定政府土地征用权和征用范围。完善土地征用程序和补偿机制，提高补偿标准，改进分配办法，妥善安置失地农民，并为他们提供社会保障"。2005年至 2008 年每年的中央 1 号文件均要求加快推进征地制度改革。

三是在国务院文件中多次部署推进征地制度改革。《国务院关于深化改革严格土地管理的决定》（国发〔2004〕28 号）就完善征地补偿办法、妥善安置被征地农民、健全征地程序、加强对征地实施过程监管等问题作出了具体部署，特别是提出了"土地补偿费和安置补助费的总和达到法定上限，尚不足以使被征地农民保持原有生活水平的，当地人民政府可以用国有土地有偿使用收入予以补贴"，"省、自治区、直辖市人民政府要制订并公布市县征地的统一年产值标准或区片综合地价，征地补偿做到同地同价"，"对有稳定收益的项目，农民可以依法批准的建设用地土地使用权入股"。《国务院关于加强土地调控有关问题的通知》（国发〔2006〕31 号）强调，"被征地农民的社会保障费用，按有关规定纳入征地补偿安置费，不足部分由当地政府从国有土地有偿使用收入中解决"。《国务院办公厅关于进一步严格征地拆迁管理工作切实维护群众合法权益的紧急通知》（国办发明电〔2010〕15 号）要求，征地前要及时进行公告，征求群众意见，不得强行实施征地；征地涉及拆迁农民住房的，必须先安置后拆迁，妥善解决好被征地农户的居住问题；重大工程项目建设涉及征地拆迁的，要带头严格执行规定程序和补偿标准。在一些年度的政府工作报告中，把土地征收方面存在的问题，作为经济社会发展中突出问题之一。

三、工作有一定基础

多年来，有关方面按照中央要求对征地制度改革进行了调查研究、试点探索，在理论和操作层面积累了一定基础。

一是调查研究有一定基础。 从 1999 年起，国务院法制办、中央农办、国土资源部等多个部门相继成立了征地制度改革课题组。特别是 2002 年中央农办和国土资源部组成联合调研组，到九个省市开展了实地调研，组织 16 个省区市的有关部门对本地的征地情况进行了调研，撰写了一系列调研报告，并在此基础上形成了较为完整的征地制度改革总体思路。为贯彻落实十六届三中全会和 2004 年中央 1 号文件精神，有关部门在前期调查研究的基础上，起草了《关于改革土地征收制度的若干意见》。这些年来，学术界一直在对征地制度改革中的深层次问题进行讨论研究。

二是实践探索有一定基础。 早在 2001 年，国土资源部就确定在福州、厦门、顺德、佛山、苏州、南京、上海青浦、温州、嘉兴等 9 个市区进行征地制度改革试点。2002 年又确定在北京通州、石家庄、沈阳、绥化、马鞍山、新乡、洛阳、长沙、南宁、成都等 10 个市区开展试点。根据国土资源部征地制度改革研究课题组提出的《征地制度改革总体试点方案》，征地制度改革的试点内容包括：规范征地权行使范围，界定公共利益内涵；依照市场经济规律确定征地补偿费用；依法确定受偿主体，按土地产权关系分配征地补偿费用；采用以社会保障为核心、以市场为导向的多种途径安置被征地农民；推行公正、公开、高效的征地程序；推行征地的行政管理、事务经办、纠纷仲裁相分离的新型管理体制。在总结各地实践经验的基础上，国土资源部门就完善征地制度采取了许多措施，先后发出《关于切实维护被征地农民合法权益的通知》（国土资发〔2002〕225 号）、《关于完善征地补偿安置制度的指导意见》（国土资发〔2004〕238 号）、《关于进一步做好征地管理工作的通知》（国土资发〔2010〕96 号）。近年来，国土资源部在全国范围内推进征地区片综合地价实施工作，促进被征地农民社会保障有关政策的落实。2010 年在国家各类综合配套改革试验区中部署开展缩小征地范围改革试点，为建立新的征地制度探索实践经验。

三是解决重大问题有一定基础。 推进征地制度改革涉及一些重大而敏感的问题，在过去一个时期一直难以形成共识。但《国有土地上房屋征收与补偿条例》体现的立法理念、遵循的基本原则和在一些重大问题上的具体规定，为征地制度改革提供了重要参考和借鉴：征收权的运用必须限定在公共利益的范围之内，对公共利益必须有严格明确的界定；征收的程序必须公开、透明，让民众广泛参与，与民众进行充分协商；必须根据市场定价的原则进行补偿；禁止土地利用者或营利性机构实施拆迁，禁止行政强制拆迁，强制拆迁必须通过司法程序决定。随着覆盖城乡居民的低保、养老、医疗等社会保障制度逐步建立健全，解决被征地农民基本生计的条件日益成熟。有了这些基础，征地制度改革可以减少许多争议和阻力，避免打"口水仗"。

（2011 年 5 月）

推进征地制度改革必须迈过三道坎

——征地制度改革专题研究之二

征地之所以带来诸多问题，有操作层面的因素，但根源在于征地制度本身存在缺陷；征地制度之所以存在缺陷，根源又在于过去一个时期我国土地制度设计和土地立法深受城乡二元体制和赶超战略的影响。城市土地属于国家所有、不分用途一律行使征地权、按原用途补偿，是现行征地制度的三个核心内容，也是征地制度改革必须迈过的三道坎。为此，需要仔细梳理新中国成立60年来征地制度的演变过程，对这三个核心问题的来龙去脉和时代背景有清晰了解，并进行深入辨析，以达到追根溯源、正本清源的目的。

一、必须迈过"城市的土地属于国家所有"这道坎

现行征地制度的一个基本规定，是城市建设需要占用农村集体土地时，必须首先征收为国家所有，再由国家划拨或出让给用地者；换句话说，集体土地要进入城市化进程，必须先把土地所有权转给国家，再由国家把土地使用权交给用地者进行开发建设。如果集体土地不先"变性"为国有土地，其权利束就非常窄，如不能出让、转让或者出租用于非农建设，开发的房产拿不到产权证、不能上市交易，等等。之所以如此规定，是因为宪法规定"城市的土地属于国家所有"。

事实上，在1954年、1975年和1978年宪法中，都没有明确城市土地属于国家所有。1954年宪法第六条规定："矿藏、水流，由法律规定为国有的森林、荒地和其他资源，都属于全民所有"；第十三条规定："国家为了公共

利益的需要，可以依照法律规定的条件，对城乡土地和其他生产资料实行征购、征用或者收归国有"。1975年宪法第六条规定："矿藏、水流、国有的森林、荒地和其他资源，都属于全民所有"，"国家可以依照法律规定的条件，对城乡土地和其他生产资料实行征购、征用或者收归国有"。从这两部宪法的表述来看，城市土地并非国家所有，国家要用城市土地，与国家要用农村土地一样，都必须"征购、征用或收归国有"。从期间的一些相关法律法规来看，城市土地不仅不属于国家所有，而且国家对城市土地所有者的权利是尊重的。例如，1958年颁布实施的《国家建设征用土地办法》第十条规定，"征用城市市区内的房屋地基，如果房屋和地基同属一人，地基部分不另补偿；如果分属两人，可以根据地基所有人的生活情况酌情补偿"。"地基所有人"概念的成立，有力地证明了城市土地并非国家所有。该办法第十四条规定，"已经征用的土地，所有权属于国家"。那么此前城市存量土地中非经国家征用来的土地，就不属于国家所有。1978年宪法的第六条也仅只规定"矿藏、水流、国有的森林、荒地和其他海陆资源，都属于全民所有"，"国家可以依照法律规定的条件，对土地实行征购、征用或者收归国有"。这里所指的土地是农村土地还是城市土地，语焉不详。只是到1982年宪法的第十条中，才首次明确规定"城市的土地属于国家所有。农村和城市郊区的土地，除由法律规定属于国家所有的以外，属于集体所有；宅基地和自留地、自留山，也属于集体所有。国家为了公共利益的需要，可以依照法律规定对土地实行征用"。

法学界对1982年宪法评价甚高。但从有关土地立法的指导思想来看，确实存在一些问题。一夜之间城市土地全部变为国家所有，没有任何补偿，这是城市土地所有制的一场静悄悄的革命，是一次没有引起任何注意的土地产权平调。1982年宪法关于城市土地属于国家所有的规定，引发了后来一系列认识和制度层面的混乱。受其影响，1986年颁布的土地管理法，不仅在第六条中规定"城市市区的土地属于全民所有即国家所有"，而且在第二十四条中规定"国家建设征用的集体所有的土地，所有权属于国家"。这样一来，不仅把城市的存量土地界定为国家所有，而且把城市建设新征用的农村集体土地也一律界定为国家所有。

从法理上讲，1982宪法所规定的"城市的土地属于国家所有"，本意是对城市土地产权进行初始界定，指的是此时的城市土地属于国家所有，并没有规定以后新进入城市的土地也必须属于国家所有。但是，人们长期以来误读了这一规定。按照后来的理解，凡进入城市的土地必须先征为国家所有，集体土地不能以集体所有制的形式进入城市化进程。土地只有改变所有制性质才能用于城市建设，表面看是为了加强土地管理、控制农地流失的规模和速度，实质在于为国家垄断土地一级市场创造制度基础。我们应该恢复1982年宪法的本来面目，今后新进入城市的土地并非都必须实行国家所有。

二、必须迈过"为了公共利益的需要"这道坎

在我国现行土地法律框架中，政府的征地权很大。无论公益性建设还是经营性建设，只要城市建设需要，政府都可以对农村集体土地行使征地权。政府征地权的滥用是从什么时候开始的？这有一个演变过程。1954年宪法第十三条规定，国家征购或征用城乡土地，是以"国家为了公共利益的需要"、"依照法律规定的条件"为前提的。什么是公共利益的需要？什么是法律规定的条件？1958年发布实施的《国家建设征用土地办法》第二条对此作出了明确界定，即只有"国家兴建厂矿、铁路、交通、水利、国防等工程，进行文化教育卫生建设、市政建设和其他建设"才能适用该办法征用土地。而且，该办法还在第二十条中把"公私合营企业、信用合作社、供销合作社、手工业生产合作社用地以及群众自办的公益事业用地"与国家建设用地区别开来，尽管这些用地可以援用此办法之规定办理，但从性质上讲不属于国家建设征地。尽管1975年宪法第六条和1978年宪法第六条去掉了"国家为了公共利益的需要"的前缀，但直到1982年发布实施的《国家建设征用土地条例》中，仍明确规定只有"国家进行经济、文化、国防建设以及兴办社会公益事业"时才能适用该条例征用集体所有的土地。1982年宪法第十条恢复了"国家为了公共利益的需要"的前缀，但把前三部宪法中的"征购、征用或收归国有"改为"征用"。1986颁布的《土地管理法》第二十一条仍规定"国家进行经济、文化、国防建设以及兴办社会公益事业"适用该法征用集体土地。在1982年发布实施的《国家建设征用土地条例》第二十九条、1986年颁布的《土地管理法》第三十五条中，也都把城市集体所有制单位建设占地与国家建设征地区别开来。

把政府征地权无限放大的，是1998年修订的《土地管理法》。该法第四十

三条规定："任何单位和个人进行建设，需要使用土地的，必须依法申请使用国有土地；但是，兴办乡镇企业和村民建设住宅经依法批准使用本集体经济组织农民集体所有的土地，或者乡（镇）村公共设施和公益事业建设经依法批准使用农民集体所有的土地的除外"，"依法申请使用的国有土地包括国家所有的土地和国家征用的原属于农民集体所有的土地"。这其中暗含着一个逻辑，那就是：城市建设一律要使用国有土地，国有土地来源于征用农民集体所有土地。尽管该法第二条有"国家为了公共利益的需要，可以依法对集体土地实行征用"的规定，但与此前的几部土地管理法律法规相比，这部法律的一个重大缺陷，是去掉了在什么具体情况下适用该法征用集体土地的规定，结果导致无论什么情况下都可以征用集体土地。按该法规定，无论经营性还是公益性用途，也无论是国家建设项目还是其他非国家建设项目，都可以由政府征用集体土地。2004 年该法进行了第二次修正，也只不过把"征用"改为"征收或征用"而已，与学界的预期、社会的诉求相去甚远。

在现代市场经济条件下，政府的征地权是一种典型的公共权力，这种公权的行使要受到法律的严格限制。一些国家制订了征地目录，对究竟什么情况下才能动用政府的征地权进行明确具体的界定。中华人民共和国成立以后的一个时期内，政府对征地权的行使也是非常谨慎的。1958 年发布实施的《国家建设征用土地办法》第三条规定，"国家建设征用土地，既应该根据国家建设的实际需要，保证国家建设所必需的土地，又应该照顾当地人民的切身利益，必须对被征用土地者的生产和生活有妥善的安置。如果对被征用土地者一时无法安置，应该等待安置妥善后再行征用，或者另行择地征用"。这是怎样的人文关怀！考虑到大跃进的时代背景，能作出这种规定就更加不易了。遗憾的是，24 年后，到 1982 年发布实施的《国家建设征用土地条例》第四条中，则变为"被征地社队的干部和群众应当服从国家需要，不得妨碍和阻挠"；1986 年颁布的《土地管理法》第二十三条也规定，"国家建设征用土地，被征地单位应当服从需要，不得阻挠"；1998 年发布的《中华人民共和国土地管理法实施条例》第二十五条规定，"征地补偿、安置争议不影响征用土地方案的实施"。在国家与农民的关系中，国家的强势地位日益明显。我们应当借鉴国外经验、20 世纪 50 年代我们自己的做法、《国有土地上房屋征收与补偿条例》的相关条款，对"公共利益"进行明确具体的界定，对政府的征地权进行严格限制，切实防止公权滥用。

三、必须迈过"按照被征收土地的原用途给予补偿"这道坎

由于长期以来不存在土地市场，没有市场地价作参考，国家动用征地权征收集体土地按什么标准进行补偿，本来应是一个很大的难题。但在当时特殊体制条件下，这个难题被简单化处理。1958 年颁布实施的《国家建设征用土地办法》规定，征用土地的补偿费，"以它最近二至四年的定产量的总值为标准"；地上附着物和青苗，"按照公平合理的原则发给补偿费"；对因土地被征用而需要安置的农民，"尽量就地在农业上予以安置"或"设法就地在其他方面予以安置"，实在不能就地安置的"可以组织移民"。1982 年颁布实施的《国家建设征用土地条例》提高了补偿标准，耕地补偿费提高为年产值的 3 至6 倍；每个农业人口安置补助费为每亩耕地年产值的 2 至 3 倍，但单位面积耕地的安置补助费最高不超过其年产值的 10 倍；特殊情况下可以适当增加补偿和安置补助费，但总和不得超过被征地年产值的 20 倍。1986 年颁布的土地管理法沿用了这套标准。1998 年修订后的土地管理法将上述标准分别提高到 6至 10 倍、4 至 6 倍、15 倍和 30 倍。

纵观几十年来的变化，应该说征地补偿标准是在逐步提高的。但按被征土地原用途即被征土地原年产值的一定倍数进行补偿的基本思路一直沿用未变。这种思路的要害，在于剥夺了农民分享土地增值收益的机会，农民只能按土地的农业用途获得补偿，不能获得土地用于工业化城市化产生的增值收益。这实际上使农民的土地财产权利遭受严重侵害。这是低成本工业化、城市化发展道路的重要基础。我国已进入工业反哺农业、城市支持农村的发展阶段，应当尽快结束这种原始积累模式。随着经营性用地逐步实行市场交易、市场地价形成机制逐步完善，政府即使为了真正的公益目的征地，也必须遵循市场定价原则。应当与时俱进地对征地补偿价格的形成机制进行调整。

（2011 年 5 月）

推进征地制度改革的构想和建议

——征地制度改革专题研究之三

2011 年 1 月 19 日国务院常务会议和 3 月 25 日国务院第四次廉政工作会议明确要求，要抓紧研究修改《中华人民共和国土地管理法》有关集体土地征收和补偿的规定，国务院将尽快向全国人大常委会提出议案。4 月 20 日国务院常务会议研究部署 2011 年深化经济体制改革重点工作时，再次明确要求改革农村征地制度。国务院法制办已会同有关部门，正式启动土地管理法有关集体土地征收和补偿规定的修订工作。我们认为，无论是当前修订土地管理法中的相关条款，还是下一步制订集体土地征收与补偿条例，都必须跳出现行法律框架和近些年来完善征地政策所遵循的思路，对征地制度"动大手术"，重新进行整体设计，立足于从制度上解决问题。

一、该征的地如何继续征

主要解决三个问题：哪些地可以继续征，征地如何补偿，征地如何组织实施。

（一）**界定公共利益，缩小征地范围**。征地权是典型的公权，只能由国家行使，而且必须以公共利益为前提。在 60 年来的土地立法中，虽然名义上一直坚持"国家为了公共利益的需要，可以依法对土地实行征收"，但实际上只要是城市建设扩展到哪里，就可以征收哪里的农民土地。"公共利益"早已成了一个框，什么项目都可以往里装。这是目前各方面对现行征地制度批评最多之处。设计新的征地制度，必须首先解决公共利益界定问题。一些人主张按土地利用总体规划确定的城市建设用地范围界定公共利益，在该范围内（即"圈内")国家实施城市规划的建设和在该范围外(即"圈外")进行基础设施、公共管理和服务设施、军事设施等建设均为公共利益。这其中最关键的问题,是如何看待实施城市规划与公共利益的关系。我们认为,城市建设不仅包括基础设施、文教卫生等公益事业建设,而且包括房地产、工商业等经营性建设;不仅包括国家组织实施的建设,而且包括企业、个人组织实施的建设;不仅包括国内资本的投资建设,而且包括外商投资建设。把实施城市规划一律纳入公共利益范围,主张凡是城市建设需要使用农村集体土地时都可以行使征地权,已不合时宜。

界定公共利益,有两个参照系可资参考。一是《国有土地上房屋征收与补偿条例》,其对公共利益的界定得到社会各方面比较一致的认同,主要方面基本适用于农村土地征收,但旧城改造等公共利益项目应当局限在城市范围内部;二是国土资源部 2001 年制定的划拨用地目录,需要以划拨方式供地的建设项目基本可以视作公共利益项目,但经营性能源、交通、水利等基础设施建设项目不应继续适用征地。综合这两个参照系,吸收一些专家的研究意见,我们认为,为了保障国家安全、促进国民经济和社会发展等公共利益的需要,市、县级人民政府只有在下列情形之一下,方可作出农村土地征收决定:国防和外交的需要;由政府组织实施的能源、交通、水利等基础设施建设的需要;由政府组织实施的科技、教育、文化、卫生、体育、环境和资源保护、防灾减灾、文物保护、社会福利、市政公用等公共事业的需要;法律、行政法规规定的其他公共利益的需要。

(二)**市场确定价格,体现土地价值。**按现行征地制度,征地补偿费包括土地补偿费、安置补助费、地上附着物和青苗补偿费。其中,土地补偿费是对土地所有权的补偿,支付给土地所有者;安置补助费是以前就业安置的货币化,一些地方已演化为社会保障补助费,支付给受影响的农民;地上附着物和青苗补偿费是对房屋、未收获的农作物等的补偿,支付给所有权人。从补偿的构成看似乎已经很全面,既包括了对土地所有权的补偿,也包括了对土地承载的就业和社会保障功能的补偿。2004 年国务院 28 号文件甚至提出,"依照现行法律规定支付土地补偿费和安置补助费,尚不能使被征地农民保持原有生活水平的,不足以支付因征地而导致无地农民社会保障费用的,省、自治区、直辖市人民政府应当批准增加安置补助费";"土地补偿费和安置补助费的总和达到法定上限，尚不足以使被征地农民保持原有生活水平的，当地人民政府可以用国有土地有偿使用收入予以补贴"。但目前社会各方面对征地补偿的批评仍然很多，主要集中在三点：按土地原用途补偿，既没有充分反映非农建设用地的资源稀缺性，也没有充分保障农民分享土地非农化利用的增值收益，不利于促进城市建设节约集约用地和缩小城乡差距；无论是按现行土地管理法规定的、以每宗土地原年产值的一定倍数进行补偿，还是按国务院 2004 年 28 号文件规定的、以统一年产值标准或区片综合地价进行补偿，本质上都是政府定价，作为土地所有者的农民没有参与定价；对宅基地和农民住房的补偿缺乏完整、明确的制度安排。

我们建议：第一，转换征地补偿价格的形成机制。废除按土地原用途进行补偿的规定，充分发挥市场在征地价格形成中的基础性作用。征地价格要充分反映当地非农建设用地的资源稀缺程度、被征土地的区位条件、转用后的增值潜力等因素。以现行区片综合地价为基础，建立征地最低保护价格制度，防止不同项目间征地价格差异过大。特别需要注意的是，征地价格是对集体土地所有权永久转让的补偿，应该高于有年限的土地使用权转让的价格。第二，明确土地补偿费的分配范围。土地补偿费只能在拥有该土地的集体经济组织内部进行分配，乡镇、行政村不能截留。在土地承包经营权长久不变得到落实以后，土地补偿费归被征土地承包户所有。第三，以社会保障替代安置补助。随着城乡居民社会养老保险等社会保障制度的逐步建立，将农村土地承载的社会保障功能剥离出来的时机也日趋成熟。将被征地农民纳入城镇居民养老保险等社会保障体系，是公共服务均等化的要求，是城市政府的责任，不能要求被征地农民将土地补偿费用于缴纳社会保障费用。第四，按市场定价原则补偿被征土地上的农民房屋。征收农民宅基地，不仅应按市场定价原则补偿土地所有权，还应按市场定价原则补偿宅基地上的房屋。在房屋补偿的构成、定价原则、补偿方式等方面，应当与《国有土地上房屋征收与补偿条例》的相关规定保持一致。

（三）**严格征地程序，尊重农民权益**。近年来，国土资源部门在加强征地管理、健全征地程序方面做了大量工作，要求"将被征地农民知情、确认的有关材料作为征地报批的必备材料"，"征地补偿安置不落实的，不得强行使用被征土地"。但一些地方在执行过程中违反程序的问题仍很突出，因程序违法而引发的冲突县全目焚事件时有发生。设计新的征地制度，必须把严格征地程序作为重要内容。特别是要强调两点：第一，禁止用地方参与征地、拆迁活动。土地征收与补偿工作应由市、县级人民政府指定的机构组织实施，该机构不得以营利为目的。不得采取暴力、威胁或者断水、断电、断路等方式征收农民土地、拆迁农民房屋。征收与补偿工作没有结束之前，用地方不得使用该宗土地。第二，禁止行政强征、强拆。建立和完善征地补偿争议协调和裁决机制。只有当被征收人在法定期限内不申请行政复议或不提起行政诉讼，在征收决定规定的期限内又不腾地、搬迁的，才能由作出征收决定的市、县级人民政府依法申请人民法院强制执行。

二、不能征的地如何进入城镇化

我国城镇化进程远未结束，今后不可避免地还要继续占用部分农村集体土地。除公共利益项目可以继续通过征收获得农村集体土地外，其他非公共利益项目如何获得农村集体土地，也是推进征地制度改革必须回答的问题。我们的看法和建议是：

第一，加强规划管制。以土地转性为国家所有才能进入城市化建设的制度安排，有当时的历史条件，现在不宜继续坚持下去了。按"严格界定公共利益、缩小征地范围"的改革思路，今后城市非公共利益项目需要使用农村集体土地时，不能再通过征收获得土地。我们主张，农村集体土地可以在不改变所有制性质的条件下，直接进入城市化建设。实际上，目前城市建成区内已经存在着大量集体土地，这些集体土地上的建设项目已经成为城市的重要组成部分，今后不可能征为国家所有，如北京的温都水城、50 个城郊重点村改造中的公租房。关键在于加强规划管制，增强土地利用规划和城市建设规划的约束力，一切农用地转为建设用地都必须依法获得批准，一切城市规划区内的建设项目都必须依法获得建设规划许可。只要有了这两条，并严格执行，就可以防止滥占耕地、私搭乱建。

第二，多种方式进入。让农民直接分享土地开发收益，是缩小征地范围的本意，也是改革的方向。十七届三中全会已经明确，"在土地利用规划确定的城镇建设用地范围外，经批准占用农村集体土地建设非公益性项目，允许农民依法通过多种方式参与开发经营并保障农民合法权益。"我们主张，在土地利用规划确定的城镇建设用地范围内，经批准占用农村集体土地建设非公益性项目，也应当允许农民依法通过多种方式参与开发经营。否则，"缩小征地范围"就失去意义，征地制度改革也无从谈起。参与的方式，可以是土地使用权入股，也可以是土地使用权出租、转让。

第三，**建立城乡统一的建设用地市场**。十七届三中全会明确要求，"逐步建立城乡统一的建设用地市场，对依法取得的农村集体经营性建设用地，必须通过统一有形的土地市场、以公开规范的方式转让土地使用权，在符合规划的前提下与国有土地享有平等权益"。这是一个重大突破，也是必须坚持的改革方向。建立城乡统一的建设用地市场，既是促进存量农村集体建设用地使用权流转的需要，也是城镇化新占用农村集体土地的土地使用权定价的需要。城乡建设用地市场，或者说国有与集体建设用地使用权市场，应实现"四统一"：出让方式要统一，都必须通过招拍挂等方式公开规范出让；出让年限要统一，按照居住、工业、商业等不同用途分别制定城乡统一的最高出让年限；出让价格要统一，由市场形成价格，确保同等条件的国有与集体土地使用权具有同等的出让价格，实现同地同价；出让场所要统一，都必须在统一有形的土地市场转让。

三、审慎应对可能出现的质疑

以上我们关于征地制度改革的构想还是粗线条的。推进这项改革，会牵一发而动全身。站在不同立场和不同角度，会提出各种各样的质疑。以下几个尤其需要审慎应对：

（一）**土地成本大幅提高以后，会不会影响工业化城镇化？** 在旧的征地制度下，通过低价征地、低价或零地价出让，增强了招商引资的吸引力；通过低价征地、无偿划拨，降低了城市基础设施建设成本；通过低价征地、高价出让，形成所谓的土地财政，为城市建设开辟了资金来源。但我国经济发展已进入一个新的阶段，不能再靠牺牲农民利益推进工业化城镇化。推行新的征地制度，无疑要调整土地收益分配关系。通过转变经济发展方式、调整产业结构、节约集约用地、减少城市建设中的各种铺张浪费、征收房产税等途径，可以消化用地成本的增加。

（二）**允许农村集体土地进入城市化建设，会不会导致土地管理失控？** 土地是否能得到有效管理，关键在于用途和规划管制是否得到严格执行，与所有制性质没有必然联系。在土地私有制国家，由于有健全的土地法制，土地管理并没有失控。近年来我国土地执法检查结果表明，恰恰是地方政府和重大工程项目土地违法较为普遍。应该相信，政府管农民，会比政府管自己更严厉有效。

（三）让农民直接分享土地开发收益，会不会产生新的不公平？随着城市向外扩展，城郊农民的土地会显著增值。这种增值是因用途改变而产生的，并不是农民劳动创造的。有人因此主张"涨价归公"，把这种增值收归社会大众所有。但需要指出的是，土地增值收益如何在农民与社会大众之间分割才公平合理，并没有放之四海而皆准的做法。在允许生产要素参与分配、保护农民土地财产权利的前提下，通过税收调节，可以一定程度上缓解这一矛盾。

（2011 年 5 月）

改革征地补偿制度的补充建议

在当前关于征地制度改革的讨论中，一个焦点问题是：征收集体土地到底应如何补偿，是继续坚持"按原用途补偿"，还是"大幅度提高农民在土地增值收益中的分配比例"？这既关系到农民土地财产权利维护，又关系到工业化城镇化发展。我们认为，我国工业化已进入中后期，城镇化已迈过 50% 的关键点，不能再靠牺牲农民土地财产权利降低工业化城镇化成本，有必要、也有条件让农民以市场化的方式参与土地增值收益分配。这应作为制定集体土地征收条例的一个重要原则。

一、"按原用途补偿"已不合时宜

《土地管理法》第四十七条规定："征收土地的，按照被征收土地的原用途给予补偿"。这个规定的要害在于，农民作为土地所有者，不能占有甚至分享土地改变用途后产生的增值收益。这是现行征地制度的核心之一，也是争议最大的问题之一。之所以如此规定，据称有两个主要理由：第一，土地因改变用途而产生的增值，不是土地所有者的劳动成果，而是规划、用途管制和经济社会发展的产物，应归全社会所有，即"涨价归公"。第二，有利于降低工业化、城镇化的用地成本，促进现代化建设更快发展。

这两个理由现在还站得住脚吗？先看第一个理由。在工业化、城市化的早期阶段，因地价急剧上涨，土地所有者的财富迅速膨胀，确有一些激进的思想家主张通过"涨价归公"以遏制土地投机、控制贫富差距。但这仅仅是当时的一种思想潮流，并没有变为多数国家的制度安排。即使在"涨价归公"思想最为盛行的台湾地区，也没有规定按原用途确定土地价格，而是允许市场形成土地价格，对超过规定地价的部分征收土地增值税，最高税率也已由 20 世纪 50 年代初期的 90% 下降至目前的 40%。为反驳"涨价归公"论，一些经济学家提出了许多质疑：如果"涨价归公"，那么跌价归谁；如果土地涨价归公，那么大白菜涨价是否也要归公；一只古碗过去仅用来吃饭，现在作为古玩上市，难道还是以它原来用来吃饭的用途来定价吗。应该说，在成熟的市场经济中，没有比市场机制更公平合理的资产定价办法了。

再看第二个理由。在我国工业化城镇化的早期阶段，按原用途补偿失地农民，再以划拨方式向建设项目供地，确实降低了工业和城市建设成本。自 20 世纪 90 年代开始实行国有土地有偿使用制度改革后，引入招、拍、挂等有偿出让方式，建设项目、特别是房地产项目的土地成本快速上升。这时，按原用途补偿并没有起到降低工业化、城镇化成本的作用，城市地价和房价越来越高。所不同的是，企业向国家拿地的价格，与国家向农民拿地的价格之间出现巨大价差，形成巨额的国有土地出让收益。1999 年，全国国有土地出让金收入 514 亿元，相当于当年地方财政本级收入的 9.2%；2011 年，这两个指标分别上升到 31,140 亿元和 59.4%（见表 1）。即便剔除土地征收和开发成本，地方政府获取的土地纯收益也极为可观。土地出让收益的产生和膨胀，使地方政府有更多资金开展基础设施建设，客观上促进了工业化、城市化发展。但这也加剧了地方"多征地、多卖地"的冲动。特别是国有土地使用权实行批租制，把未来几十年的土地收益变现供当下使用，更加调动了地方政府"经营土地"的积极性。地方政府本应是土地管理者，但却承担土地经营者角色，这使地方政府不可能忠实地执行土地管理法和中央土地政策。多次土地执法检查均表明，地方政府已成为最主要的土地违法者。

尤其需要注意的是，按原用途补偿越来越难以满足农民的期望值。分析各地征地引发的上访或群体性事件的形成原因，固然有程序不当、补偿资金不到位等因素，但主要是被征地农民嫌补偿标准太低。大量事例表明，农民往往并不与土地用于农业所能产生的收益进行比较，而是与周边国有土地出让价格、开发商获得的巨额收益进行比较。

二、实践中对"按原用途补偿"的突破

从 1958 年颁布实施的《国家建设征用土地办法》，到 1982 年颁布实施的

《国家建设征用土地条例》，再到 1998 年修订后的《土地管理法》，土地补偿费和安置补助费的标准在逐步提高，但"按原用途补偿"的核心原则一直没有改变。实际上，农民已经在通过多种途径分享农地转用产生的增值收益。

一是多数地方征地补偿已超过了原用途所可能产生的收益。目前多数地方征收农用地的土地补偿费与安置补助费之和，已超过了年产值 30 倍的上限，也超过了年纯收益或年租金收入的贴现值。超出部分，来自农地转用后产生的增值收益。特别是《国务院关于深化改革严格土地管理的决定》（国发〔2004〕28 号）提出，"土地补偿费和安置补助费的总和达到法定上限，尚不足以使被征地农民保持原有生活水平的，当地人民政府可以用国有土地有偿使用收入予以补贴"。这实际上就是让农民分享土地增值收益。

二是留用地开发。在征地制度改革试点中，一些地方将部分征收土地返还给被征地村集体，由他们按照城市建设规划，自行开发工商业项目。这部分留用地的增值收益实际上归了村集体成员共同所有。近年来，一些特大城市为解决"城中村"改造资金不足问题，允许"城中村"集体将部分腾退出来的土地开发成商品房或公租房向社会出售、出租，这部分土地的增值收益用在了"城中村"农民身上。

三是广泛存在的灰色地带。由于农用地转为建设用地存在巨大利益、集体建设用地与国有建设用地权利不对等，农民和农村集体经济组织以多种方式获取土地增值收益。例如，《物权法》规定"宅基地使用权人依法对集体所有的土地享有占有和使用的权利"，并没有将收益权、处分权赋予宅基地使用权人，但城郊农民出租甚至向非本集体经济组织成员出售农房的现象极为普遍。再如，在近年来的快速城市化进程中，一些地方利用城郊农村宅基地甚至农用地，兴建面向社会的"小产权房"、"联建房"，农民和村集体获得了本应由城市政府获得的土地出让收益。对这些法外现象，尽管一再禁止，但却禁而不绝。

三、按市价征地的思路和建议

实现"大幅度提高农民在土地增值收益中的分配比例"，要求从"按原用途补偿"，转向按市价征地。这是一场深刻的利益调整，必须周密部署、稳妥进行。我们的思路和建议是：

（一）根据"同地同价"原则确定土地征收价格。在合理界定公共利益、缩小征地范围的基础上，参照被征收地块周边同等条件土地的市场价格，确定土地征收价格；被征收土地是根据项目的公共利益属性作出征收决定的，应按征收价格、规定用途向项目方直接供地。为此，一要进一步发育土地市场，为确定征地价格提供合理参照。按市价补偿，前提是要有充分发育的建设用地市场。现有国有建设用地土地使用权市场，是国家垄断供给下的非均衡市场，房地产用地价格畸高、工业用地价格畸低。应按十七届三中全会精神，"逐步建立城乡统一的建设用地市场"，依法取得的农村集体经营性建设用地"在符合规划的前提下与国有土地享有平等权益"。二要重新确定各类公益性建设项目的投资标准，将土地成本打足。通过提高用地成本，促进节约集约用地，减少土地浪费；促进项目管理，减少跑冒滴漏。

（二）确定基准地价，对增值部分按一定比例征税。主张按市场地价确定征地补偿，并不意味着农用地转为建设用地产生的增值收益全归农民。为体现农民"分享"而不是"独占"土地增值收益，可考虑按原用途确定基准地价，对市场地价超出的部分（即"涨价"部分）按一定比例征收土地增值税。台湾的做法值得借鉴。台湾各县（市）地方政府需要依法公布辖区内每一块登记土地的评估价格：每三年公布一次各地块的"公告地价"，用于按年课征地价税；每年公布一次各地块的"公告土地现值"，主要用于房地产转让或设定典权时课征土地增值税、计算征地补偿。征地补偿一般要"加成"，例如"加四成"意指征地价格要比"公告土地现值"增加40%，具体的征地加成数，由各县（市）政府同时公告之。台湾有"一地三价"之说：市场地价，公告地价，公告土地现值。2010年，台湾"公告地价"平均为市场地价的21.96%，"公告土地现值"平均为市场地价的79.29%。

（三）为"国有土地使用权出让金收入"寻找替代来源。缩小征地范围、按市场地价确定征地补偿，最大阻力可能来自地方政府。因为如此改革，必然革掉"国有土地使用权出让金收入"。而从这笔收入的支出结构看，地方政府在城市建设等方面对其多有仰仗（见表2）。为减小改革阻力，必须寻找替代收入来源。除对农地转用的增值部分收取一定比例税收外，应用好用足"土地财政"的其他收入来源（见表3），特别是对城市存量土地交易的增值部分征税。早在1993年，为"规范土地、房地产市场交易秩序，合理调节土地增值收益"，国务院颁布了《土地增值税暂行条例》，要求"转让国有土地使用权、地上的建筑物及其附着物（以下简称转让房地产）并取得收入的单位和个人"，按照转让房地产所取得的增值额和四级超率累进税率缴纳土地增值税。然而，这个条例没有得到严格执行，房地产"涨价"几乎全部"归私"，极大地恶化了全社会的财富分配。近20年来，我们对农地转用和城市房地产"涨价"采取了截然不同的两种态度：对前者严格奉行"涨价归公"，让农民为工业化城镇化作贡献；对后者实行实质上的"涨价归私"，让囤地和炒房者大发横财。现在到了农地转用"涨价"合理归私、适度归公和房地产"涨价"适度归私、合理归公的时候了。建议以1993年颁布的《土地增值税暂行条例》为蓝本，重点完善增值额计算办法，并严格加以施行。这么做，既可以对囤地、炒房的收益进行调节，又可以为城市维护建设筹集必要资金。这比征收房产税更有效。

表1　国有土地使用权出让金收入

年份	国有土地使用权出让金收入（亿元）	地方财政本级收入（亿元）	国有土地使用权出让金收入相当于地方财政本级收入的比重（%）
1999	514	5595	9.2
2000	596	6406	9.3
2001	1296	7803	16.6
2002	2417	8515	28.4
2003	5421	9850	55.0
2004	6412	11,893	53.9
2005	5884	15,101	39.0
2006	8078	18,304	44.1
2007	12,217	23,573	51.8
2008	10,260	27,703	37.0
2009	15,900	32,581	48.8
2010	29,110	40,613	71.7
2011	31,140	52,434	59.4

表2　2011年用国有土地使用权出让金收入安排的支出（亿元）

国有土地使用权出让收入安排的支出总额	32,931.99
其中：1. 征地拆迁补偿等成本性支出	23,629.97
2. 农业土地开发整理和农村基础设施建设以及补助农民等支出	2351.06
3. 用于教育支出	197.46
4. 用于农田水利建设支出	120.35
5. 用于保障性安居工程支出	668.58
6. 按城市房地产管理法规定用于城市建设支出	5964.57

表3　2011年"土地财政"收入来源（亿元）

公共财政收入	城镇土地使用税	1222.26
	土地增值税	2062.61
	耕地占用税	1075.46
政府性基金收入	新增建设用地土地有偿使用费收入	1011.19
	国有土地使用权出让金收入	31,140.42
	国有土地收益基金收入	1093.53
	农业土地开发资金收入	231.86
合　计		37,837.33

（2012年9月）

第五编
农民进了城农业怎么办

中国农业现代化究竟滞后在哪里

一、引言

2012 年 5 月，中国科学院有关专家发布研究报告认为，"我国农业现代化比整体现代化低约 10%"，但"按农业劳动生产率、农业劳动力比例等指标的年代差取平均值计算，截至 2008 年，我国农业水平，比英国、美国和荷兰大约落后 100 多年"。报告发布后引起一些人的质疑：我国农业真的这么落后吗？

诚然，现在强调在工业化、城镇化深入发展中同步推进农业现代化，暗含着一个逻辑前提：我国农业现代化滞后、是现代化建设的短板。但我国农业现代化究竟发展到什么水平，与国内工业化城镇化和国外农业现代化相比究竟滞后在哪里，当前和今后一个时期究竟应在哪个环节下更大工夫？我们认为，我国农业在现代化道路上已迈出较大步伐，在 2002 年以来耕地减少 1 亿多亩、农业劳动力减少 1 亿多人的情况下，粮食产量增加 1 亿多吨，其他主要农产品全面增产，较好地支撑了工业化、城镇化发展，在农业问题上我们不必妄自菲薄；需要高度重视的是，劳动生产率过低已成为我国农业现代化滞后的突出标志，应把通过体制机制创新持续释放农业剩余劳动力、扩大农业经营规模作为当前和今后一个时期建设现代农业的重要任务。

二、我国农业现代化已进入中期阶段

多数研究认为，目前我国工业化已进入中后期阶段，城镇化已进入 30%—70% 的中期加速阶段。对农业现代化处于什么发展阶段，没有明确一致的认识，只有"进入加快改造传统农业、走中国特色农业现代化道路的关键时刻"、"从传统农业向现代农业转变"等模糊判断。我们认为，从总体看我国农业现代化已进入中期发展阶段（见表1）。作出这个判断的主要依据是：

——**农业科技进步贡献率超过50%**。技术来源不同、进步速度迥异，是现代农业与传统农业的根本区别。传统农业是经验农业，使用的技术和方法主要依靠经验积累、代际传承，技术进步速度极为缓慢、对农业发展的贡献率很低。现代农业使用的技术主要来自科学实验，更新换代很快，对农业发展的贡献率很高。几十年来，我国主要农作物普遍更换品种5至10次，基本淘汰传统品种，目前粮棉油等主要作物良种覆盖率达95%以上。目前已实现农业现代化的发达国家，农业科技进步贡献率在70%左右。2011年我国农业科技进步贡献率达到53.5%，属于中等偏上水平。

——**农作物耕种收综合机械化率超过50%**。生产工具及其动力来源不同，是现代农业与传统农业的显著区别。传统农业以人力和畜力为主要动力来源。现代农业广泛使用机械。目前已实现农业现代化的发达国家，农作物耕种收综合机械化率接近100%。我国农作物耕种收综合机械化率，已由1980年的21.6%提高到2011年的54.8%，接近中等发达水平。

——**农业中间消耗率超过40%**。传统农业使用的物质投入很少，而且主要来自家庭自产，中间消耗率很低。现代农业是"用商品生产商品"，需要使用较多的商品性投入，中间消耗率较高。多国经验分析表明，随着农业现代化程度提高，农业产出中中间消耗占比趋于上升。从1911/1913到1998/2000年，商品性投入占农业产出的比重，日本从13.4%提高到45%，美国从15.7%提高到52%，法国从12%提高到55%，德国从11.7%提高到65%，英国从33.6%提高到65%。我国农业的中间消耗率由1980年的28.7%上升到2010年的41.5%，达到发达国家上世纪80年代水平。

三、我国农业现代化主要滞后在劳动生产率过低

衡量农业现代化水平的指标很多，除从前述三个指标判断我国农业现代化已进入中期发展阶段外，从土地产出率、单位面积化肥使用量等指标甚至可以判断我国农业现代化已达到发达国家平均水平。但我国农业现代化进展很不平衡，存在不少软肋，最突出的是劳动生产率过低。第一，农业劳动生产率明显

低于国内二三产业。1978 年到 2011 年，我国按现价计算的三次产业劳均增加值，分别从 363 元、2513 元、1785 元提高到 17,941 元、97,850 元、74,504 元，分别增长了 48 倍、38 倍、41 倍，第一产业劳均增加值提高得最快。尽管如此，目前第一产业劳均增加值仍明显低于二三产业。2011 年第一产业劳均增加值仅相当于第二产业的 18%、第三产业的 24%（见表 2）。第二，农业劳动生产率明显低于发达国家水平。据中国科学院专家计算，2008 年我国农业劳动生产率约为世界平均值的 47%、高收入国家平均值的 2%，仅为美国和日本的约 1%，在世界排名第 91 位。按平均每个农业劳动力生产的主要农产品衡量，我国农业劳动生产率更是明显低于发达国家水平。尽管农业比较劳动生产率低，即农业占 GDP 份额低于其就业份额具有普遍性，但我国农业比较劳动生产率明显低于其他国家水平（见表 3）。

农业劳动生产率与资源禀赋、发展阶段和制度安排有关。在我国这种人多地少的国家，农业生产具有劳动密集特征，农业劳动生产率难以与土地资源丰富的国家媲美。但目前我国农业劳动生产率如此之低，不能仅仅归咎于资源禀赋的不利。这明显与我国目前所处发展阶段不相称。一个重要原因在于，长期以来我国农业劳动力转移大大滞后于农业在 GDP 中的份额下降。1952 年至 1978 年，第一产业占 GDP 份额从 50.5% 下降到 28.2%、累计下降 22.3 个百分点，第一产业占就业份额从 83.5% 下降到 70.5%、累计仅下降 13 个百分点，就业份额下降明显慢于 GDP 份额下降。1978 年至 2011 年，第一产业占 GDP 份额从 28.2% 下降到 10.1%、累计下降 18.1 个百分点，第一产业占就业份额从 70.5% 下降到 34.8%、累计下降 35.7 个百分点。虽然 1978 年以来第一产业就业份额下降快于 GDP 份额下降，但截至目前农业就业份额仍明显高于农业 GDP 份额。2011 年，农业的就业份额是其 GDP 份额的 3.4 倍，这意味着农业部门 3.4 个人创造的财富才能抵得上全社会 1 个人创造的财富。尤其需要注意的是，近年来农产品价格上涨较快，延缓了按现价计算的农业 GDP 份额下降步伐。按 2005 年价格计算，2011 年农业增加值占 GDP 的份额仅为 8.5%，农业的就业份额是其 GDP 份额的 4.1 倍，农业部门 4.1 个人创造的财富才能抵得上全社会 1 个人创造的财富（见表 4）。

农业劳动生产率低给经济社会发展带来许多不利影响。一是不利于缩小城乡居民收入差距。农业虽然进入高成本时代，但农业并不是低效益产业。在实体经济中，农业是投资收益率较高的产业。农民务农收入低，问题主要出在经营规模太小，就业不充分。增加农民务农收入，不仅要靠提高农产品价格、增加农业补贴，更重要的是靠扩大农业经营规模、提高劳动生产率。只有缩小农业与二三产业之间的劳动生产率差距，才能从根本上缩小城乡居民收入差距。二是不利于提高农产品国际竞争力。由于劳动生产率低，我国农产品亩成本中人工成本的绝对额和占比均明显高于发达国家，严重影响到我国农产品的国际竞争力。据国务院发展研究中心专家计算，2009 年稻谷、小麦、玉米、大豆、棉花等农产品，亩人工成本中国比美国高 2—11 倍，亩成本中人工成本占比中国比美国高 16—43 个百分点（见表 5）。三是不利于保持工业和服务业的竞争优势。劳动力资源丰富、工资成本低是我国工业和服务业的重要竞争优势，近年来这一优势在衰减。农民工工资水平提高本身是一件好事，但对工业和服务业发展的影响也不容忽视。不断提高农业劳动生产率、持续释放农业剩余劳动力，可以把工业和服务业的低成本竞争优势延续得更长久一些。

四、创造条件"让更少的人种更多的地"

中央已对现代农业建设进行了全面部署，2007 年中央 1 号文件提出了"六用、三提高"的整体思路，即：用现代物质条件装备农业，用现代科学技术改造农业，用现代产业体系提升农业，用现代经营形式推进农业，用现代发展理念引领农业，用培养新型农民发展农业，提高农业水利化、机械化和信息化水平，提高土地产出率、资源利用率和农业劳动生产率，提高农业素质、效益和竞争力。2012 年初，国务院首次发布了全国现代农业发展规划。我们感到，在按中央部署全面推进现代农业建设的同时，应根据产业间、国家间的比较，找准我国农业的最薄弱环节，有针对性地下工夫，使我国农业现代化更好地跟上工业化、城镇化步伐。

（一）统筹处理好"三率"关系。作为人多地少的国家，在农业现代化的初期发展阶段毫无疑问应把提高土地产出率放在优先位置。经过多年努力，我国土地产出率有了很大提高，耕地复种指数、单位面积产量已处于世界领先水平。近年来在提高农业资源利用率方面也加大了力度，"十一五"新增工程节水灌溉面积 8500 万亩，农业灌溉用水有效利用系数从 0.45 提高到 0.50，2011年灌溉面积占耕地面积的比重首次超过 50%；引进优良畜禽品种、发展饲料工业、推广测土配方施肥、提倡专业化统防统治，逐步提高饲料报酬率、化肥和农药有效利用率。在农业现代化的中期发展阶段，应继续提高土地产出率、资源利用率，同时要把提高农业劳动生产率提上日程。通过提高农业劳动生产率，巩固在土地产出率、资源利用率方面取得的成果，努力实现"三率"协调提升，应是中国特色农业现代化的突出特征。

（二）逐步扩大农业人均资源占有量。这是提高农业劳动生产率最根本的出路。近年来我国养殖业正在经历深刻转型，规模经营发展很快，劳动生产率明显提高。提高农业劳动生产率，难在种植业。耕地资源分散在 2.6 亿个农户、户均不到 0.5 公顷，而耕地又难以流转和集中。目前农村户籍劳动力的转移就业率超过 50%，耕地流转率仅为 17% 左右。这导致农户兼业化、农业副业化、劳力老龄化问题越来越突出。应对耕地规模经营持更加积极的姿态，从多方面采取措施促进耕地流转和集中：一要转变人口城镇化模式，促进农民工市民化。"就业吸纳、保障排斥，经济吸纳、社会排斥"的农民工进城模式，使他们难以在城市扎根，始终抱着"最终要回去"的念头。这不仅不利于工业化城镇化的持续健康发展，也不利于农民工最终退出农业、转出土地、走出农村。二要转变"土地是农民最可靠保障"的传统观念。在社会保障制度缺失情况下，土地确实是农民最可靠保障。随着新农保等社会保障制度的建立健全，土地承载的社会保障功能在淡出，生产要素功能在强化。三要提倡和促进耕地长期流转。既要强调保护进城农民工的土地承包经营权，尽快落实"长久不变"的要求，又要引导他们依法自愿有偿流转承包地，尤其是签订长期流转合同。提倡有条件的地方对转出土地的农户给予奖励。从长远看，应赋予进城农民工对承包地的处置权，为耕地以市场化方式适度集中提供制度保障。一个农户，仅有不到半公顷的"准自有土地"，扩大经营规模所需土地只能靠短期"流转"，而"流转"的土地随时有被收走的可能，是不可能下本钱搞农业基础设施建设的，更不可能成长为现代家庭农场。只有流转机制、没有买卖机制是不够的。既要防止土地大规模兼并、产生大地主，又要防止小块土地所有制稳固化。四要转变"农业天然适合家庭经营"的传统认识。很多人认为，农业生产是自然再生产与经济再生产的交织，劳动成果显现滞后，劳动监督成本很高，实行家庭经营可以利用亲情关系降低监督成本，并认为这是 30 年前家庭承包经营之所以能够成功取代生产队集体经营的根本原因。实际上随着农业生产作业的简便化、标准化和技术的组装化，以及内部管理的改进，雇工经营的家庭农场、土地合作社、合作制农场、公司制农场等农业经营形式的效率并不低于家庭经营。五要转变合作社可以克服小规模兼业农业弊端的传统认识。合作社可以发挥一定作用，但无法从根本上解决劳动生产率低的问题。六要加强农业物质技术装备。特别是农业机械化。这是扩大农业经营规模的必备条件。七要培育现代农业经营主体。经营规模扩大以后必须有合格的经营者。

（三）应按比较优势原则调整农业生产结构。衡量农业劳动生产率有两个标准，一是劳均生产的农产品数量，二是劳均创造的农业增加值。扩大农业人均资源占有量对这两个方面都有帮助，但要看到，在劳均农产品产量方面我们永远也不可能追上北美等土地资源丰富国家，我们应在劳均农业增加值方面比高低。为此，一要积极发展高附加值农业。人均农产品产量不一定很高，但人均农业增加值应该很高。随着农产品自给率下降，我们应生产"更贵"的农产品，进口"廉价"农产品。要引导消费者增强对国产、地产农产品的信心。目前，一些地方的消费者愿意为地产农产品付更高的价格，随着收入水平提高今后国内消费者对国产农产品也一定会愿意付更高价格。日本国民对国产大米、牛肉、蔬菜等农产品愿意接受比国际市场高得多的价格，一些国家正在提倡"当地生产、当地消费"，这些都可以给我们深刻启示。二要延长农业产业链条。总结一些地方推进"接二连三"的做法，借鉴日本发展"六次产业"的理念，积极发展农产品加工业和农业服务业、物流、观光，提高农业的就业容量。

（四）妥善安置好释放出来的农业剩余劳动力。扩大农业人均资源占有量，在"分子"（耕地）难以扩大的情况下，唯一的出路是减小"分母"（农业劳动力）。我国农业剩余劳动力转移已取得很大进展。从 2003 年起，农业就业份额稳定地下降到 50% 以下，9 年累计下降 15.2 个百分点；农业就业人数稳定地减少，9 年累计减少 10046 万人。我国三次产业就业份额排序，1994 年实现了从"一、二、三"向"一、三、二"的转换，第三产业首次超过第二产业；2011 年实现了向"三、一、二"的转换，第三产业首次超过第一产业；最终将向"三、二、一"转换，第一产业退居末位。目前我国农业就业人数和份额仍然偏高，还有很大的转移空间。需要注意的是，农业剩余劳动力转移到目前这种程度后已不再是"无限供给"，剩下的多为"4050"人员，缺乏非农就业技能。如不采取有效应对举措，可能陷入胶着状态：一方面农业劳动力数量仍然偏多、利用不充分，另一方面这些人难以转移出来。为此，一要加强就业技能培训。继续组织实施好现有农村劳动力转移就业和自主创业培训工程，扩大培训规模，提高针对性和实用性。二要加强就业服务。江苏省太仓市在促进土地向规模经营集中、农民向小城镇和中心村集中的过程中发现，尽管当地二三产业发达、就业机会多，但释放出来的"4050"人员仍然难以实现稳定就业。他们把这些人组织起来，建立劳务合作社，通过劳务派遣的方式，为这些转移出来的劳动力提供就业机会。这类做法值得借鉴和推广。

表1　农业现代化阶段划分

主要指标	传统农业阶段(1)	农业现代化实现阶段			后农业现代化阶段(5)	2011年实际值
		初期(2)	中期(3)	后期(4)		
农业GDP份额	>50%	20%—50%	10%—20%	5%—10%	<5%	10.1%
农业就业份额	>80%	50%—80%	20%—50%	6%—20%	<6%	34.8%
农业科技进步贡献率	<5%	5%—30%	30%—60%	60%—80%	>80%	53.5%
农业机械化率	<5%	5%—30%	30%—60%	60%—80%	>80%	54.8%
农业中间消耗率	<10%	10%—20%	20%—40%	40%—50%	>50%	41.5%

注：1.农业现代化阶段划分，系根据中国农业科学院课题组、黄德林等研究成果，经本文作者补充完善后确定；2.农业中间消耗率为2010年数

表2　中国三次产业比较劳动生产率

年份	第一产业	第二产业	第三产业
1981	0.47	2.52	1.62
1991	0.41	1.95	1.78
2001	0.30	2.02	1.46
2011	0.29	1.59	1.21

注：比较劳动生产率=GDP份额/就业份额

表 3　2007 年部分国家农业比较劳动生产率

	第一产业就业份额	第一产业 GDP 份额	比较劳动生产率
中国	40.8	10.8	0.26
孟加拉国	48.1a	18.9	0.39
柬埔寨	39.8b	34.6d	0.87
印度尼西亚	41.2	13.8	0.33
伊朗	22.8	9	0.39
日本	4.2	1.5	0.36
哈萨克斯坦	33.5b	6.6	0.20
韩国	7.4	3	0.41
马来西亚	14.8	8.5	0.57
蒙古	37.7	21.1d	0.56
巴基斯坦	43.6	19.6	0.45
菲律宾	36.1	13.5	0.37
新加坡	1.1	0.1	0.09
斯里兰卡	31.3	11.7	0.37
泰国	41.7	10.8	0.26
越南	57.9a	22e	0.38
埃及	31.2c	13	0.42
南非	8.8	2.7	0.31
墨西哥	13.5	3.6	0.27
美国	1.4	1.3	0.93
阿根廷	0.8c	9.8d	12.25
巴西	19.3c	4.9	0.25
捷克	3.6	2.3e	0.64
法国	3.4	2d	0.59
德国	2.2	0.9d	0.41
意大利	4	2d	0.50
荷兰	3	1.7d	0.57
波兰	14.7	4.3	0.29
俄罗斯联邦	9	4.8	0.53
西班牙	4.5	2.8d	0.62
土耳其	26.4	8.9	0.34
乌克兰	16.7	7.4	0.44
英国	1.4	0.7d	0.50
澳大利亚	3.4	2.6d	0.76

注：中国数据系根据中国统计年鉴，其他国家数据来自世界银行数据库，a 为 2004 年数、b 为 2005 年数、c 为 2006 年数、d 为 2008 年数、e 为 2009 年数

表4 农业增加值占国内生产总值的份额

年份	按当年价格计算	按上年价格计算	按2005年价格计算
2006	11.11	11.29	11.3
2007	10.77	10.09	10.27
2008	10.73	10.36	9.87
2009	10.33	10.24	9.41
2010	10.10	9.76	8.89
2011	10.12	9.66	8.51

资料来源：中国社会科学院农村发展研究所、国家统计局农村社会经济调查司，2012：《中国农村经济形势分析与预测（2011-2012)》

表5 2009年中美农产品亩人工成本比较

品种	人工成本（元/亩）		人工成本占比（%）	
	中国	美国	中国	美国
稻谷	226.82	73.7	33.2	7.8
小麦	145.64	29.88	25.7	9.2
玉米	192.61	31.59	35	5.1
大豆	103.53	21.29	27.4	5.3
棉花	568.18	45.42	50.2	6.9

资料来源：韩俊、何宇鹏，2010："近年来我国农业人工成本变动特点分析及建议"

（2012年8月）

工业化中后期
推进现代农业建设面临的重大选择

现代农业建设贯穿工业化全过程。在工业化的不同阶段，推进现代农业建设面临的约束条件不同，需要作出的选择也不一样。总体看，我国目前已进入工业化中后期阶段。与工业化初期相比，在工业化中后期推进现代农业建设，需要作出一系列新的重大选择。

一、小与大

继续维持小规模经营还是更加积极地发展适度规模经营，是工业化中后期推进现代农业建设首先面临的一个选择。发展现代农业，很重要的一个方面是要用现代经营形式推进农业，很难设想在"家家包地、户户种田"的基础上可以建设起现代农业，很难设想"千家万户对八国联军、提篮小卖对跨国公司"可以取得胜利。实行第一轮土地承包20多年了，"家家包地、户户种田"的局面基本没有变化。2.45亿个农户，户均7.4亩地，四五个地块，远近搭配、肥瘦搭配，可以称得上是世界最小规模农业，是典型的超级小农。

对农业经营体制，20多年来争论不休，一直在不断探索之中，除主流的"以家庭承包经营为基础、统分结合的双层经营体制"外，还有"两田制"、"返租倒包"、土地股份合作制、引导大中型工商企业进入农业大面积长期租赁经营、发展公司制农业等等，但名声好、农民认可的不多。主流立场是寄希望于农民依法、自愿、有偿流转土地，通过市场化自发流转逐步扩大农业经营规模。

然而，目前各地土地流转率很低，实际上流不动。全国土地流转率约4%—5%。到2005年底，黑龙江土地流转1524万亩，占农村承包地面积的11.4%；安徽流转面积589万亩，其中耕地351.5万亩，占全省耕地5.5%；河北农村土地流转面积383.3万亩，约占耕地的4%，涉及60万户，占4.4%；河南农户承包地流转面积为210.8万亩，占耕地面积的2.34%，涉及农户55万户，占2.8%；贵州为71.5万亩，占承包耕地的2.94%；云南承包耕地流转面积81.7万亩，占耕地面积的2.2%。截至2006年6月，浙江全省有189.92万户流转出土地355.08万亩,占全省家庭承包经营总农户的20%，占总承包耕地面积的17.9%，土地流转中，转包的占57.3%，租赁的占26.9%，转让的占4.43%；到2006年上半年，重庆全市共流转土地138万亩,占承包土地面积的7.58%。

一般认为，农业经营规模特别是土地经营规模从"小"到"大"有一个过程，是有条件的，主要取决于农民就业结构和收入来源非农化程度的大幅提高。问题在于，这只是必要条件，而非充分条件。也就是说，没有这个条件确实不能"大"，有了这个条件也未必都能"大"。现实生活中，很多地方农业劳动力已大量转移，土地收入的重要性已大大降低，但土地仍流转不起来，经营规模仍是"小"。这中间有很多问题有待解决，关键是三个：

第一，对"以家庭承包经营为基础、统分结合的双层经营体制"应有新的阐发。对这一体制，有人赞不绝口，将其视作党在农村政策的基石，必须毫不动摇地长期坚持，这是主流观点；也有人认为，分得过分，统得不够，潜力已尽，必须另寻出路，要在"统"字上做文章，甚至认为要重走集体化道路，实现所谓的第二次飞跃。双层经营体制的巨大成功，掩盖了它的瑕疵和先天不足，但现行农业双层经营体制的总体框架和根本内核不能变，需要做的是赋予其新的含义和新的解释。"统"，不应局限于原来的"统"；"分"，也不应局限于原来的"分"。早期讲的"统"，是指村集体（主要是生产队）的经营管理行为，如承包合同管理、定购粮和税费任务的完成、各种集资摊派、部分共同生产活动等。早期的讲的"分"，是家家包地、户户种田。现在讲的"统"，更多地表现为社会化服务，表现为农民自愿基础上的合作，表现为龙头企业带动；现在讲的"分"，应是土地流转和规模扩大后的家庭经营、专业农户经营，家家包地的同时不再户户种田。不能把家庭承包经营制度，等同于"谁承包谁经营、家家户户都务农"这种具体的农业经营形态。家家包地、户户务农，是这个制度的第一种实现形式，也是初级实现形式；家庭承包、专业户经营，或家庭承包、合作经营，或家庭承包、公司经营，是这一制度的第二种实现形式。在家庭承包经营基础上建设现代农业，与在"家家包地、户户务农"基础上建设现代农业不是一个概念。新的"分"加新的"统"构成新的双层经营体制，这就是我们所期望的中国现代农业的经营体制。塑造这种新的双层经营体制，要从促进形成新的"分"与新的"统"两方面努力。

第二，以不变应万变，把土地财产权利彻底给农民。不变的，是农民长期而有保障的土地承包经营权；变的，是农村经济社会结构，是土地的具体经营形式。家庭承包经营制度的核心和本质规定在于两点：一是把土地承包经营权和依法流转权给农民，这一点在土地承包法中已有明确规定；二是把农民得到的土地承包经营权彻底物权化，这一点在物权法中并没有得到完全实现，还需要长期努力。土地经营规模变"大"要以农民拥有长期而有保障的土地承包经营权为基础。传统集体所有制的两个基本特征决定了土地难以流转。这两个基本特征是：成员权与代理问题。从第一个特征看，身份在集体，集体资产就有你一份，资产不能随你进城。非制度性离开社区的人，没有权属感，担心对土地拥有的权利被剥夺，不敢长期地、正式地流转土地，土地税费负担重的时候如此，土地税费负担取消后更是如此。从第二个特征看，土地是集体的，村干部动辄以集体的名义行使所有权，产生所谓代理问题。流转的前提是稳定，放弃的前提是拥有。要想促进土地流转，促进土地出让，必须把更多的土地权利界定给农民。一些专家主张，在保留集体所有制的基础上，逐步收缩集体所有权的权能范围，逐步强化农户承包经营权的权能范围，最终建立田底权与田面权相结合的土地产权结构，重建土地个人所有制。这种构想值得重视。只要严格实行农地农有、农地农用，就不会发生大规模土地兼并，就不必担心出现大规模的"不在地主"。实际上，对承包地的承包经营权，政治领导人已做出"30年不变、30年以后也没有必要变"的政治承诺，土地承包法和物权法都已把农地的多数权能授予给了农民，如耕地、草地、林地"承包期届满，由土地承包经营权人按照国家有关规定继续承包"（这实际上已接近永佃制），"土地承包经营权人……有权将土地承包经营权采取转包、互换、转让等方式流转"（这是较为宽泛的处置权），"通过招标、拍卖、公开协商等方式承包荒地等农村土地……其土地承包经营权可以转让、入股、抵押或者以其他方式流转"（竞包的荒地处置权比均包的耕地、草地、林地处置权放得更开一些）。既然已经走到这一步，为什么不再向前迈一步，把重建土地个人所有制的另一只靴子也脱掉？据一些人的解释，主要是考虑到目前我国农村社会保障体系尚未全面建立，土地承包经营权和宅基地使用权是农民安身立命之本，从全国范围看，现在放开土地承包经营权和宅基地使用权的转让与抵押的条件尚不成熟。实际上，把土地财产权利放在农民手中，比放在村集体手中更安全。

第三，对公司制农业的生命力和发展空间应有理性估计。无论在人少地多的美国，还是人多地少的日本，既有家庭农场农业，也有公司制农业。目前国内一些地方也有成功的公司制农业。这表明，虽然农业的产业特性决定农业天然适合家庭经营，但公司制农业确实有一定的适用范围。农户农业有其比较优势，例如，农户农业生产过程中的监督成本低、激励更直接，如同妈妈看护婴儿比保姆看护婴儿更精心；公司制农业也有其比较优势，例如，有利于推行标准化生产、可以有效控制原料农产品的质量和货源，如福建圣农集团、青岛九联集团。发展公司制农业要注意适用范围。肉鸡、蛋鸡、出口蔬菜等行业，适合发展公司制农业。发展公司制农业有一系列问题有待解决。例如，承包地承包经营权作价入股问题。按照物权法，农民获得的承包经营权是一种用益物权，市场流动性不足，因而市场无法定价，农民如何以此作价入股、会计师事务所如何对包括土地承包经营权作价在内的注册资本验资？又如，风险防范问题。通过建立中小企业风险防范体系，可以防范农业公司的贷款风险；通过限定龙头企业控股的农业公司对农民入股土地的处置权限，规定不得改变用途、不得抵押，为预防农民失去土地设置防火墙，可以防范农民作价入股的土地承包经营权的风险；但对经营风险、自然灾害风险，缺乏防范手段。再如，龙头公司与农民公司利益如何协调。龙头公司希望农民公司负起经济和法律责任、是个负责任和讲诚信的市场主体，龙头公司应当出钱支持农民公司参保，支持农民公司参股龙头公司；农民公司壮大后，龙头公司的作用如何继续发挥，也是个问题。还如，农民公司如采行股份有限责任公司形式，如何解决发起人不超过50名的限制。发起人少达不到规模经营目标，要实现规模经营则要突破50人之限。

创新土地制度，技术层面需要解决的问题包括：土地承包经营权的权能范围如何扩大，土地承包法、物权法都没有完全解决这个问题；土地流转价格如何形成，农户承包地高度分散，承包地非均质，土地质量等级亟待标准化；土地流转如何规范，是否需要坚持"农地农用、农地农有"，以防耕地减少、土地兼并。总之，农业规模经营问题十分复杂，是多年来没有很好解决的一个问题，也是各方面认识和分歧比较大的一个问题。推进现代农业建设，把这个问题再次凸显出来，这是对决策智慧的一次严峻考验。

二、人与机

在工业化初期农村劳动力大量富余的条件下，我国一度作出推进农业机械化的错误选择。正因为如此，进入工业化中后期、农村富余劳动力已有很大减少的条件下，却又因噎废食，对农业机械化的必要性和紧迫性缺乏足够认识。

农村劳动力转移已到刘易斯拐点，即已从工业化初期阶段的"无限供给"转向中后期阶段的"结构剩余"。农村富余劳动力转移的"无限供给"，是指农村劳动力绝对过剩。这有三个基本特征：一是农村富余劳动力可以源源不断地向外转移，二是农村富余劳动力转移就业的工资水平仅能维持其基本生存所需，三是农村富余劳动力向外转移不会导致农业生产下降。经过 20 多年持续向外转移，我国多数地方农村劳动力剩余程度已有很大改变，不再具备这三个经典的"无限供给"特征。总体而言，目前及今后一个时期，我国农村劳动力呈现"结构剩余"状态。2006 年年底，全国第一产业就业人数为 32,561 万人。按多数专家意见，在现有物质技术装备条件下，农业仅需要 1.8 亿人，农业中仍有 1.5 亿人过剩。

问题在于，这种过剩具有明显的结构性特征：（一）从构成来看，主要是中老年劳动力过剩。多数地方每年新增的青年劳动力基本向外转移，留在农村的主要是中老年劳动力。不少地方田间已见不到青壮年劳动力。据国务院发展研究中心课题组 2006 年对 2749 个行政村的调查，约 3/4 的村反映本村能够外出打工的青年劳动力都已经出去了，只有 1/4 的村认为本村还有青壮年劳动力可转移。另据四川省农牧厅调查，全省在家务农人员，小学文化程度的占58.2%，大多数为妇女，且 50 岁以上的占 40%。（二）从形态来看，主要是季节性过剩。农村劳动力过剩主要表现为有效就业时间短，常年性过剩越来越少。每到农忙季节，不少地方农村劳力紧缺。（三）从区域来看，主要是西部边远地区过剩。目前呈现常年性过剩的劳动力主要分布在西部边远地区，这些地方由于语言、生活习惯等原因，还有部分青壮年劳动力没有转移出去。总之，如果真的继续向农外转移 1.5 亿劳动力，而农业的物质技术装备条件又没有大的改观，中国农业将是一种什么景象？

农村富余劳动力从"无限供给"转向"结构剩余"，是我国持续了多年的二元经济结构开始发生实质性变化的重要拐点和重大标志。这个变化的政策启示是，应把提高农业劳动生产率作为发展现代农业的重要目标。在工业化中后期阶段，虽然农业比较劳动生产率仍然大大低于非农产业，但要继续从农业中释放出劳动力转向非农产业部门，并且使农业产出能力继续得以提高，就需要注重在农业中推进劳动替代技术，提高农业生产的机械化水平。这与工业化初期的农业技术进步路线有明显差异。目前我国农业中耕地、播种、收获综合机械化水平仅 38%，小麦机播和机收水平均超过 80%，但水稻栽植和收获的机械化水平分别只有 10% 和 40%，玉米机播和机收水平分别为 58% 和 5%。一些地方由于缺乏劳动力，农业生产的集约程度明显下降，如改两季为一季、减少田间管理等，农民称之为"撂暗荒"。针对这种情况，现阶段发展现代农业，除应当继续着力提高土地产出率和农业综合生产能力外，还应当特别注重提高农业机械化水平，当前尤其应提高重点作物、重要农时的作业机械化程度，以释放出更多的全日制劳动力。

工业化中后期，在推进农业机械化的同时，要加强其他物质技术装备建设。经验分析表明，从传统农业向现代农业转变的重要标志之一，是农业物质投入占农业产出的比重不断上升。哈佛大学著名经济学家钱纳里等人曾做过一项研究，农业产出中物质消耗所占比重与经济发展水平呈正相关。在人均国民生产总值 140、280、360、1120 和 2100 美元（1965 年美元）五个发展阶段，农业的物耗率分别为 30%、40%、50%、60% 和 75%。与此相对照，我国农业目前正处于从传统农业向现代农业转变的过程之中，这一转变过程尚未完成。虽然我国农业中间消耗占农业产出的比重从 1978 年的 27.1%，提高到 2004 年的 41.4%，26 年间增加了 14.3 个百分点，但与发达国家相比还有很大差距。而且从各省之间的比较来看，农业中间消耗占农业产出比重的差异也很明显，如 2004 年上海达到 61.1%、北京为 59.6%，天津为 56.5%，山东、辽宁、吉林在 47.2 至 47.6% 之间，而西藏、重庆仅 29.6%，近似传统自然农业。2004 年我国农业总产值 3.6239 万亿元，中间消耗 1.5014 万亿元，其中物质消耗 1.2811 万亿元。从实物形态看，我国农业投入水平仍很低，边际增产效果仍很明显，多数地区还没有达到报酬递减的临界点。现代农业在很大程度上讲是一种"用商品生产商品"的农业，化肥、农药等商品性投入的增加对现代农业发展起着至关重要的作用。可以预见，在现代农业建设进程中我国农资产品的市场潜力极其可观。

三、出与进

工业化中后期推进现代农业建设面临的另一个重大选择，是继续维持农业在工业化初期实现的外汇贡献者地位，还是有所取舍，更加积极主动地利用国外资源。特别是加入 WTO 以来，我国农产品贸易一改以往长期顺差的局面，已连续三年出现逆差。首度出现农产品贸易逆差的 2004 年就达到 46.4 亿美元，虽经多方努力，2005 年和 2006 年仍分别出现 11.4 亿美元和 6.7 亿美元的逆差。这引起各方广泛关注，人们议论纷纷。我们认为，这既与农业对外开放扩大有关，又是我国工业化进入新的发展阶段的必然反映。

从农产品进口看，加入 WTO 使我国农业对外开放程度空前提高。我国农产品平均关税水平已下降到 15.3%，远低于 62% 的世界农产品平均关税水平，成为世界上农产品关税总水平最低的国家之一。大宗农产品关税配额的准入数量已达到承诺的最终水平。纺织、油脂、橡胶、造纸等工业的快速发展，对相关原料型农产品的进口需求迅速膨胀。从农产品出口看，加入 WTO 后我国农产品出口继续增长，特别是具有比较优势的劳动密集型农产品出口增长明显，但这些具有比较优势的农产品出口面临的困难越来越大。日本实行肯定列表制度和欧盟实行新食品安全法，大幅度扩大了有害物检测范围，并大幅度提高了检测标准，我国蔬菜、水果、水产品等优势农产品的出口空间越来越紧。进出口两个方面的新变化，其结果势必就是农产品贸易出现逆差。

一些人之所以对农产品贸易逆差表现出较大担忧，主要是担心大宗农产品，特别是棉花、大豆进口过多，会影响国内生产的发展。果真如此吗？回答究竟是否影响了国内生产，要从两个方面作出判断：国内实际生产是否下降，国内潜在生产能力的释放是否受到抑止。

从第一个方面来看，棉花、大豆的进口并没有影响国内实际生产。进口增加最多的是棉花,从 2001 年的 11.3 万吨,扩大到 2006 年的 380.6 万吨;其次是大豆,从 2001 年的 1394 万吨,扩大到 2006 年的 2827 万吨。但国内棉花面积 2001 年为 4810 千公顷,2006 年为 5409 千公顷,产量 2001 年为 532 万吨,2006 年为 675 万吨;大豆面积 2001 年为 9482 千公顷,2006 年为 9280 千公顷,产量 2001 年为 1541 万吨、2006 年为 1596 万吨。由此可见,棉花和大豆的进口并没有明显替代国内生产。

从第二个方面来看,棉花、大豆的进口,也没有抑止国内潜在生产能力的释放。进一步扩大棉花和大豆的国内生产,受耕地和水资源不足的制约。我国耕地面积在逐年减少,扩大棉花、大豆种植面积,势必要影响其他重要作物的生产。还要注意到,我国的棉花主产区在新疆和华北,而这些地区正是我国水资源最为紧缺的地区,从水资源的角度来看,扩大棉花生产也是不现实的。

站在国家利益的角度看问题,农产品贸易出现逆差并不是一件坏事。首先要看到,这有利于平衡我国国际收支。连年贸易顺差,外汇储备不断增长,已成为我国经济持续健康发展的一个重要影响因素。如何解决这个问题,专家们的建议很多。有人主张,通过提高农民工工资和社会保障水平的途径减少贸易顺差、降低人民币升值压力。我们认为,长期、大量进口资源性农产品也是今后平衡我国国际收支的一条重要途径。

还要看到,进口土地密集型农产品,有利于缓解我国工农业和城乡间的资源争夺矛盾。目前我国正处于工业化城市化快速发展时期,工业和城市仍处于外延扩张阶段,工农业对土地、淡水等资源的争夺很激烈。一方面农业资源要继续大量流向工业和城市,另一方面农业还要支撑工业化城市化对农产品不断增长的需求。促进工业化城市化长期持续发展,除要求农业综合生产能力持续提高外,还要求解决好工农、城乡争资源的问题,为工业化城市化提供更大发展空间。从耕地资源来看,截至 2006 年 10 月 31 日,全国耕地已减少到 18.27 亿亩,比 1996 年的 19.5 亿亩,10 年减少了 1.23 亿亩。国务院要求 18 亿亩的底线要坚守到 2020 年。尽管如此,对耕地资源的争夺将越来越激烈。从水资源来看,农业是用水大户,工农业之间争夺水资源的矛盾日益突出。近年来我国缺水问题一直存在。目前在正常需要和不超采地下水的情况下,正常年份全国缺水将近 400 亿方,400 余座城市供水不足,110 座城市严重缺水。随着城市和生态用水的增加,今后分配给农业的水资源量可能会减少。如果不及早采取有力措施，我国将迎来严重的水危机。解决这些问题，既需要转变工业增长方式、减少资源消耗，转变农业增长方式、提高农业资源生产效率，也需要充分利用国外资源来支撑我国工业化城市化。在耕地、淡水、石油天然气等资源日趋紧缺的中国，进口土地密集型农产品，实际上是在进口耕地、淡水、油气等战略资源。以2006年为例，进口380.6万吨棉花，相当于进口4575万亩耕地；进口2827万吨大豆，相当于进口24,657万亩耕地。今后应当更多地从耕地、淡水等战略资源的有效利用的角度，来看待土地密集型农产品进口增长问题。

农产品贸易平衡状况今后会有变化，有可能重新出现顺差，但长远看出现逆差的几率更大些。对此要有思想准备。长期以来，国家外汇短缺，出口创汇是政绩。到各地，当地领导都会介绍出口多少，创汇多少，从来没有一个地方讲进口多少。在工业化早期，农业的一个重要贡献是提供外汇积累，为进口工业设备提供支持。我国早已跨越外汇短缺的发展阶段，国家外汇储备已居世界首位。树立和落实科学发展观，在农业方面很重要的一点是要树立科学的"创汇"观。在工业化城市化的新阶段，不必刻意追求农业的外汇贡献，多进口一些土地密集型农产品，既是势所必然，又符合国家战略利益。

四、主与辅

近段时期，农业多功能性问题在国内引起广泛关注。这本是日本等国为维护其农业贸易保护政策而创造出来的理论武器。我们引用过来，既有在国内争取更多农业支持政策的意图，又有拓宽农业发展思路的考虑。特别是进入工业化中后期阶段后，尽管受恩格尔系数下降的影响，社会对农产品的需求增长放缓，但社会对农业提出了新的需要，不仅要求农业提供农产品（食品和工业原料），而且还要求农业提供就业增收、生态保障、休闲观光、文化传承等多种功能。现代农业是多功能农业，越来越成为复合产业。例如，垂钓、采摘、观赏，就是第一产业和第三产业的复合产业。又如，农工贸一体化经营的农业，就是第一、第二、第三产业的复合产业。

但是，发挥农业的多功能作用，要从中国人多、地少、水缺的国情出发。保证"人吃马喂"始终是农业第一位的功能，发挥其他功能不能以牺牲农产品产出功能为代价。要处理好就业保障与农业规模经营的关系，促进耕地向更有效率的现代农业经营者集中。要处理好生态保障与资源产出率的关系，既要可持续，又要高产山。要处理好休闲观光与资源有效利用的关系，既要有观赏价值，又要有实用价值。现在国内一些地方的观光农业，如让人认养菜地、认养农田，生产有观赏价值的特种产品，肯定比常规农业生产产量低。值得注意的是，现在一些地方的现代农业园区内，上了一些以农业为名的旅游项目，影响到土地、水面等农业资源的产出率。要处理好发展生物质产业与保障粮食安全的关系，立足于农作物秸秆等副产品和山坡地等非耕地资源发展生物质能源和生物质化工。现在不少人在提倡发展能源作物、能源农业，用油菜籽生产生物柴油、用玉米生产燃料乙醇，认为这是拓展农业功能的又一途径，建设现代农业的又一任务。这是脱离中国国情的幻想，土地和淡水资源紧缺的中国，生物质能源不可能在能源总供给中发挥重大作用。

五、点与面

从总体看，我国正处于从传统农业向现代农业转型的过程中。但由于发展不平衡，有些地方传统农业的特征更明显些，有些地方则具有更多的现代农业色彩。特别是中央提出沿海发达地区要实现"两个率先"后，一些地方建了一些现代农业园区。在多数园区，举办方重视招商引资，发展资本密集型农业、高科技农业、设施农业、农产品精深加工业；在部分园区，地方政府投入大量资金，平整土地、开挖沟渠、修路架桥、购置机械、修仓建场，发展粮食生产。建立这些现代农业园区，有其示范作用。问题在于如何处理好局部要先行与走出示范区的关系，使现代农业从点到面，从园区走向田野。建现代农业园区要处理好领先性与可推广性的关系。没有领先性，就失去了示范的价值；没有可推广性，就失去了示范的意义。示范不能仅仅是高科技农业和资本密集农业的示范，应该是全面的示范，如经营方式、发展理念、标准化、水利化等全方位示范。还要注意的是，现代农业建设具有普适性。建设现代农业并非仅仅是发达地区的事情，欠发达地区也要积极发展现代农业。建设现代农业，不仅仅是要发展机械化大农，使用良种、科学施肥用药、节水灌溉等都是现代农业建设的内涵，欠发达地区也有条件做。

六、保与活

农业政策有两大类：一类是收入指向政策，以保护国内农业、支持农产品价格、增加农民收入为目标；一类是竞争力指向政策，以促进科技进步、扩大经营规模、提高市场竞争力为目标。我国已进入工业化中后期和"工业反哺农业"阶段，农业政策也正处于十字路口，是把农业建设成为有竞争力的产业、增强农业持续发展能力，还是把农业推向高度依赖国家支持和保护的道路、使我国快速陷入"农业很贵"的发展阶段，是我们面临的重大选择。国外农产品建立在大量补贴基础上的竞争力，是一种脆弱的竞争力，是一种不可持续的竞争力，因而不是我们所期望的那种竞争力。要增加国家对农业的投入，这一点毫无疑问。但投入用来干什么，则需要慎重决策。2002 年新修订的《农业法》有一套完整的关于农业投入使用方向的原则性规定。总的看，国家对农业的投入，应更多地用来建设农业生产基础设施、促进农业技术进步、加强农业公共服务。国家用于提高农业竞争力的投入，应当集中投向重点产品、核心产区、专业农户。

（2007 年 9 月）

中等收入阶段的粮食安全前景与对策

一、中等收入陷阱

在讨论"十二五"乃至今后更长时期发展前景时，很多人关心中国能否避免落入"中等收入陷阱"或成功翻越"高收入围墙"。世界银行与中国财政部、国务院发展研究中心共同撰写一份研究报告，寻求协助中国明确在 2030 年之前所面临的诸多挑战与政策抉择，跨越所谓"中等收入陷阱"。该报告研究的课题包括：中国怎样才能完成向市场经济的转轨；怎样促进开放式创新；怎样为公民提供均等的机会和社会保障；怎样加强财政体制；怎样成为国际体系中的负责任的利益攸关者。

世界银行《东亚经济发展报告（2006）》提出了"中等收入陷阱"（Middle Income Trap）的概念，基本涵义是指：一个经济体从中等收入向高收入迈进的过程中，既不能重复又难以摆脱以往由低收入进入中等收入的发展模式，很容易出现经济增长的停滞和徘徊。进入这个时期，前期经济快速发展积累的矛盾集中爆发，原有的增长机制和发展模式无法有效应对由此形成的系统性风险；既无法在工资方面与低收入国家竞争，又无法在尖端技术研制方面与富裕国家竞争。大部分发展中国家长期在中等收入阶段徘徊，迟迟不能进入高收入国家行列。按世界银行标准，人均国内生产总值 975 美元以下国家为低收入国家，大于 975、小于或等于 3855 美元的国家为中等偏下收入国家，大于 3855、小于或等于 11,900 美元的国家为中等偏上收入国家，大于 11,900 美元的国家为高收入国家。

据亚洲开发银行的一份研究报告，按 1990 年购买力平价计算的人均国内生产总值，1005 美元以下为低收入国家，1006—3975 美元为中等偏下、3976—7250 美元为中等收入、7251—12,275 美元为中等偏上，12,276 美元以上为高收入。对世界范围 124 个国家 1950 年至 2010 年的分析，平均在中等偏下（1006—7250 美元）收入阶段持续 28 年、在中等偏上收入阶段持续 14 年，在中等偏下收入阶段超过 28 年的国家、在中等偏上收入阶段超过 14 年的国家即可判定为落入"中等收入陷阱"。据他们测算，过去 61 年，中国有 42 年处于低收入阶段，17 年处于中等偏下收入阶段，2 年处于中等偏上收入阶段，2010 年中国人均国内生产总值为 8019 美元（按当年汇率计算，2010 年我国人均国内生产总值 4388 美元）。

我们已经顺利度过中等偏下收入发展阶段，能否顺利迈过中等偏上收入发展阶段？"中等收入陷阱"很多，比如收入分配差距拉大、环境污染加剧、劳动力成本过快上涨、社会福利过快增加、通货膨胀持续等。但农业特别是粮食安全也是一个需要谨防的"陷阱"。中国人具有特殊的粮食安全情结。对中国这样一个人口众多、资源不足、曾经长期遭受饥饿困扰的国家而言，粮食安全是社会各界广泛关注的敏感话题，对政治家、社会大众都具有特殊重要的意义。在中国谈粮食安全问题，仅仅从经济逻辑的角度出发是不够的，多数情况下还必须从政治逻辑、社会逻辑的角度考虑问题。粮食安全是中国国家安全的重要组成部分（粮食、石油、淡水、金融），粮食安全政策是中国农业政策的核心。

二、粮食安全前景

中国在粮食安全领域取得辉煌成就。新中国成立 60 年来，中国粮食生产发展取得巨大进步。全国粮食产量，1949 年为 11,318 万吨，2010 年为 54,641 万吨，累计增长 383%，年均增长 2.6%；全国人口总量，1949 年为 54,167 万人，2010 年为 133,972 万人，累计增长 147%，年均增长 1.5%。60 多年来，粮食产量增长跑赢了人口增长。除粮食（谷物、豆类、薯类）外，蔬菜、水果、食用植物油、肉、禽、蛋、奶、水产品也都成倍增长。据联合国粮农组织测算，2002 年我国居民人均每日食物热值、蛋白质、脂肪含量已超过世界平均水平。特别是 2004 年以来中国粮食产量连续 8 年增长，2007 年以来连续 5 年过万亿斤，粮食生产处于历史最好时期。展望未来，形势将日益严峻。

(一) 中国粮食安全面临挑战：需求

全社会对农产品的需求将持续增加。

一是随着人口总量增长，生存性需求持续增加。"十二五"规划纲要提出，2015年人口不超过13.9亿，比2010年（第六次人口普查13.4亿）增加5000万。2020年人口将达14.3亿人。多一个人就多一张嘴。

二是随着城镇化水平提高，商品性需求持续增加。"十二五"规划纲要预计2015年城镇化率51.5%，比2010年的47.5%提高4个百分点。实际上2010年第六次人口普查为49.68%，比10年前的第五次人口普查提高13.46个百分点，年均1.3个百分点）。1个百分点意味着1300多万人，5年累计增加城镇人口6500多万。多一个人进城，就少一个生产者、多一个消费者。同时，农村人口的社会分工也在发展，越来越多的农民要从市场购买粮食。

三是随着城乡居民收入水平提高，改善性需求持续增加。预计"十二五"时期城镇居民和农村居民人均收入增长7%以上。经验数据表明，随着收入水平提高，口粮消费趋于减少，但肉蛋奶等粮食转化产品的需求趋于增加。

四是随着越来越多的地区退出粮食生产，调入性需求持续增加。南粮北运已变为北粮南运。粮食生产重心逐渐北移。能调出粮食的地方越来越少，需要调入粮食的地方越来越多。2010年，河北、内蒙古、辽宁、吉林、黑龙江、山东、河南等七个北方主产区，粮食产量占全国的比重由1991年的36.2%提高到44.9%；江苏、安徽、江西、湖北、湖南、四川等六个南方主产区，粮食产量比重由36%下降到30.5%；北京、天津、上海、浙江、福建、广东、海南等七个主销区，粮食产量比重由12.2%下降到6.1%。目前只有黑龙江、吉林、内蒙古、河南、安徽、江西六省（区）能稳定调出粮食。

五是随着工业用途的拓展，原料性需求持续增加。粮食已广泛用于医药、酿造，用于生产淀粉和酒精。中国对粮食深加工是控制的，但工业用粮仍在增长。玉米加工品种达到500多种。2010年深加工消耗玉米超过5000万吨，占全年玉米消费量的30%，已高出2007年国务院批准的《关于促进玉米深加工健康发展的指导意见》提出的"十一五"期间控制在26%以内的规模。目前8个玉米主产省区还有1000万吨的玉米深加工产能在建。如果这部分产能投产，全国共计将有超过6000万吨的玉米深加工能力，超过我国常年玉米产量的1/3。2010/11年度美国用于生产燃料乙醇的玉米达到12,446万吨，相当于其年产量 31,615 万吨的 39%，占全球玉米消费量的 14.2%，超过全球玉米贸易量的 1.3 倍。欧盟超过 68% 的油菜籽用于生物燃料柴油，巴西超过 50% 的甘蔗用于生物燃料乙醇。

六是随着金融属性增强，投资投机性需求持续增加。 从国际市场来看，包括农产品在内的大宗商品的金融属性日益增强，期货市场与现货市场背离，市场价格与供需基本面背离。国际市场对国内市场的传导作用日益增强。在国内，随着农产品期货、现货电子交易的发展，农产品标准化合约（仓单）也成为游资炒作对象。

（二）中国粮食安全面临挑战：供给

粮食生产发展面临的资源约束全面趋紧。

一是耕地约束趋紧。 "十一五"期间我国粮食增产，播种面积增加的贡献占三成以上，且相当部分是以减少油棉等其他农作物面积为代价的。在城乡居民对农产品多样性需求日趋增大的背景下，单靠扩大面积增产将难以为继。2010 年我国耕地保有量 18.18 亿亩，已逼近 18 亿亩红线，比 21 世纪初减少近 1 亿亩，10 年年均减少 1000 万亩。我国人均耕地面积仅 1.38 亩，仅相当于世界平均水平的 40%。随着工业化城镇化推进，今后不可避免还要继续占用耕地，人增地减的矛盾将更加突出。占用的是优质耕地，补充的是劣质耕地。耕地后备资源不足，可开发耕地后备资源不足 7500 万亩，而且分布不均，依赖大规模开发后备资源补充建设占用耕地的模式难以为继。守住 18 亿亩红线压力很大。

二是水资源约束趋紧。 根据最新的水资源调查评价成果，我国水资源总量 2.84 万亿立方米，居世界第 6 位。但我国人均水资源量约为 2100 立方米，仅为世界平均水平的 28%，列世界第 125 位。目前全国用水总量近 6000 亿立方米，年缺水 500 亿立方米，近 2/3 城市缺水，每年农业缺水 300 亿立方米、影响耕地 3 亿亩。根据 2011 年中央 1 号文件，到 2020 年全国用水总量力争控制在 6700 亿立方米以内。今后 10 年全社会用水量增长空间约 700 亿方。随着工业、城市、生态用水刚性增加，农业用水紧缺的矛盾将更加明显。水资源不仅短缺，而且时空分布不均。从水资源时间分布来看，降水年内和年际变化大，60%—80% 主要集中在汛期，地表径流年际间丰枯变化一般相差 2—6 倍，最大达 10 倍以上；而欧洲的一些国家降水年内分布比较均匀，比如英国秋季降水最多，占全年的 30%，春季降水最少，也占全年的 20%，丰枯变化不大。从水资源空间分布来看，北方地区国土面积、耕地、人口分别占全国的 64%、60% 和 46%，而水资源量仅占全国的 19%，其中黄河、淮河、海河流域 GDP 约占全国的 1/3，而水资源量仅占全国的 7%，是我国水资源供需矛盾最为尖锐的地区。更为严重的是，自 20 世纪 80 年代以来，北方黄河、淮河、海河、辽河流域水资源总量减少 13%，其中海河流域减少 25%。

三是劳动力约束趋紧。 农业劳动力进入总量过剩与结构短缺并存阶段，突出表现为青壮年劳动力短缺、季节性短缺、区域性短缺。随着农村劳动力持续向外转移，结构性短缺问题将更加明显。据第二次农业普查，2006 年外出农民工平均年龄 29 岁；从事农业生产的农村劳动力平均年龄 41 岁，其中 50 岁以上的农业劳动力占比达到 32.5%，比 1996 年第一次农普高 14.4 个百分点。据专家推算，2009 年，30 岁以下的农村户籍劳动力已有 92.9% 转移就业，31—40 岁年龄段的有 42.8% 转移就业。2009 年嘉兴农业劳动力平均年龄 57.8 岁。日本农业劳动力平均年龄 65.8 岁。再过十余年现有留乡务农劳动力也将逐步进入老龄化阶段，迫切需要培育一批高素质的新型务农劳动者。同时，小规模分散经营依然占绝对主体地位，迫切需要创新机制，着力提高社会化服务水平。

四是成本约束趋紧。 近年来，受石油、煤炭、天然气等原材料涨价的影响，化肥、农药、农膜等农业生产资料价格呈上涨态势。加之农业劳动力就业机会增多、农业补贴力度加大，农业人工费用、土地流转价格不断增加，推动了农业生产成本逐年提高。2003 年到 2010 年，稻谷、小麦、玉米三种粮食平均亩成本由 377 元增加到 661 元，增加 283 元、增幅为 75%，其中：人工成本增加 95 元、增幅为 69%，土地成本增加 71 元、增幅为 135%，物质与服务费用增加 117 元、增幅为 63%。主要粮食作物平均雇工日工资从 2003 年的 18.8 元增加到 2009 年的 53.7 元，增加了 1.86 倍，从 2007 年起超过了农民工日工资。从今后趋势看，农资价格上行压力加大、生产用工成本上升、全社会工资水平上涨的趋势难以改变，粮食生产正逐步进入一个高成本时代。

五是环境约束趋紧。 水土流失造成大量耕地损毁，黄土高原水土流失严重区每年流失表土达 1 厘米，东北黑土区一些地方耕作层厚度由开垦初期的 1 米左右降至现在不足 20 厘米。工业化城镇化发展，导致土壤、水体污染，影响粮食质量安全。我国受重金属污染的耕地达 3 亿亩，受农药和其他化学品污染的农田约 9 亿亩。

六是气候约束趋紧。随着全球气候变暖，我国极端天气事件发生的几率增加，每年干旱、低温冻害、洪涝等气象灾害频繁发生，不仅灾害种类多，而且发生范围广、程度深、危害大，对农业生产造成的影响尤为严重。近 30 年来，气象灾害对种植业生产的影响，虽年际间有波动，但总体呈加重趋势。同时，气候变化导致农作物病虫草鼠害发生规律出现诸多新变化，对种植业生产构成极大威胁。据监测，与 20 世纪 80 年代相比，小麦条锈病越夏区的海拔高度升高 100 米以上，发生流行时间提早半个月左右；水稻"两迁"害虫和飞蝗发生区域向高纬度、高海拔地区扩展。

（三）中国粮食安全面临挑战：贸易平衡趋势

粮食安全目标：总量。《国民经济和社会发展第十二个五年规划纲要》：2015 年粮食综合生产能力达到 5.4 亿吨以上。《国家粮食安全中长期规划纲要（2008—2020）》：预计 2020 年粮食需求总量 5.725 亿吨，其中口粮消费量 2.475 亿吨，饲料粮消费量 2.355 亿吨；粮食综合生产能力达到 5.4 亿吨以上。

粮食安全目标：自给率。一直以来，在保持较高粮食自给率与提高农业资源配置效率之间很是纠结。1996 年《中国的粮食问题》白皮书："在正常情况下，粮食自给率不低于 95%，净进口量不超过国内消费量的 5%"。2008 年《国家粮食安全中长期规划纲要（2008—2020）》："坚持立足于基本靠国内保障粮食供给"，"粮食自给率稳定在 95% 以上"，"稻谷、小麦保持自给，玉米保持基本自给"，"畜禽产品、水产品等重要品种基本自给"。《全国种植业发展第十二个五年规划（2011—2015 年）》："立足国内实现基本自给、确保自给率 95% 以上"，"水稻、小麦、玉米三大粮食作物自给率达到 100%"。

实现自给率目标面临很大困难。2001 年加入 WTO 以来，随着国内生产成本和价格上涨，国内外农产品价格差距不断缩小；随着进口关税降低和配额品种减少、数量扩大，国内外农产品市场一体化程度逐步提高。我国农产品价值形态、数量形态、耕地形态的自给率不断下降（见表 1、表 2、表 3）。日本、韩国进入中等收入发展阶段后农业自给率快速下降（见表 4、表 5）。可以预计的是，我国作为资源禀赋与日、韩高度类似的人口大国，进入中等收入阶段以后将步他们的后尘，农产品自给率会长期持续下降。"以 9% 的耕地、6% 的淡水，养活21%的人口"，过去可以自豪地这么说，现在不宜继续这么说，今后肯定不能这么说。关键是要正视农产品贸易平衡状态的变化趋势，未雨绸缪，早作打算，趋利避害，争取主动。

表1　农产品价值形态自给率

年份	农牧渔业总产值（亿人民币）	农产品净进口（亿美元）	人民币对美元年平均汇率	农产品净进口（亿人民币）	农产品价值形态自给率（%）
2001	25,240.8	-42.4	8.277	-350.9	101.41
2002	26,357.3	-57	8.277	-471.8	101.82
2003	28,451.9	-25	8.277	-206.9	100.73
2004	34,911.9	46.4	8.2768	384.0	98.91
2005	38,025.3	11.4	8.1917	93.4	99.76
2006	39,200.0	6.7	7.9718	53.4	99.86
2007	47,031.3	40.8	7.604	310.2	99.34
2008	55,849.3	181.6	6.9451	1261.2	97.79
2009	58,001.6	129.6	6.831	885.3	98.50
2010	66,724.3	231.4	6.7695	1566.5	97.71

注：农产品价值形态自给率＝农牧渔业总产值／（农牧渔业总产值＋农产品净进口）＊100%

表2　农产品数量形态自给率：大豆

	国内产量（万吨）	进口量（万吨）	表观消费量（万吨）	表观自给率（%）
2001	1541	1394	2935	52.50
2002	1651	1131	2782	59.35
2003	1539	2074	3613	42.60
2004	1740	2023	3763	16.24
2005	1635	2659	4294	38.08
2006	1507	2824	4331	34.80
2007	1273	3082	4355	29.23
2008	1554	3744	5298	29.33
2009	1498	4255	5753	26.04
2010	1508	5480	6988	21.58

注：表观自给率＝国内产量／（国内产量＋进口量）＊100%

表3 农产品耕地形态自给率

	2001			2010		
	净进口数量（万吨）	国内单产（公斤/公顷）	折面积（万亩）	净进口数量（万吨）	国内单产（公斤/公顷）	折面积（万亩）
谷物	-532.5	4800	-1664.06	446.5	5524.4	3332.09
棉花	5.3	1107	71.82	312.8	1229.4	3816.50
食糖	100.4	—	179.16	167	—	293.64
大豆	1367.8	1700	12,068.82	5479.7	1771.2	46,406.67
油菜籽	172.4	1597	1619.29	160	1775.1	1352.04
食用植物油	154.1	—	6798.53	816.6	—	34,578.25
蔬菜	-384	31,703	-181.69	-829.6	34,263	-363.19
水果	-61.4	7363	-125.08	-232.1	15,359	-226.67
合计	—	—	18,766.79	—	—	89,189.33
全国农作物播种面积	—	—	233,562	—	—	241,012
耕地自给率(%)	—	—	92.56	—	—	72.99

表4 日本综合食物自给率（%）

	综合食物自给率（按热量计算）	综合食物自给率（按生产额计算）	谷物自给率	主食用谷物自给率
1965	73	86	62	80
1975	54	83	40	69
1985	53	82	31	69
1995	43	74	30	65
2000	40	71	28	60
2001	40	70	28	60
2002	40	69	28	61
2003	40	70	27	60
2004	40	69	28	60
2005	40	69	28	61
2006	39	68	27	60
2007	40	66	28	60
2008	41	—	—	—
2009	40	70	—	—
2010	39	69	—	—

资料来源：1965—2007年数据根据杨秀平、刘合光、张昭："低食物自给率下日本朝野的不安全感与应对措施"，《中国软科学》2009年第8期；其他年份数据根据互联网查询

表5　日本主要品种食物自给率（%）

	1960	1970	1980	1990	2000	2005	2010
粮食（食用+饲料用）	82	46	33	30	28	28	—
大米	102	106	100	100	95	95	97
小麦	39	9	10	15	11	14	9
大豆	28	4	4	5	5	5	—
蔬菜	100	99	97	91	82	79	—
水果	100	84	81	63	44	41	—
肉类（鲸鱼肉除外）	91	89	81	70	52	54	—
鸡蛋	101	97	98	98	95	94	—
牛奶·乳制品	89	89	82	78	68	68	—
供给热量自给率	79	60	53	48	40	40	39

注：1.从1988年度至1994年度，日本采取"按热量计算的食物自给率"和"按金额计算的食物自给率"两者同时并用的方式，直到1995年度才弃用"按金额计算的食物自给率"，仅仅留下"按热量计算的食物自给率"

2.2005年3月，日本政府制定了"食品、农业、农村基本计划"，提出按热量计算的食物国产化率（自给率）提高到50%以上的目标，第一步的目标是将国产化率从2005年的不到40%提高到2015年的45%

三、实现中国粮食安全目标需要采取多方面政策措施

1996年11月在罗马举行的世界粮食安全首脑会议提出的粮食安全概念：所有人在任何时候都能够在物质上和经济上获得足够、安全和富有营养的食物来满足其积极和健康生活的膳食需要及食物喜好。不仅要生产出足够粮食，而且要保证每个人都能得到粮食。粮食安全是一个综合概念，涉及生产、流通、消费、分配等多个方面。需要从7个方面采取政策措施：

第一，加强生产能力建设。实施全国新增千亿斤粮食生产能力规划。严格耕地保护，加快农村土地整理复垦，提升土壤有机质含量，到2015年新建4亿亩、2020年新建8亿亩旱涝保收高标准农田。加强农田水利建设，推进现有灌区续建配套和节水改造、末级渠系建设和田间工程配套，在水土资源具备的地区新建一批灌区，大力发展节水灌溉，从土地出让收益中提取10%用于农田水利建设，"十二五"新增农田有效灌溉面积4000万亩，农田灌溉水有效利用系数由0.5提高到0.53。促进科技进步，做大做强现代种业，加快农业

生物育种创新和推广应用，开发具有重要应用价值和自主知识产权的生物新品种；开展高产创建，加强高效栽培、疫病防控、农业节水等领域的科技集成创新和推广应用，实施水稻、小麦、玉米等主要农作物病虫害专业化统防统治；加快推进农业机械化，促进农机农艺融合，耕种收综合机械化水平2015年达到60%左右。

第二，调动种粮积极性。加大对农民的补贴力度，2010年种粮农民直接补贴、良种补贴、农机具购置补贴、农资综合补贴达到1345亿元，还有各种临时性补贴，如2010年的小麦施肥补贴、大棚育秧补贴，2011年的抗旱保麦补贴。保持合理价格水平，继续提高2011年产小麦（5%—8%）、稻谷（10%—20%）最低收购价，适时采取玉米、大豆、油菜籽、棉花临时收储措施。增加对主产区的奖励补助，2011年开展粮食稳定增产行动，主要以粮食产量、商品量等为依据对粮食主产区给予补偿。国家已宣布2012年产小麦最低收购一律提高到102元每百斤。

第三，完善粮食流通体系。加快发展以散装、散卸、散存和散运为特征的"四散化"粮食现代物流体系，降低流通成本，提高粮食流通效率，到2020年全国粮食物流"四散化"比例达到高到55%（目前为30%）。保持合理储备水平，优化储备地区布局和品种结构。发展粮油食品加工业，推进传统主食食品工业化生产，引导粮油食品加工业向规模化和集约化方向发展，加强品牌建设，确保质量安全。

第四，充分利用非粮食物资源。既要用好18.26亿亩耕地，又要合理利用60亿亩草地、42.7亿亩林地、42亿亩大陆架渔场、2.6亿亩内陆水域，广辟食物来源。发展草食畜禽，加强北方天然草原保护和改良，充分利用农区坡地和零星草地，加快南方草地资源的开发。发展水产养殖业和远洋渔业，充分利用内陆淡水资源，合理利用海洋资源。发展木本粮油产业，提高油茶、油橄榄、核桃、板栗等木本粮油品种的品质和单产水平，促进木本粮油产品的精深加工。

第五，适度利用国外资源。坚持立足于基本靠国内保障粮食供给，并不排斥适度利用国外资源。确定农产品自给率优先序，谷物自给率应高于大豆等油籽、棉花等纤维产品自给率；谷物中，小麦、稻谷等口粮自给率应高于玉米等饲料粮自给率。完善粮食进出口贸易体系，提高大宗产品价格话语权。加强政府间合作，与部分重要产粮国建立长期、稳定的农业合作关系。实施农业"走出去"战略，鼓励国内企业"走出去"，建立稳定可靠的进口粮源保障体系，提高保障国内粮食安全的能力。

第六，提高低收入人口食物购买力。消除贫困，改善收入分配是提高粮食安全水平的重要方面。经过多年努力，按 2010 年农村贫困标准 1274 元测算，2010 年底农村贫困人口为 2688 万人。按联合国标准，还有一亿多贫困人口。"十二五"规划纲要：到 2015 年"贫困人口显著减少"。十七大报告：到 2020 年"绝对贫困现象基本消除"。实施新十年农村扶贫开发纲要，大幅度提高贫困标准。实现新型农村社会养老保险全覆盖，提高基础养老金水平。城乡居民最低生活保障标准年均增长 10% 以上。最低工资标准年均增长 13% 以上，绝大多数地区最低工资标准达到当地城镇从业人员平均工资的 40% 以上。

第七，倡导科学节约用粮。发展节粮型畜牧业，扩大优质高效饲料作物种植，积极推行秸秆养畜，转变畜禽饲养方式，促进畜牧业规模化、集约化发展，提高饲料转化效率。适度发展深加工，生物质燃料生产要坚持走非粮道路，把握"不与粮争地，不与人争粮"的基本原则，严格控制以粮食为原料的深加工业发展。改进粮食收获、储藏、运输、加工方式，降低粮食产后损耗，提高粮食综合利用效率。倡导科学饮食，减少粮食浪费，避免营养过剩。

（2011 年 11 月）

高度重视"八连增"背后的"八连赤"

分析这些年的农业形势，社会上普遍关注的是 2004 年以来粮食实现"八连增"，其他主要农产品也都有较大幅度增产。这是巨大的历史性成就，是在农业支持保护政策作用下，农民积极性得到有效调动、农业物质技术装备得到明显加强、农业综合生产能力得到充分释放的结果。需要注意的是，这些年随着经济快速发展，全社会对农产品的需求也在快速增长，农产品供求关系正由"总量平衡、丰年有余"向"紧平衡"或"基本平衡、结构短缺"转变。尤其需要警醒的是，2004 年以来我国农产品贸易连续 8 年进大于出，出现历史罕见的"八连赤"；2011 年我国农产品贸易逆差达到创纪录的 341 亿美元，比上年扩大 47%，大米、小麦、玉米三大谷物全部出现净进口。必须科学理性看待我国农产品供求变化趋势，审时度势制定农产品进出口战略规划，在农业现代化进程中进一步提高统筹利用国内外两个市场、两种资源的能力。

一、农产品贸易已连续八年出现逆差

2001 年我国加入 WTO 前后，社会各方面一度对农业生产可能遭受的冲击估计较重、担忧较多。有人甚至预测，"会使上千万农民失业"，"入世后至 2005 年，全国农民实际收入将会下降 2.4%左右"。实际情况表明，事情并没有预期的那么严重，国内农业生产经受住了考验、实现了持续稳定增长。当然，在这些年来的农产品进出口贸易中，确实出现了一些值得注意的新变化、新趋势，特别是 2004 年以来连续八年进大于出、出现"八连赤"。

（一）农产品贸易逆差呈现快速扩大之势。入世以来我国农产品进出口贸易快速发展，从 2001 年的 279 亿美元增长到 2011 年的 1556 亿美元，年均增长 19%。其中，农产品出口额从 161 亿美元增长到 608 亿美元，年均增长 14%；农产品进口额从 118 亿美元增长到 949 亿美元，年均增长 23%。在入世后的头 3 年，农产品贸易仍保持顺差。但从 2004 年起，农产品贸易开始出现逆差，分别为 46.4 亿、11.4 亿、6.7 亿、40.8 亿、181.6 亿、129.6 亿、231.4 亿和 341.2 亿美元，特别是 2008、2010 和 2011 年先后突破 100 亿、200 亿和 300 亿美元，呈快速扩大之势。

（二）**出现贸易逆差的产品种类越来越多。**总的态势是，多年净进口的产品，净进口量越来越大；过去供求略有结余的产品，逐步呈现净进口。2011 年，在有统计数据的九大类农产品中，谷物、棉花、食糖、食用油籽、食用植物油和畜产品等六大类出现贸易逆差，分别达到 12.3 亿、96.8 亿、19.4 亿、300.4 亿、88 亿和 74.1 亿美元。其中，棉花、食糖、食用油籽、食用植物油和畜产品等五大类已连续多年出现贸易逆差，尤其是食用油籽和食用植物油进口增长快、数量大、依存度高。需要引起高度重视的是，谷物进出口贸易发生了转折性变化：从贸易平衡状况看，2009 年以来出现净进口，2011 年已达到 446.5 万吨、12.3 亿美元；从品种结构看，除大麦、小麦连续多年净进口外，玉米、大米先后于 2010 年和 2011 年出现净进口。如果按我国粮食统计口径（包括谷物和豆类、薯类），我国粮食自给率（国内产量占国内产量与净进口量之和的比率）已由 2001 年的 98.2% 下降到 2011 年的 90.9%，95% 的自给率目标早已失守。

（三）**优势农产品的顺差增长势头在衰减。**尽管农产品整体上连续八年出现贸易逆差，但具有比较优势的蔬菜、水果、水产品等三大类农产品仍能够连续八年保持净出口，而且净出口额还在不断扩大。从 2004 年到 2011 年，蔬菜净出口额由 37 亿美元扩大到 114 亿美元，水果净出口额由 10.5 亿美元扩大到 24.1 亿美元，水产品净出口额由 37.3 亿美元扩大到 97.7 亿美元。如果不是这三大类农产品净出口额的增长，农产品整体贸易逆差的规模会更大。同时也要看到，除蔬菜仍具有较强的比较优势、出口数量和金额保持稳步增长、进口数量和金额维持在较低水平外，水产品和水果的进出口格局正在发生重大变化：由于国内消费水平提高、对进口水产品需求增长，水产品进口在稳步扩大；由于贸易政策调整和国内生产成本上升，水果出口增长乏力、进口增长明显，净出口量 2007 年达到峰值后已连续四年下滑，总出口量 2009 年达到峰值后也已连续两年下滑，按这个发展趋势，水果即将由贸易顺差转为贸易逆差。

二、如何看待农产品贸易逆差

在"八连增"的同时出现"八连赤"，这绝非偶然和巧合，也不是农业政策和农业生产出了什么问题，而是需求结构、资源禀赋、发展阶段、对外开放等深层次变化的必然反映。当前，有三个问题需要进一步统一认识。

第一，为什么会出现农产品贸易"八连赤"。 改革开放初期，我国农产品贸易也曾连续几年出现逆差。为避免征过头粮、让农民休养生息，1978年12月10日陈云同志在中央工作会议东北组发言中提出，"在三五年内，每年进口粮食可以达到两千万吨"。1984年以后，随着国内农业生产发展，粮食进口减少、农副产品出口增加，农产品贸易多年保持顺差。2004年以来，农产品贸易再次连年逆差，这并不是历史的简单重演，而是有着更为深刻的时代背景。加入世贸组织后逐步降低进口关税、规范使用非关税贸易措施，加之人民币逐步升值，使出口农产品越来越贵、进口农产品越来越便宜；纺织服装出口快速增长，使棉花需求快速增长；城乡居民收入水平提高，特别是大量农民工进城，改善生活首先要吃得"有油水"，全社会对食用植物油的需求进入快速增长阶段，导致大豆等油籽和棕榈油等食用植物油进口迅猛增长，有人甚至认为这些年我国经历了一场"膳食革命"。正是在这些因素的共同作用下，尽管2004年以来国内农业生产稳步发展、粮食产量连续五年超万亿斤，但却出现了农产品贸易连年逆差、逆差规模快速扩大。

第二，农产品贸易逆差是否会成为常态。 农产品进大于出的格局是否有可能发生逆转？农产品贸易逆差是否会长期存在下去？我们认为，综合考虑各种因素，今后重现农产品贸易顺差的几率很低。从逆差的来源看，老因素将长期存在，新因素在形成和发酵，一些专家甚至预言"玉米将成为下一个大豆"。大豆等油籽和棕榈油等食用植物油的净进口规模将长期平稳增长。食糖进口快速增长，2009年以来年进口量增长速度分别达到36.5%、65.9%和65.3%。谷物的全面净进口格局正在形成，2009年以来已连续三年净进口，除小麦、大麦长期净进口外，玉米、大米也先后沦为净进口，如果考虑到进口大豆产生的豆粕、这两年新增进口的玉米酒糟蛋白，我国饲料资源的实际缺口远大于用玉米净进口量衡量的缺口。随着城乡居民生活水平提高和食物消费转型，饲料资源和畜产品净进口规模将进一步扩大。从顺差的来源看，贡献因素在减退。蔬菜、水产品的顺差规模可望保持增长，但增速会下降。水果的顺差规模已经在缩小。从日本和韩国的历史经验看，人多地少国家进入中等收入发展阶段后农业自给率长期下降是大概率事件。从 1960 年到 2010 年，日本按热量值计算的综合食物自给率由 79% 下降为 39%，谷物自给率由 82% 下降到 28%。韩国 20世纪 60 年代成为农产品净进口国，目前谷物自给率仅 25.3%。我国农业资源禀赋要好于日韩、农业自给率不至于下滑到他们这种程度，但我国毕竟已步入中等偏上收入发展阶段，农业生产发展的难度在增加，农产品需求在增长，农业自给率继续下降在所难免。

第三，应从什么角度看待农产品贸易逆差。发展经济学认为，外汇贡献是农业部门在工业化初期的重要贡献之一。过去一个时期，我国确实倚重农业出口创汇。对近年来农产品贸易出现逆差、特别是大豆等大宗农产品大量进口，社会上存在不同认识。有些人认为，这种格局带来很多问题，如：影响国内尤其是主产区农业生产和农民增收，当国际市场农产品价格大幅上涨时带来输入型通胀压力，进口依存度过高已威胁到国家食用植物油、棉花、甚至粮食安全，数亿农民搞农业搞出个逆差很没面子。也有很多人认为，这种格局带来很多好处,如：保障国内农产品市场供给，减轻国内耕地和淡水资源压力，倒逼国内农业技术进步和现代农业建设，抑制全国贸易顺差过快增长、促进国际收支平衡。我们认为，对加入世贸组织以来我国农产品贸易已然发生的明显变化、今后将会继续发生的深刻变化，应进行全面、客观、理性的分析判断。应当看到，这些年农产品进出口结构的变化，充分体现了我国农业资源禀赋特征，是市场配置资源的必然结果。虽然农产品贸易出现逆差，但我国具有比较优势的劳动密集型和技术密集型农产品，克服国外准入门槛不断提高、国内生产成本上升和人民币升值等因素影响，实现了出口快速增长、贸易顺差持续扩大。尤其应看到，进口农产品实际上是在进口耕地、淡水等稀缺资源。这些年进口增长较快、贸易逆差较大的农产品，大多是我国单产低、品质差、缺乏比较优势的土地密集型农产品。据测算，2010 年我国净进口的主要农产品如在国内生产需要播种面积 8.9 亿亩，相当于我国实际播种面积的 37%；其中，仅进口大豆、食用植物油折算的播种面积就分别达到 4.6 亿亩和 3.5 亿亩。这极大地缓解了油料与谷物、棉花等争地、争水的矛盾。算资源平衡账，出口劳动密集型和技术密集型农产品、进口土地密集型农产品，是符合国家利益的农产品贸易结构。

三、妥善应对农产品贸易逆差的思路与建议

面对农产品贸易结构的深刻变化和逆差的常态化，既不应杯弓蛇影、草木皆兵，也不能放任自流、无所作为。关键是要遵循经济规律，趋利避害，争取主动。

（一）**持续提高农业综合生产能力，尽可能减缓农业自给率下降势头。** 尽管随着工业化城镇化深入发展，我国农业生产面临严峻挑战，但只要毫不动摇地同步推进农业现代化，完全可以使农业综合生产能力得到持续提高、使农业自给率下降势头得到有效减缓。做到这一点，至少要满足三个条件：一是全社会对农业高成本、高价格、高补贴要有足够的承受力和容忍度。在我国这种资源禀赋下，经济发展程度越高，农业生产成本将越高；对农业自给率的要求越高，农产品相对价格将越高；农业的重要性越高，国家对农业的补贴将越高。我们已经进入国内农产品越来越贵、农业补贴力度越来越大的发展阶段。二是物质技术装备能够得到持续加强。基本农田能够得到有效保护和建设，农田水利能够得到有效改善，农业技术进步贡献率和机械化水平能够得到明显提高。三是"谁来种地"、"地怎么种"的问题能够得到妥善解决。在一个相当长时期内，日本、韩国没有随工业化城镇化发展及时解决好这个问题，导致农业细碎化、农户兼业化、农业劳动力老龄化，影响到农业综合生产能力提高。近几年，他们已开始调整有关耕地流转的法律法规，引进新的经营主体和经营方式，试图增强农业发展活力，使农业自给率有所提高。我们应吸取教训，从现在开始就要注重培育新型职业农民，发展农业先进生产力。

（二）**适当调整农产品进出口贸易的战略定位。** 长期以来，我国农产品进出口贸易定位为余缺调剂，根据国内丰歉情况和宏观调控需要临时组织出口或进口。在国内农产品供求基本平衡的情况下，通过余缺调剂，可以使平衡状况得到进一步改善。但在这种定位下，有时也出现逆向调节，找到货源、进口到岸时国内价格已经出现下跌，找到买家、组织收购时国内价格已经上涨。这在前些年的粮食进出口上表现得尤其突出。必须顺应农产品供求和贸易结构的深刻变化，总结经验教训，立足长期趋势，对农产品进出口贸易的战略定位进行

必要调整。面向未来，我国农产品进出口贸易应定位为：积极参与国际分工，统筹利用国际国内两个市场、两种资源；出口劳动密集型和技术密集型农产品，带动优势农产品产区优化农业结构、增加农民收入；进口土地密集型农产品，缓解国内资源压力，满足经济社会发展需要。

（三）制定更加精细化的农产品进出口战略规划。 适应新的战略定位，应当对农产品进出口贸易进行更细致、更具体、更具前瞻性的统筹谋划。从促进优势农产品出口看，主要是加强生产基地建设，扶持出口型农业龙头企业，提高附加值和质量安全水平，全面增强产品竞争能力。对需要进口的大宗农产品，应在深入分析研究国内外生产、需求变化情况的基础上，提前布局，早作打算。当前要做好两件事：一是确定农产品自给率优先序。既然做不到所有农产品自给自足，就应当按国内外成本比较、对国计民生的相对重要性等因素，对各种农产品的自给率目标进行排序。国家扶持农业生产的各种资源应优先用于需要保持较高自给率的农产品。日本、韩国对大米设定了100%的自给率目标，对蔬菜、肉类也设定了较高自给率目标，对其他农产品由市场决定自给率。这种政策理念和做法值得我们借鉴。二是调整粮食自给率统计口径。对我们这样一个有着十几亿人口的大国来说，无疑要坚持立足国内实现粮食基本自给的方针。但按我国目前的粮食统计口径，自给率回到95%以上并不现实。建议将粮食自给率目标调整为谷物自给率目标，并对主要供食用的大米、小麦和主要供饲用的玉米实行差异化的自给率要求。

（四）提高大宗农产品国际贸易话语权。 我国已成为全球第二大农产品进口国，在大豆、食用植物油、棉花、食糖、玉米进口贸易中具有举足轻重的地位，迫切需要在价格形成、贸易结算、规则制定等方面发挥主导作用。一是加快培育国际化的大宗农产品交易市场。以农产品为主的大连、郑州商品交易所，目前还仅是国内市场，不允许国外投资者入市交易。国内企业要到欧美大宗商品交易所投资和套期保值，有限的国内需求只能转到海外实现，使得国内市场发育不足。建议国家有关部门支持国内商品交易所积极探索通过稳健可靠的方式引进境外企业参与交易，用离岸账户的方式为境外客户服务、为国内客户的国际贸易服务，待市场有一定规模后再顺应市场需求增加其他服务，最终形成具有世界影响力的中国价格。二是支持农业"走出去"。鼓励和扶持有实力的国内企业到境外建立农产品生产基地、并购农产品加工和贸易企业，培育农业跨国经营企业，逐步建立农产品国际产销加工储运体系。三是促进农产品进口市场多元化。积极开辟南美、非洲和东南亚进口市场，避免对单一市场的过度依赖。四是积极参与国际农产品贸易规则和标准制定。充分利用我国市场规模大的优势，加强双边多边农业合作，推动形成公平合理的农产品贸易秩序。

（2012 年 2 月）

抓住培育农村承包土地流转市场的关键环节

——浙江省慈溪市农村承包土地流转的做法及启示

　　如何顺应农村劳动力就业结构非农化的客观趋势，妥善解决好农业副业化、农民兼业化、务农劳动力老龄化对农业发展的负面影响，积极稳妥促进农村承包土地流转、逐步实现土地适度规模经营，是我国现代农业建设面临的重大课题，也是社会高度关注的敏感话题。浙江省慈溪市在促进农村承包土地流转方面进行了积极探索，取得明显成效。慈溪的做法表明，在农村承包土地流转中必须把握好政府与市场的作用边界，充分发挥市场机制在农村承包土地流转中的基础性作用，政府的着力点应放在培育流转市场上。

一、慈溪农村承包土地流转的基本情况

　　慈溪市是宁波市下辖的县级市，工商业比较发达，属全国百强县。慈溪市的农村承包土地流转，始于制止耕地抛荒。1999 年，慈溪市委出台《关于鼓励土地经营权依法流转、积极推进土地规模经营的意见》，明确 2000 年到 2003 年，市财政每年安排 200 万元，专项用于扶持土地流转。此后，扶持措施进一步完善，流转面积逐步扩大。截至 2008 年年底，慈溪市 54.13 万亩农村承包耕地中，已流转的面积为 31.4 万亩。目前全市耕地单体经营规模在 10 亩至 50 亩的面积达到 17.5 万亩，50 亩至 100 亩的面积为 2 万亩，100 亩以上的面积达到 12 万亩。

　　承包土地的流转，促进了现代农业发展。一是提高了耕地的经营效率。适度规模经营较好地解决了耕作基础设施配套难、农机作业推行难、生产标准推

广难、绿色品牌产生难等问题，提高了农业的集约化程度。据初步统计，规模经营效益比散户经营亩均高出 20% 左右，科技示范园区的亩均产出比普通田块高出 50% 以上。二是拓宽了农业的资金来源。现代农业建设需要大量资金，除国家对农业基础设施进行投入外，需要生产经营者自己投入。规模经营为社会资金进入农业提供了重要平台。截至目前，慈溪市累计有 180 余家工商企业投资农业，投资额近 7 亿元，培育种植业规模经营农场 374 家，经营面积达到 8.7 万亩。三是促进了农产品加工和出口。规模经营为推行农业标准化生产、通过国家无公害产地认证创造了有利条件，为农产品加工和出口提供了稳定可靠的优质原料供应基地。慈溪市现有各类农产品加工企业 330 多家，2008 年农产品出口交货值达到 30 亿元，占宁波市的 45%。

慈溪农村承包土地流转也面临一些问题和挑战。一是经营规模总体偏小。目前慈溪将单体经营规模 10 亩以上的都视作规模经营，在规模经营面积中 50 亩以下的占 55%。这种类型的规模经营，普遍存在田块和种植品种分散的问题，形不成规模优势。二是当前形势下部分农民流转意愿明显下降。慈溪土地流转期限一般为五到七年，目前已进入合同到期高峰。据最近调查，约 40% 的农户表示合同到期后想收回承包地，愿意续签合同的农户也倾向于缩短流转期限。甚至有部分合同未到期的农民提出要提前收回承包地。三是稻区流转难。目前粮食生产特别是水稻生产大多以散户经营为主，连片规模经营程度较低。这一方面是因为多数农民仍愿意直接经营口粮田，另一方面也与种粮效益低、规模经营者承担不起高额土地租金有关。目前慈溪每亩土地年租金为 400 到 500 元，规模经营者单纯靠种粮食根本支付不了这么高的租金。

二、慈溪农村承包土地流转率为什么这么高

目前农村承包土地流转率，全国约为 8%，浙江省约为 28%，慈溪高达 58%。慈溪之所以远高于全国和浙江省平均水平，从根本上说是由这里的工业化程度高决定的。2008 年，慈溪地区生产总值达到 601 亿元，其中第一产业仅占 4.7%；农民人均纯收入达到 12,263 元，其中来自第一产业的部分仅占 8.8%。同时，这也与慈溪市近年来的积极探索有很大关系。慈溪的主要做法是：

第一，建立全覆盖的土地流转中介组织。从 2002 年开始，慈溪在全市范

围建立土地流转服务机构。目前 20 个镇（街道）全部建有土地流转服务中心，有承包土地的 289 个村全部建有土地流转服务站。有流转承包地意向的农户，可以跟村服务站签订委托协议，由服务站提供免费的中介服务，负责将土地统一发包给经营户。在村内流转的，村服务站直接完成中介；涉及村外、镇外的，由镇里的服务中心与相关乡镇服务中心负责完成中介。不管中介是否成功，农户在签订委托协议后的第二个月起，都可以到服务站领取土地流转金。中介组织的设立，不仅解决了原来土地流转主体脱节、信息不对称、交易成本过高等弊病，还促进了土地的集中连片经营。在已流转的承包地中，委托中介组织完成的占 59%。今年，慈溪将建立市级土地流转服务中心。

第二，建立调动农户转出积极性的激励机制。流转初期，农户转出承包地的积极性较高。后来，随着农业税的取消和农业直补力度的加大，农户转出积极性明显下降。为平衡农户利益、鼓励长期流转，市财政对流转期达到 5 年的农户，给予每亩 150 元的一次性补助；流转期限超过 5 年的，每超过 1 年，每亩追加补助 40 元。1999 年至 2008 年，市级财政共兑现补助资金 3300 万元。全市有 16 个镇（街道）出台了配套补助政策。为调动农户流转合同到期后续签的积极性，慈溪市最近出台新的鼓励政策，即对将二轮承包期内剩余年限的土地承包经营权一次性委托镇、村流转服务组织的农户，给予每年每亩 100 元的养老保险补贴。

第三，建立鼓励规模经营的激励机制。一方面，严格规模经营主体准入，实施资质审核制度，对委托流转后的集中连片土地设定投资门槛，优先引入有实际经验、较强事业心、优势技术和产品的自然人或法人，确保耕地在不改变用途的前提下得到高效集约利用。另一方面，对规模经营主体实行多种扶持政策。通过融资担保、政策性保险和农技服务等途径，为规模经营户提供服务。一些镇还对规模经营户实行多种补助。例如，土地流转率达到 83.2% 的逍林镇规定，对新建立 100 亩以上的农场或现有农场新拓展 50 亩以上的，给予每亩 30 元的一次性补助，用于农场基础设施建设；对实行土地股份合作制的，给予每个合作社 5000 元的奖励；对示范带动作用明显、科技含量高的农场，也给予适当奖励。

第四，因地制宜，分类施策。一是开展季节性流转。对不愿意长期流转、农闲季节又未利用的土地，组织经营大户集中包租种植，恢复粮食作物两季或三季种植，有效解决发达地区普遍存在的季节性撂荒问题。二是设立农户自种区块。在交通方便、离村距离近的地方专门规划农户自种区块，将承包地在规模经营区、本人愿意自己经营的农户，调剂到自种区块内，以解决部分农户不愿流转与规模经营要求土地集中连片的矛盾。三是提高区域规模效益。对多数农民要求自行经营的，充分发挥专业合作社、购销大户、农业龙头企业等的作用，围绕主导特色产品，采取统一布局、统一供种、统一管理、统一销售的"四统一"模式进行标准化生产，在不流转土地的情况下实现区域规模效益。

三、慈溪探索的启示

慈溪农村承包土地流转率之高令人惊讶，规模经营比例之大令人感慨，现代农业效果之好令人振奋。慈溪探索给我最深刻的启发是，培育土地流转市场必须抓住关键环节。

第一，培育土地供给市场。获得土地承包经营权的农户能否转出承包地，最为关键的决定因素是必须"有处可去、有活可干、有钱可挣"。促进农村劳动力转向非农产业就业的所有努力，客观上都具有促进土地供给市场发育的效果。同时，还要着力从制度上促进土地供给市场的形成：一是应当进一步健全土地产权制度，赋予农民更加充分而有保障的土地承包经营权，给农民一颗长效"定心丸"，消除农民"怕流转时间长说不清楚"的担忧。二是应当建立健全农村社会保障特别是养老保障制度，解决好农民的后顾之忧。三是应当建立土地流转补贴制度，用经济手段激励农户转出土地。慈溪对转出土地的农民给予养老保险补贴，既有利于促进土地流转，又有利于发育农村社会保障制度。

第二，培育土地需求市场。当农户不愿种，大户不愿接，导致土地抛荒时，培育土地流转市场的切入点是让大户敢于接过农户抛荒的土地。当分散细碎、零星插花、基础设施落后成为制约土地规模经营的瓶颈时，应从整合农业、国土、财政、水利等部门资源大规模开展土地整理入手，开发建设田成行、地成方、田间道路和排灌沟渠齐全的农业生产基地，标准高、地块大能吸引更多的人发展土地规模经营。引进龙头企业，由龙头企业建立生产基地，可以直接或间接地推进土地规模经营。

第三，培育土地中介市场。农村承包地高度分散，愿意转出与不愿意转出的土地犬牙交错，有转出意向的农户与有转入意向的规模经营者之间信息不对称。这些因素的存在，抬高了土地流转的交易成本。培育中介组织，为流转双方搭建交易平台，是提高交易效率的有效途径。在降低转出和转入者的交易成本、实现土地集中连片经营等方面，委托流转比自发流转效果更好。为引导农户采用委托流转，应当降低甚至取消中介组织的收费，使转出土地的农户得到全部土地租金，同时由各级财政对中介组织给予适当补助。

（2009 年 2 月）

充分发挥龙头企业在接续和提升
农业产能中的中坚作用

　　本文的主要内容是，在我国今后 30 年的工业化城镇化进程中，农业能否像过去 30 年那样继续发挥支撑作用；农业要继续支撑工业化城镇化的快速推进，面临哪些挑战；龙头企业在这个过程中可以、也应当发挥什么样的作用。

　　2008 年的中央 1 号文件，主题是加强农业基础建设、保障农产品市场供给。农业政策的重心重新回到"发展生产、保障供给"的原点上来，促进增产再次成为农业政策的"主旋律"。其实，在 2004 年以来的五个中央 1 号文件中，有三个主题是高度近似的，即 2005 年的提高农业综合生产能力、2007 年的发展现代农业、2008 年的加强农业基础建设，实质都是强调农业发展问题。发展农业生产虽然是个老话题，但旧话重提面临的却是全新的时代背景。为什么反复讲这个问题？既有近忧，又有远虑。

　　所谓近忧，就是对宏观经济形势的忧虑。特别是 2008 年 1 号文件主题的确定，与 2007 年以来国际国内经济形势、国内外农产品供求形势的新变化有很大关系。非常担心农产品供给出问题会加剧通货膨胀。2007 年猪肉、食用植物油涨价与奶业波动，加深了这种忧虑。对近忧，大家有亲身感受，2007 年 7 月以来食品价格逐月上涨，CPI 就上去了；从 2008 年 8 月开始食品价格稳定下来，CPI 也就下来了。这是近忧。

　　所谓远虑，就是对中国农业到底有多大产能、农业能否长期支撑我国工业化城镇化，感到不放心、不托底。对远虑，可能有不同认识，有必要做点分析。远虑，虑什么？主要是对今后一个较长时期内我国农业产能的增长能否跟上农产品需求的增长，表示忧虑。这并非杞人忧天。

目前我国正处于工业化城镇化中期，2007 年农业占 GDP 比重已下降到 11.7%，城镇化水平已上升到 44.9%。十七大报告指出，到 2020 年实现全面建成小康社会目标时，我国工业化将基本实现，城镇人口比重将明显增加。这表明，今后一个时期，我国仍将处于工业化城镇化快速推进的历史阶段。在这个阶段，农业能否继续发挥支撑和保障作用，事关工业化城镇化和整个现代化事业能否顺利进行。然而，从我国进入工业化城镇化快速发展阶段近十年来的实际情况和今后可预见的未来发展来看，农产品需求格局和供给基础已经并将继续发生深刻变化。

从需求来看，农产品的刚性消费、改善性消费、转化性消费均已经并将继续呈较快增长趋势。一是随着人口规模的增长，全社会对农产品的刚性消费持续增加。1996 年到 2007 年的 10 年间，我国人口净增 1 亿。到 2020 年我国人口总量即使按人口发展规划要求控制在 14.5 亿以内，还将继续净增 1.3 亿。多一口人，就多一张嘴。二是随着人口结构的变化和收入水平的提高，全社会对农产品的改善性消费持续增加。1996 年到 2007 年的 10 年间，城镇人口比重从 30.5% 提高到 44.9%、总量从 3.7 亿人增加到 5.9 亿人。人口从农村向城市转移的历史进程远未结束。按 2020 年城市化率达到 55%、人口总量控制在 14.5 亿推算，2020 年之前还将有 2 亿多人从农村转向城市。2030 年和 2050 年城市化率将分别达到 65% 和 75%，城市人口总量将进一步增加。人口从农村向城市的迁移，不仅是生产者向消费者的转换、增加了对农产品的商品性需求，而且提高了人均农产品消费水平。尽管恩格尔系数在逐步下降，但无论在城市还是农村，农产品消费的收入弹性仍大于零，纵向看不同年份之间、横向看不同收入组别之间农产品消费水平的差异仍然较大，这意味着随着城乡居民收入的增长，全社会因生活改善而增加的农产品消费数量将长期持续增加。三是随着工业的发展，全社会对农产品的转化性消费持续增加。特别是随着近年来生物能源、生物化工产业的发展，工业对粮食、油料等农产品的转化性消费不断增加。如淀粉、酒精加工等耗用玉米从 2004 年的 250 亿斤增加到 2007 年的 700 亿斤，三年增加了 1.8 倍，占玉米消费总量的比重由 11% 提高到 25%。国家对玉米深加工发展已有所限制，但工业对农产品的非食用转化消费的增长是长期和不可逆转的。

从供给来看，农业发展已经并将继续受耕地、水资源、生产成本、劳动力、生产方式等的约束。一是耕地减少的趋势不可逆转。尽管实行最严格的耕地保护制度和最严格的节约用地制度，但受农业结构调整、生态退耕、自然灾害损毁和非农建设占用等影响，我国耕地面积持续减少。2007年全国耕地面积减少到18.26亿亩，比1996年的19.5亿亩，11年减少1.25亿亩，年均减少1100多万亩。国务院所要求的18亿亩的底线能否坚守到2020年，面临许多挑战。即使守住了这一底线，耕地面积也将继续减少2600万亩。过去10多年中的耕地减少，既减了城镇周边的好地，也减了坡耕地。今后的耕地减少，减的都将是好地。所谓占补平衡、先补后占，更多的是文字游戏，数量上的平衡做不到，产能上的平衡更做不到。二是水资源短缺的趋势不可逆转。我国目前人均水资源量约为2200立方米，不到世界平均水平的28%，缺水问题越来越严重。目前在正常需要和不超采地下水的情况下，正常年份全国缺水将近400亿方、其中农业缺水200亿立方米，400余座城市供水不足，110座城市严重缺水。我国北方地区水资源短缺矛盾更加突出。东北和黄淮海地区粮食产量占全国53%，商品粮占全国66%，但黑龙江三江平原和华北平原很多地区超采地下水灌溉，三江平原近10年来地下水位平均下降2—3米，部分地区下降3—5米，华北平原已形成9万多平方公里的世界最大地下水开采漏斗区（包括浅层地下水和深层承压水）。根据现有数据预测，到2030年我国总用水量约为7000—8000亿方，而届时全国实际可利用水资源仅为8000—9000亿方。如果不及早采取有力措施，我国将迎来严重的水危机。农业是用水大户，今后分配给农业的水资源量不可能增加，生态用水、工业和城镇用水将挤占农业用水。一些地方已通过水权置换，将农业用水调整给工业用水。三是农业生产成本上升的趋势不可逆转。国际经验表明，随着工业化水平的提高，农业的物耗率将逐步提高。我国也具有这一发展趋势。一些地方农机作业、农业雇工、租地费用快速增长。现代农业在很大程度上讲是一种"用商品生产商品"的农业，化肥、农药等商品性投入的增加对现代农业发展起着至关重要的作用。目前我国化肥年生产量约占世界总量的1/3，表观消费量约占世界总量的35%，我国已成为世界上最大的化肥生产国和消费国，是世界上单位面积使用化肥量最多的国家之一。据联合国粮农组织统计，2002年我国每公顷耕地施用化肥304.3吨，分别相当于世界平均水平的3倍和亚洲的2倍，是蒙古的82.2倍、俄罗斯的 25.6 倍、澳大利亚的 6.5 倍、加拿大的 5.3 倍、印度的 3.1 倍、美国的 2.8 倍、印尼的 2.1 倍。化肥价格走势对农业生产成本的走势具有决定性影响。随着石油、天然气、煤炭、硫磺等资源性产品价格的不断提高，化肥价格将受成本的推动而不断走高。四是务农劳动力减少的趋势不可逆转。根据 1996 年和 2006 年两次农业普查，全国农村常住户数增加、常住人口数减少，农业经营户数增加、农业从业人数减少。全国农村常住户数从 22,063 万户，增加到 22,108 万户，增加 45 万户；农村常住人口从 87,377 万人，减少到 74,576 万人，减少 12,801 万人。农业生产经营户数从 19,308.8 万户，增加到 20,015.9 万户，增加 707 万户；住户中农业从业人员从 42,499.5 万人，减少到 34,264.4 万人，共减少 8253 万人。农业兼业化、农民老龄化、农村空心化问题越来越严重。五是农户退出部分农产品生产的趋势不可逆转。尽管有农业生产经营活动的农户数在增加，但农户的部分农产品特别是畜产品的生产总量和占比下降，越来越多的农户退出这些农产品的生产。如退出生猪饲养。1996 年农户存栏生猪 34397 万头，占 94.8%；2006 年为 20,046 万头，占 47.9%。又如退出大牲畜养殖，1996 年农户大牲畜存栏 12,987 万头，占 97.2%；2006 年存栏 11,829 万头万头，占 49.1%。因农户退出而形成的产能缺口，由农业生产经营单位填补（见表 1、表 2、表 3）。

表 1　农业生产经营户畜禽存栏变化

品种	单位	1996 年		2006 年		增减	
		总量	占比（%）	总量	占比（%）	总量	百分点
大牲畜	万头	12,986.50	97.2	11,828.98	49.1	-1157.53	-48.1
奶牛	万头	256.33	77.0	698.83	46.4	442.50	-30.6
猪	万头	34,396.85	94.8	20,046.34	47.9	-14,350.51	-46.9
山羊	万只	11,983.27	97.3	7203.09	49.2	-4719.58	-48.2
绵羊	万只	10,294.08	90.2	6475.06	49.3	-3819.01	-40.9
家禽	万只	241,433.60	90.2	228,165.30	47.2	-13,268.24	-43.1

表 2　农业生产经营单位畜禽存栏变化

品种	单位	1996 年		2006 年		增减	
		总量	占比（%）	总量	占比（%）	总量	百分点
大牲畜	万头	374.10	2.8	12,262.62	50.9	11,888.53	48.1
奶牛	万头	76.57	23.0	807.2696	53.6	730.70	30.6
猪	万头	1886.75	5.2	21,804.06	52.1	19,917.31	46.9
山羊	万只	332.53	2.7	7499.909	50.8	7167.38	48.2
绵羊	万只	1118.43	9.8	6658.938	50.7	5540.51	40.9
家禽	万只	26,231.14	9.8	255,235.8	52.8	229,004.64	43.1

表 3　全国畜禽存栏变化

品种	单位	1996 年	2006 年	增减数量	增长幅度（%）
大牲畜	万头	13,360.6	24,091.6	10,731.0	80.3
奶牛	万头	332.9	1506.1	1173.2	352.5
猪	万头	36,283.6	41,850.4	5566.8	15.3
山羊	万只	12,315.8	14,763.6	2447.8	19.9
绵羊	万只	11,412.5	13,134.0	1721.5	15.1
家禽	万只	267,664.7	483,401.1	215,736.4	80.6

　　总之，农产品需求和供给两方面的深刻变化，共同决定了在未来一个时期内我国农业能否支撑工业化城镇化顺利推进确实面临许多不确定性。现在需要做的，是尽量降低这些不确定性。2008 年的中央 1 号文件提出"实施粮食战略工程，集中力量建设一批基础条件好、生产水平高和调出量大的粮食核心产区；在保护生态前提下，着手开发一批资源有优势、增产有潜力的粮食后备产区"；国家发改委已就玉米、大豆加工业发展提出了指导意见；国务院常务会议审议通过了《国家粮食安全中长期规划纲要（2008—2020）》和吉林新增百亿公斤商品粮规划；有关方面正在调研河南、黑龙江粮食发展规划。从这一系列大动作可以看出，中央在抓农业产能的接续和提升问题。在这个问题上，我觉得龙头企业发挥着不可替代、不容忽视的重要作用。

　　第一，龙头企业是新产能的直接提供者。向农产品生产环节延伸，是农业产业化经营的新趋势。在以前的"公司＋农户"模式中，龙头企业集中在良种繁育、农资供应、产品加工和市场营销环节，对农业生产环节的参与度、控制度较低，仅限于向农户提供投入品赊销、技术指导，通过订单或市场向农户收购农产品。现在，越来越多的龙头企业转向农业生产，兴办独资或合资养殖场、种植场，建立完整的产业链条。例如，青岛九联集团用股份制的形式，联合农民兴建现代化养鸡场。集团公司拿出部分资金、向本村村民和公司职工定向募集部分资金，作为总股本成立肉鸡生产联合社，同时吸纳养鸡场所在村庄农民入股，共同组建肉鸡养殖场。每个养殖场，联合社从总股本中出资 65%，所在村庄农民出资 35%。又如，福建圣农集团是一家大型肉鸡生产企业，除投资建有种鸡场、饲料厂、屠宰厂外，还投资建有 24 个现代化规模养鸡场，拥有 400 多座配有国际先进养殖设备的现代化自动控制鸡舍，年饲养能力达 7000 万羽，相当于几千个专业养鸡户的饲养能力。再如，我国奶业巨头蒙牛集团规划在内蒙古、北京等地投资建立五个万头奶牛场，其在总部所在地内蒙古和林格尔县建立的万头奶牛场已经投产，所产奶源用于生产特仑苏等高端产品。一个万头奶牛场的产奶能力至少相当于 1000 户散养户的产奶能力。北京三元集团从 2001 年开始不再收购散奶，目前 20%的奶源来自北京郊区的规模牧场，其余 80%来自于自建奶源基地，即集团公司下属企业三元绿荷奶牛养殖中心。大连的韩伟集团，也计划在福建、四川等地投资建立大型蛋鸡养殖场。之所以出现这一新趋势，既与龙头企业为保障终端产品质量安全、不得不对农业生产环节实行直接控制有关，也与龙头企业为保障原料供应稳定、不得不向农业生产环节延伸有关。在主要靠散户提供农产品的情况下，由于信息不对称，龙头企业保障原料农产品质量安全和供应稳定的交易费用过高。只有把原料农产品生产环节变为企业的一个车间，才能控制质量、稳定供应。这一新变化，客观上增加了新的农业产能。

第二，龙头企业是新产能的重要孵化者。除直接生产所需原料农产品外，多数加工型龙头企业所需农产品原料主要由散户生产提供。但以鲜活农产品为原料的加工型龙头企业的辐射半径有限，为了在一定地域范围内收购到足够数量的原料农产品，龙头企业有培养更多农户从事所需原料农产品生产的内在激励。主要有两种方式：一是投资建立生产基地，带动基地农户发展相关产品生产。广东温氏食品集团有限公司从 1983 年的 7 户农民、8 份股份、8000 元资金办养鸡场起家。现已发展成为拥有 10 大业务体系，以养鸡、养猪业为主，以养牛、养鸭、蔬菜为辅，以动物保健、食品加工、有机肥料、粮食贸易、农牧设备为产业配套的现代农牧企业集团。2007 年上市肉鸡 5.3 亿只、肉猪 182

万头、肉鸭 680 万只。1994 年走出广东新兴县，在省内外建立养殖公司，带动农户发展养殖业。目前已在全国 19 个省（区、市）的近百个县开办了 100 多家成员企业，在 700 多个乡镇带动 4000 多个自然村、36,500 多户农民发展养殖业。温氏集团的发展，是典型的产能孵化过程，办一个企业、兴一个产业。与清远市政府签订合作协议，在清远市投资建设百万头良种生猪养殖加工基地，以"公司＋基地＋农户"的运作模式，带动当地生猪养殖业发展。温氏集团已分别在英德、清新、佛冈、阳山、连州等县市建立分公司，总投资 10 多亿元人民币，建立相应的商品猪苗场、饲料厂、服务部、销售部等。二是为农户提供资金支持，解决农户发展生产的瓶颈制约。一些龙头企业与政府、银行联合出资，建立贷款担保公司，通过提供贷款担保扶持规模养殖户发展生产。如新希望集团准备 2008 年拿出 1 亿资金与其他机构合作，成立至少 10 家担保公司，在放大 5 到 10 倍的基础上，对那些愿意发展现代农业的农民进行担保放款。通过这两种方式，龙头企业得到了加工原料，农民得到了生产机会，国家得到了农业产能。

　　第三，龙头企业还是既有产能的重要维护者。龙头企业除了通过直接或间接方式提供新产能外，还通过多种方式降低生产波动、牵制退出动能、保护既有产能。一是通过保持必要的良种繁育能力以维护基本产能。在传统饲养体系中，种畜种禽大多由农户分散饲养，行情不好时大量同步宰杀，一旦行情好转又要从繁殖后备母畜母禽做起，等到后备母畜母禽长成能繁母畜母禽、生产仔畜仔禽、商品畜禽上市，需要很长周期。在产业化经营体系中，一些龙头企业投资兴建种畜种禽养殖场，行情不好时既能理智又有实力保持种畜种禽存栏量基本稳定，一旦市场行情好转，很快就能恢复正常生产。保持种畜种禽存栏量基本稳定，实际上就是在保护基本产能。二是通过保护价收购机制以维护农民积极性。农民积极性是最本源的产能。如果农民没有积极性，一切潜在产能都不可能变为现实产能。一些龙头企业通过建立原料农产品的保护价收购机制，稳定农户生产收益，在市场行情低迷时发挥了托市作用。广东温氏集团自 1989 年以来实行保护价收购制度，保证与公司合作的农户每只鸡至少可获得 1.3—1.5 元的利润、每头猪至少可获得 45—55 元的利润。即使在 1998 年初受香港禽流感影响最严重时期，公司顶着每天亏损 130 万元的压力，仍坚持对农户给予适当补贴。三是通过提供农业保险以维护农民抗风险能力。一些龙头企业与政府、保险公司合作，为农户提供保费补贴，引导农民参保，增强了农民抗风险的能力。2007年小麦播种期间，青岛大度谷物有限公司出资33万元，按照每亩3元的标准，为订单农户的10万亩优质小麦统一投保小麦冻害和雹灾商业保险，解除了订单农户的后顾之忧。2008年该公司为订单农户提供的保险费用将达100万元。通过以上三种方式，缩短了市场周期，熨平了市场波动，维护了市场稳定。以龙头企业为核心的产业化经营体系，作为一个整体，其抗风险能力比散户强，其稳定性比散户高。

我国农业发展正面临重大考验。随着工业化城镇化的发展，相当一部分农业产能将因劳力转移、耕地占用、水源短缺、成本上涨而逐渐萎缩、退出。如何使农业产能得到接续和提升，是今后一个较长时期内我国农业发展面临的重大课题。龙头企业在农业产能接续和提升中发挥的独特作用，对调整农业扶持政策的着力点和切入点、探索适合我国国情的农业现代化道路，具有启发意义：

一是应借助龙头企业提高农业产能。为提高农业综合生产能力、满足经济社会发展的需要，采取保护耕地面积、加强农田水利建设、促进农业科技进步等措施是必要的，对规模细小、高度分散、兼业经营的广大农户实行多种补贴措施也是必要的。但要注意到，龙头企业向农业生产环节延伸而产生的新农业生产能力、向专业农户提供资金等帮助而培育的新农业生产能力、向专业农户提供多种保障而维护的既有农业生产能力，是建立在市场机制基础上的农业生产能力，因而也是可持续、靠得住的农业生产能力。这种生产能力将发挥越来越重要的作用。应把扶持龙头企业扩大产能，作为提升我国农业综合生产能力的重要抓手。

二是应借助龙头企业推进农业转型。随着农业富余劳动力的转移和农村人口结构的变化，我国农业必将经历一场经营规模、组织方式、物质装备等的剧烈转型。一些发展中国家的经历业已表明，这种转型往往并不顺利，因农业萎缩而影响现代化进程的国家不在少数。由于我国这一转型是以小规模分散经营为起点的，转型过程势必更为曲折艰难。龙头企业直接投资兴办的种植场、养殖场，是典型的公司制农业，经营规模大、现代化程度高；龙头企业扶持带动基地农户从事种养业，实现了区域化布局、专业化生产。可以说，龙头企业直接投资兴办的公司制农业和辐射带动的家庭式农业，基本完成了农业的转型过程。应把扩大以龙头企业为核心的农业产业化经营体系的覆盖面，作为推进我国现代农业建设的重要抓手。

三是应借助龙头企业落实农业政策。龙头企业接续和提升农业产能、促进农业从传统向现代转型，既是企业追求自身利益的客观结果，也符合国家政策导向。把政府的导向性和企业的自利性结合起来，把政府和企业的共同点作为农业政策的着力点，符合双方的目标和利益。国家支持农产品基地建设、扶持规模经营、推广良种、发展农业保险等政策，如果与龙头企业建设基地、带动农户、统一供种、降低风险等措施结合起来，就能够显著提高双方效率。应把龙头企业作为农业政策的直接扶持对象，作为执行农业政策的重要载体，作为落实农业政策的重要桥梁。

（2008 年 9 月）

加强以农田水利为重点的
农村基础设施建设

　　温家宝总理在十一届全国人大四次会议上所作的《政府工作报告》明确要求大兴水利，全面加强农业农村基础设施建设，并对农田水利、中小河流治理、农田基本建设、农村水电路气房建设等进行了部署。认真落实这些方面的工作部署，是巩固农业基础地位、加快发展现代农业的迫切需要，也是统筹城乡发展、建设农民幸福生活的美好家园的迫切需要。

一、突出加强农田水利等薄弱环节建设

　　兴水利、除水害，历来是治国安邦的大事。新中国成立以来，特别是改革开放以来，我国水利建设取得了举世瞩目的巨大成就。尽管如此，洪涝灾害频繁仍然是中华民族的心腹大患，水资源供需矛盾突出仍然是可持续发展的主要瓶颈，农田水利建设滞后仍然是影响农业稳定发展和国家粮食安全的最大硬伤，水利设施薄弱仍然是国家基础设施的明显短板。特别是 2010 年西南地区发生特大干旱、多数省区市遭受洪涝灾害、部分地方突发严重山洪泥石流，再次警示我们加快水利建设刻不容缓。为此，中央下决心要全面加强水利建设，2011 年中央一号文件的主题就是加快水利改革发展。中央明确提出，要把水利作为国家基础设施建设的优先领域，把农田水利作为农村基础设施建设的重点任务，把严格水资源管理作为加快转变经济发展方式的战略举措，力争通过 5 年到 10 年的努力从根本上扭转水利建设明显滞后的局面，到 2020 年基本建成防洪抗旱减灾体系、水资源合理配置和高效利用体系、水资源保护和河湖健

康保障体系、有利于水利科学发展的制度体系。

加强水利建设是一项长期而艰巨的任务，需要有重点、有计划、有步骤地扎实推进。当前要突出加强农田水利等薄弱环节的建设：

一是大兴农田水利建设。与一些国家的雨养农业不同，我国农业是典型的灌溉农业。由于人多地少，迫使我国农业必须走集约高产的道路；由于降水时空分布不均，光热水土匹配不理想，实现农业集约高产就必须有灌溉条件。可以说，灌溉条件历来是我国多数地方农业生产效率的决定性因素。尽管我国有悠久的灌溉史，很早就发展农田水利，兴建了都江堰、坎儿井等举世闻名的水利工程，但毕竟灌溉面积有限，多数地方农业基本上是靠天吃饭。干旱一直是我国农业的主要威胁。一部中国灾荒史，很大程度上是旱魔肆虐史。最近几十年来，我国加强了农田水利建设，全国有效灌溉面积1952年为2.99亿亩，2009年已增加到8.89亿亩，为农业综合生产能力的持续提高发挥了至关重要的作用。然而，农田水利建设滞后的问题依然突出，干旱依然是我国农业生产的主要威胁。有效灌溉面积占耕地面积的比重，日本早已超过70%，而我国目前仅为48.69%，在合理配置和有效利用水资源的前提下，还有很大的发展空间。即使是在目前的有效灌溉面积中，也有相当一部分达不到旱涝保收标准。现有的农田灌溉设施，很多已运行了几十年，老化失修情况极为严重。我国目前仍处于工业化城镇化快速发展阶段，要求不断提高农业综合生产能力，对农田水利的支撑保障作用多有仰仗。"十二五"期间要新增农田有效灌溉面积4000万亩，"十二五"期末要将农田灌溉水有效利用系数由目前的0.5提高到0.53。为此，一要加快推进大中型灌区建设。按规划推进大型灌区、重点中型灌区续建配套和节水改造。结合全国新增千亿斤粮食生产能力规划实施，在水土资源条件具备的地区新建一批灌区。实施大中型灌溉排水泵站更新改造，加强重点涝区治理，完善灌排体系。二要加快推进小型农田水利建设。优先将产粮大县纳入小型农田水利建设重点县范围，加强灌区末级渠系建设和田间工程配套。因地制宜兴建中小型水利设施，支持山丘区小水窖、小水池、小塘坝、小泵站、小水渠等"五小水利"工程建设，重点向革命老区、民族地区、边疆地区、贫困地区倾斜。三要大力发展节水灌溉。推广渠道防渗、管道输水、喷灌滴灌等技术，扩大节水、抗旱设备补贴范围，努力提高农田灌溉水有效利用系数。积极发展旱作农业，采用地膜覆盖、深松深耕、保护性耕作等技术。稳步发展牧区水利，建设节水高效灌溉饲草料地。

二是加快中小河流治理、小型水库除险加固和小型水源工程建设。1998年大洪水过后，国家利用应对亚洲金融危机、实施积极财政政策的机会，大幅度增加了对水利建设的投入，集中力量加强大江大河防洪工程建设。这对全面提高防洪能力、保障城市和重要基础设施安全发挥了重要作用。近几年频繁发生的水旱灾害充分表明，中小河流和大江大河主要支流防洪能力低、小型水库病险率高、山洪灾害威胁大、抗旱水源工程严重不足，已成为水利建设的薄弱环节。加快解决这些问题刻不容缓。一要加快中小河流治理。在继续实施大江大河治理、进一步完善综合防洪减灾体系的同时，要更加注重洪涝灾害易发、保护区人口密集、保护对象重要的中小河流及河段的治理，通过加固堤防、清淤疏浚，尽快使治理河段基本达到国家防洪标准。二要加快小型病险水库除险加固。在巩固大中型病险水库除险加固成果的基础上，加大力度推进小型病险水库除险加固步伐，尽快消除水库安全隐患，恢复防洪库容，增强水资源调控能力。推进大中型病险水闸除险加固。三要加快山洪地质灾害防治。坚持工程措施和非工程措施相结合，抓紧完善专业技术人员与群众相结合的监测预警体系，加快实施防灾避让和重点治理。四要抓紧解决工程性缺水问题。加快推进西南等工程性缺水地区重点水源工程建设，坚持蓄引提与合理开采地下水相结合，以县为单元，尽快建设一批中小型水库、引提水和连通工程，支持农民兴建小微型水利设施。建设一批规模合理、标准适度的抗旱应急水源工程，建立应对特大干旱和突发水安全事件的水源储备制度。

加强农田水利等薄弱环节建设，关键在扩大水利投资规模、建立投入稳定增长机制。根据中央确定的水利发展目标任务和国务院已批准的水利建设相关规划，今后10年全社会水利年平均投入要比2010年高出一倍。2010年全社会水利投入约2000亿元，照此推算，今后10年全社会水利投入累计将达4万亿元。达到这一投入规模，必须坚持多渠道筹集资金：

一是加大公共财政对水利的投入。水利是现代农业建设不可或缺的首要条件，是经济社会发展不可替代的基础支撑，是生态环境改善不可分割的保障系统，具有很强的公益性、基础性、战略性。基于这种定位和定性，必须把坚持政府主导作为水利建设的基本原则之一。坚持政府主导，既应体现在规划制定上，也应体现在资金保障上；既应体现在对大中型工程的支持上，也应体现在对小型水利的扶持上；既应体现在对项目法人的投入上，也应体现在对农户的投入上。必须发挥公共财政对水利发展的保障作用，将水利作为公共财政投入的重点领域，各级财政对水利投入的总量和增幅都要有明显提高：一要进一步提高水利建设资金在国家固定资产投资中的比重。二要大幅度增加中央和地方财政专项水利资金。三要进一步完善水利建设基金政策，延长征收年限，拓宽来源渠道，增加收入规模。四要完善水资源有偿使用制度，合理调整水资源费征收标准，扩大征收范围，严格征收、使用和管理。五要从土地出让收益中提取 10%用于农田水利建设。这是继明确要求将土地出让收益的一定比例用于农业土地开发、保障性住房建设和教育发展之后，中央针对土地出让收益出台的又一新政策。这是 2011 年中央一号文件含金量很高的一条措施，彰显了中央加强农田水利建设的坚定决心。按照 2010 年全国土地出让情况推算，每年可筹集农田水利建设资金 600 亿至 800 亿元。当然，落实好这一政策并容易。土地出让收益不等于土地出让收入，如何防止一些地方抬高土地征收和开发成本、从而少提取农田水利建设资金，还有待制定具体明确的操作细则。土地出让收益掌握在各地政府手中，土地出让收益多的大城市农田水利建设任务不一定重，而需要大量农田水利建设资金的中西部地区土地出让收益却很少，这需要中央统筹调剂。同时，要充分发挥新增建设用地土地有偿使用费等土地整治资金的综合效益；有重点防洪任务和水资源严重短缺的城市，要从城市建设维护税中划出一定比例用于城市防洪排涝和水源工程建设。

二是广泛吸引社会资金投资水利。必须清醒地看到，推进水利建设单纯依靠政府投入是不够的，需要挖掘农民和社会各方面的资金潜力。一要充分调动农民兴修农田水利的积极性。鼓励农民自力更生、艰苦奋斗，在统一规划基础上，按照多筹多补、多干多补原则，加大一事一议财政奖补力度。二要加强对水利建设的信贷支持。引导金融机构增加水利信贷资金，有条件的地方可根据不同水利工程的建设特点和项目性质，确定财政贴息的规模、期限和贴息率。借鉴国际经验，支持农业发展银行积极开展水利建设中长期政策性贷款业务。鼓励国家开发银行、农业银行、农村信用社、邮政储蓄银行等银行业金融机构进一步增加农田水利建设的信贷资金。三要积极稳妥推进经营性水利项目进行市场融资。鼓励符合条件的地方政府融资平台公司通过直接、间接融资方式，拓宽水利投融资渠道。支持符合条件的水利企业上市和发行债券，探索发展大型水利设备设施的融资租赁业务，积极开展水利项目收益权质押贷款等多种形式融资。

二、大力加强农业生产性基础设施建设

我国粮食已连续七年增产、连续四年稳定在万亿斤台阶，农业基础设施支撑已绷得很紧，现有产能也已得到充分发挥。同时，随着工业化城镇化深入发展，耕地等资源将继续流出农业。进一步提高农业综合生产能力，使农业迈上新的台阶，根本出路在于大力加强农业生产性基础设施建设。除农田水利外，当前还应重点抓好以下方面。

一是大力推进农村土地开发整理。近年来的实践表明，开展农村土地的开发整理，对主要耕作区的田块、田坎、沟渠、田间道路等进行建设性改造，对农村不合理利用的建设用地进行复垦，是提高土地利用率和产出率、扩大耕地面积的有效途径。在多数地方，农地整理可新增耕地 5%—8%，结合村庄整治可净增耕地 10%—15%，农田产出率可提高 10%—20%。据国土资源部统计，1997—2009 年间，全国依法批准的建设占用耕地 4000 多万亩，通过土地整理，共补充耕地 4500 多万亩，为实现占补平衡发挥了重要作用。根据 2010 年 11 月 10 日国务院常务会议精神，下一步开展农村土地整治，要按照统筹规划、整合资源、加大投入、实施田水路林村综合治理的原则，以农田整治为重点。各地要按照土地利用总体规划，依法编制农村土地整治规划，合理安排土地整治的规模、布局和时序；充分利用农村土地整治平台，有效聚合相关资金，发挥综合效益。要以中央分成新增建设用地土地有偿使用费为引导，重点支持土地利用总体规划确定的土地整治重大工程和农村土地整治示范工程。要强化农村土地整治新增耕地的质量建设与管理，严格新增耕地质量验收，有针对性地采取培肥地力、兴修水利、修建道路、栽植林网等措施稳步提升新增耕地的生产能力。

二是大规模建设旱涝保收高标准农田。中低产田比重高，是制约我国农业发展的突出问题，也是农业增产的潜力所在。大规模建设旱涝保收高标准农田，是提高耕地产出能力、保障国家粮食安全、实现农产品有效供给最现实的途径。目前各部门掌握的涉及农田建设的资金渠道较多，形不成合力。应该按照统筹规划、分工协作、集中投入、连片推进的要求，抓紧制定实施全国高标

准农田建设总体规划，统筹相关项目资金，建立稳定的投入保障机制，加快中低产田改造，推进农业综合开发、基本农田整治、土壤改良和田间配套设施建设，力争到2020年新建8亿亩高标准农田。

三是加快全国新增千亿斤粮食生产能力建设。这是把我国粮食生产能力提升到一个新台阶的重大举措，也是整合各类发展粮食生产资金的重要平台。要围绕提高粮食产能这个主题和加强田间工程及农技服务体系建设这个主线，抓好以下项目建设：建设高产稳产粮田，包括排灌沟渠、地埋管、桥涵闸、集雨蓄水设施、机井配套等小型农田水利设施、土地平整、机耕道、农田防护林、积肥设施等；建设良种科研繁育体系，包括农业科研体系、粮食作物国家制种基地、良种繁育基地、育秧大棚、工厂化育秧设施等，改善育种科研实验室条件、制种田基础设施条件以及配套种子检验、加工等设施设备等；建设县级农机、植保、土肥、种子质量检测、水利等粮食生产服务体系，包括购置示范样机、测试、培训、监理等设备以及配套设施，病虫观测场、试验检测化验室、地力墒情监测点、储藏室等设施以及配套仪器设备配置，排灌实验设备设施等；建设农田面源污染治理工程和农业面源污染监测体系，包括生态拦截工程、人工湿地、县级农业面源污染监测站建设及配套仪器设备等。田间工程及农技服务体系建设项目由中央和省、市、县共同投资建设。根据各地在全国新增千亿斤粮食生产能力规划中承担的增产任务，按照钱粮挂钩的原则，安排相应的建设任务和投资。

三、统筹加强农村水电路气房建设

这些年国家加大了对农村饮水、电力、公路、沼气、危房改造等建设的支持力度，农民生产生活条件有所改善。但基础设施落后仍是农村发展面临的突出问题，也是城乡差距的主要方面。我们既要推进城镇化、让符合条件的农村转移人口逐步变为城镇居民，也要加强新农村建设、让留在农村的农民有一个幸福生活的美好家园。

一是继续推进农村饮水安全建设。按照国务院批准的《2005—2006年农村饮水安全应急工程规划》以及《全国农村饮水安全工程"十一五"规划》要求，2005年至2010年，国家发改委和水利部在全国共安排农村饮水安全工程投资610亿元，加上地方配套439亿元，总投资达1049亿元，兴建集中式供水工程 19.9 万处，解决 2.2 亿农村人口饮水安全问题，超额完成"十一五"规划建设任务。2011 年中央一号文件明确要求，到 2013 年解决规划内农村饮水安全问题，"十二五"期间基本解决新增农村饮水不安全人口的饮水问题。为此，要继续推进集中供水工程建设，提高农村自来水普及率。有条件的地方应延伸集中供水管网，发展城乡一体化供水。加强农村饮水安全工程运行管理，落实管护主体，加强水源保护和水质监测，确保工程长期发挥效益。制定支持农村饮水安全工程建设的用地政策，确保土地供应，对建设、运行给予税收优惠，供水用电执行居民生活或农业排灌用电价格。

二是实施新一轮农村电网改造升级工程。农村电网是农村重要的基础设施，关系农民生活、农业生产和农村繁荣。自 1998 年实施农村电网改造、农村电力管理体制改革和城乡用电同网同价以来，我国农村电网结构明显改善，供电可靠性显著提高，农村居民用电价格大幅降低，为农村经济社会发展创造了良好条件。但受多种因素制约，目前我国农村电网建设仍存在许多矛盾和问题。2011 年 1 月 5 日国务院常务会议决定实施新一轮农村电网改造升级工程，在"十二五"期间，使全国农村电网普遍得到改造，农村居民生活用电得到较好保障，农业生产用电问题基本解决，基本建成安全可靠、节能环保、技术先进、管理规范的新型农村电网。为此，一要按照新的建设标准和要求对未改造地区的农村电网进行全面改造。二要对已进行改造但仍存在供电能力不足、供电可靠性较低问题的农村电网，实施升级改造。三要因地制宜地对粮食主产区农田灌溉、农村经济作物和农副产品加工、畜禽水产养殖等供电设施进行改造，满足农业生产用电需要。四要按照统筹城乡发展要求，在实现城乡居民用电同网同价基础上，实现城乡各类用电同网同价，进一步减轻农村用电负担。五要深化农村电力体制改革，全面取消县级电网企业"代管体制"，建立有利于促进农村电力健康发展的体制机制。六要加大资金支持力度。中西部地区农村电网改造升级工程项目资本金主要由中央安排。继续执行每千瓦时电量加收 2 分钱的政策，专项用于农村电网建设与改造升级工程贷款的还本付息。

三是加大农村公路建设投资力度。"十一五"期间，中央对农村公路建设投资达到 1978 亿元，加上地方投入，全社会共计完成投资 9500 亿元，新改建农村公路 186.8 万公里，其中新增农村公路 52.7 万公里。截至 2010 年底，我国农村公路总里程达到 345 万公里。农村公路建设不断发展，极大方便了农村群众出行，促进了农民增收，加快了城乡一体化进程。"十二五"期间，中央对农村公路建设的投资力度将进一步加大，补助标准也会提高。资金投放优先考虑西部地区建制村通沥青（水泥）路建设，同时要加强危桥改造、安保工程建设，支持尚未通沥青（水泥）路的乡镇和建制村的农村公路建设、县乡道改造、连通工程、乡镇客运站等。2011年，中央车购税安排农村公路建设投资将超过300亿元，投资也将进一步向西部地区特别是老少边穷地区倾斜。

四是扎实推进农村沼气建设。发展农村沼气，有利于增加清洁能源供应，优化农村能源消费结构；有利于带动改厨、改厕、改圈，改善农村环境；有利于转变农业发展方式，促进生态农业发展。农村沼气建设已成为深受农民欢迎的能源工程、生态工程、富民工程、清洁工程和民心工程。继续发展农村沼气，总的要求是"巩固、扩大、优化、提高"，即巩固沼气建设成果，扩大沼气发展规模和综合效益，适应养殖业规模化发展、农村城镇化不断推进、农村能源清洁低碳化需求加大的新形势，优化沼气投资结构，加大支持养殖场沼气工程和沼气服务体系建设。同时，还要加强沼气池建设与施工、沼气灶具及配件生产、科研推广和社会化服务有机衔接，延长产业链条。

五是扩大农村危房改造规模。实行农村危房改造是改善农村民生的重大举措，也是扩大内需的重要途径。2011年中央将继续扩大农村危房改造规模，加大资金投入力度，全年要完成150万户改造任务。各地要在确保完成危房改造任务的前提下，依据农村危房改造方式、建设标准、成本需求和补助对象自筹资金能力等不同情况，合理确定不同地区、不同类型、不同档次的省级分类补助标准。按照优先帮助住房最危险、经济最贫困农户解决最基本安全住房的要求，合理确定补助对象。采取积极措施，多渠道筹措农村危房改造资金。建立农村危房改造质量安全管理制度，确保危房改造的工程质量。

（2011年3月）

加快农业科技进步

实现农业持续稳定发展、长期确保农产品有效供给，根本出路在科技。《中共中央、国务院关于加快推进农业科技创新持续增强农产品供给保障能力的若干意见》(中发〔2012〕1号)，围绕保障当前农产品供给、增强长远农业综合生产能力，突出强调推进农业科技创新，出台了一系列含金量高、操作性强的新举措。温家宝总理在十一届全国人大五次会议上所作的《政府工作报告》，对加快推进农业科技创新提出了明确要求。这是党中央、国务院科学把握现代农业发展规律、从战略和全局出发作出的重大决策，是新形势下同步推进工业化、城镇化和农业现代化的重大部署，是对新时期强农惠农富农政策体系的丰富发展，在我国现代农业建设乃至整个现代化建设进程中具有里程碑意义。认真落实这些方面的安排部署和政策措施，推动农业科技跨越发展，不仅是当前重要工作，也是长期任务。

一、农业发展的根本出路在科技进步

国以民为本，民以食为天。农业始终是"惠民生、安民心、固民本"的民生产业和"安天下、稳大局、强国基"的基础产业。2004年以来，我国粮食总产实现连续八年增产、年均增产350多亿斤，其他主要农产品也都有较大幅度增产。这为保障经济社会发展提供了重要物质基础。这是在国家支持保护政策作用下，农民积极性得到充分发挥、农业物质技术装备条件得到明显改善、现有农业产能得到充分释放的情况下实现的。需要注意的是，农业丰收延续的时间越长，各种资源要素绷得越紧。尤其需要警醒的是，在今后工业化城镇化进程中同步推进农业现代化、继续保障粮食和主要农产品有效供给，承受的各种压力将越来越大、遭遇的各种约束将越来越紧。农业资源要素的不断流失，农业劳动力的持续转移，农业生产成本的快速攀升，全社会对农产品质量安全的高度关注，农业国际竞争的日益加剧，都是农业发展必须面对和攻克的难题。解决好这些问题，必须加大对农业的支持保护力度、改革完善农业经营体制机制、加强以水利为重点的农业基础设施建设，同时，要更加重视农业科技进步。特别是在我国人多地少水缺的基本国情和加快转变经济发展方式的时代背景下，化解资源环境对农业发展的制约，尤其需要从科技进步寻找出路。

一是化解耕地不足矛盾必须依靠农业科技进步。我国人均耕地面积仅 1.38 亩，仅相当于世界平均水平的 40%。随着工业化城镇化推进，今后不可避免地还要继续占用耕地，人增地减的矛盾将更加突出。尽管有耕地占补平衡、先占后补的制度约束，但占用的往往是优质耕地，补充的大多是劣质耕地。耕地后备资源不足，可开发耕地后备资源不足 7500 万亩，而且分布不均、开发利用难度大。"十一五"期间，我国粮食增产贡献因素中，播种面积增加占三成以上，且相当部分是以减少油料、棉花等其他农作物面积为代价的。在城乡居民对农产品多样化需求日趋增大的背景下，同步提高粮食和其他主要农产品产量，必须更多地依靠科技进步提高各自单产水平。

二是化解水资源约束必须依靠农业科技进步。我国人均水资源量约为 2100 立方米，仅为世界平均水平的 28%，列世界第 125 位。目前全国用水总量 6000 亿立方米，年缺水 500 亿立方米，近 2/3 城市缺水，每年农业缺水 300 亿立方米、影响耕地 3 亿亩。根据国家有关规划，2015 年、2020 年和 2030 年全国用水总量分别要控制在 6350 亿立方米、6700 亿立方米和 7000 亿立方米以内。今后一个时期，全社会用水量增长空间有限。随着工业、城市、生态用水刚性增加，农业用水紧缺的矛盾将更加明显。特别是从水资源空间分布来看，北方地区耕地占全国的 60%，而水资源量仅占全国的 19%，其中黄淮海流域水资源量仅占全国的 7%，是我国水资源供需矛盾最尖锐的地区。这些地区恰恰是我国重要农产品产区。化解水资源紧缺对农业生产的制约，必须大力推广节水灌溉和旱作农业技术。

三是化解环境压力必须依靠农业科技进步。工业化城镇化发展，导致土壤、水体污染，影响农业产能提高和农产品质量安全。我国受重金属污染的耕地达 3 亿亩，受农药和其他化学品污染的农田约 9 亿亩。化肥和农药的广泛使用，使农业成为重要的面源污染源；畜牧业的快速发展，使农业成为温室气体的重要排放者。目前我国单位面积化肥使用量是联合国粮农组织规定上限的 2 倍，农药使用量高达世界平均水平的 2.5 倍以上。据国家环保部《2010 年环境状况公报》，我国农村面源污染已超过城市工业污染，农业农村排放的 COD 占全国的 43%、总氮量占 57%、总磷占 67%。《国务院关于印发"十二五"控制温室气体排放工作方案的通知》（国发〔2011〕41 号）明确要求，通过改良作物品种、改进种植技术，加强畜牧业废弃物处理和综合利用，鼓励使用缓释肥、有机肥等替代传统化肥，努力控制农业领域温室气体排放。

四是化解气候变化影响必须依靠农业科技进步。随着全球气候变暖，我国极端天气事件发生的概率增加，每年干旱、低温冻害、洪涝等气象灾害频繁发生，不仅灾害种类多，而且发生范围广、程度深、危害大，对农业生产造成的影响尤为严重。近 30 年来，气象灾害对种植业生产的影响，虽年际间有波动，但总体呈加重趋势。同时，气候变化导致农作物病虫草鼠害发生规律出现诸多新变化，对种植业生产构成极大威胁。据监测，与 20 世纪 80 年代相比，小麦条锈病越夏区的海拔高度升高 100 米以上，发生流行时间提早半个月左右；水稻"两迁"害虫和飞蝗发生区域向高纬度、高海拔地区扩展。这些，都对发展农业防灾减灾技术提出了新要求。

五是应对农业劳动力老龄化必须依靠农业科技进步。随着农村劳动力持续向外转移，农业劳动力呈现总量过剩与结构短缺并存特征。据专家推算，2010 年全国 28,708 万农业劳动力中，16—20 岁占 2.8%，21—30 岁占 13.5%，31—40 岁占 15.6%，41—50 岁占 27.7%，50 岁以上占 40.4%。一些地方务农劳动力老龄化已非常明显。例如，2009 年浙江省嘉兴市农业劳动力平均年龄已达到 57.8 岁。培育一批高素质的新型务农劳动者，解决好"谁来种地"、"地怎么种"的问题，已迫在眉睫。这要求加强农业职业教育，为农业发展提供合格接班人；加快农业机械化，为提高农业劳动生产率提供技术支撑。

过去我们为发展农业生产，在农业科技进步方面下了很大工夫，取得了一定成效，但主要还是靠增加资源要素的使用，农业生产方式仍很粗放。2011 年，我国农业科技进步贡献率虽然提高到 53.5%，但发达国家普遍在 70% 以上；主要农作物耕种收综合机械化率达到 54.8%，但发达国家早已实现全程机械化；农田灌溉水利用系数、化肥和农药有效利用率、饲料转化率等，也都有很大提升空间。我们必须比以往任何时候都要更加重视和依靠农业科技进步。

二、准确把握农业科技进步的关键环节

纵观世界农业发展史，农业技术的每一次重大突破，都会带来农业生产力的极大发展。从传统农业、近代农业到现代农业，每一个阶段无不以技术变革为动力、以技术进步为标志。农业机械、农药、化肥、灌溉、良种等技术的突破和广泛应用，带动了世界范围内农业生产力的大幅提升。目前世界各国都把大力推进科技进步作为促进农业发展的战略举措。必须紧紧抓住世界科技革命方兴未艾的历史机遇，坚持科教兴农战略，大力推进我国农业科技进步。当前和今后一个时期应在以下方面努力。

（一）加强农业科技创新。创新是技术进步的源泉，是支撑发展、引领未来的决定性力量。多年来，我国农业科研人员辛勤工作、团结协作，在农业科技创新方面取得了丰硕成果，特别是近年来在超级稻、抗虫棉、矮败小麦、双低油菜、禽流感疫苗等方面取得了重大成果。但目前我国农业科技原始创新和关键技术成果仍明显不足，跟踪式、模仿式甚至低水平重复式研究较多，真正能运用到生产上的重大突破性成果还比较少；畜禽、园艺、农机等领域关键技术成果缺乏，在生产中普遍应用的高端园艺品种、畜禽品种、大型农用机械、农产品加工成套设备等主要依赖进口。必须按照中央部署，明确方向，突出重点，加快农业科技创新步伐。从农业科技创新的方向看，就是要：着眼长远发展，超前部署农业前沿技术和基础研究，力争在世界农业科技前沿领域占有重要位置；面向产业需求，坚持"课题来源于生产、成果应用于实践"的科研理念，着力解决生产实际问题，着力突破农业重大关键技术和共性技术；立足我国基本国情，遵循农业科技规律，把保障国家粮食安全作为首要任务，把提高土地产出率、资源利用率、劳动生产率作为主要目标，把增产增效并重、良种良法配套、农机农艺结合、生产生态协调作为基本要求，促进农业技术集成化、劳动过程机械化、生产经营信息化，构建适应高产、优质、高效、生态、安全农业发展要求的技术体系。从农业科技创新的重点看，就是要：大力加强农业基础研究，在农业生物基因调控及分子育种、农林动植物抗逆机理等方面突破一批重大基础理论和方法；加快推进前沿技术研究，在农业生物技术等方面取得一批重大自主创新成果，抢占现代农业科技制高点；着力突破农业技术

瓶颈，在良种培育等方面取得一批重大实用技术成果。

科技兴农，良种先行。据专家测算，目前我国良种在农业科技进步贡献率中所占比例仅为40%多，发达国家在60%以上。我国育种创新能力仍然较低，选育的品种多，但突破性品种少、相当部分是低水平重复；通过审定的品种多，但大面积种植的品种少；高产品种多，但综合性状好、品质高、抗逆性和适应性强的品种少；适合人工劳动的品种多，但适合机械作业的品种少。在农业科技创新中，尤其要着力抓好种业科技创新。应增加种业基础性、公益性研究投入，加强种质资源收集、保护、鉴定，创新育种理论方法和技术，创制改良育种材料，加快培育一批突破性新品种。加快建立以企业为主体的商业化育种新机制，重大育种科研项目要支持育繁推一体化种子企业。建立种业发展基金，培育一批育繁推一体化大型骨干企业，支持企业与优势科研单位建立育种平台，鼓励科研院所、高等学校科研人员与企业合作共享。

（二）**加强农业技术推广**。创新的价值在于应用。农业科研成果只有落到田间地头，才能真正转化为现实生产力。目前我国农业科技成果转化率不到40%，发达国家达到80%以上。我国农业科研能力本来就差、投入本来就不足，好不容易出了成果，却又得不到应用，这既造成科研资源浪费，又不利于提高科技进步对农业发展的贡献率。农业科研成果从立项、研究到审定要经历很长过程，离最终实际使用仅一步之遥却止步不前，出现"最后一公里"现象，专家和农民"隔河相望"、两头着急，原因是多方面的，需要采取综合性措施。一要强化基层公益性农技推广服务。着力增强基层农技推广服务能力，普遍健全乡镇或区域性农业技术推广、动植物疫病防控、农产品质量监管等公共服务机构，明确公益性定位，根据产业发展实际设立公共服务岗位。改进基层农技推广服务手段，充分利用广播电视、报刊、互联网、手机等媒体和现代信息技术，为农民提供高效便捷、简明直观、双向互动的服务。二要引导科研教育机构积极开展农技服务。支持高等学校、科研院所承担农技推广项目、建立农业试验示范基地，推行专家大院、校市联建、院县共建等服务模式，集成、熟化、推广农业技术成果。三要培育和支持新型农业社会化服务组织。通过政府订购、定向委托、招投标等方式，扶持各种社会组织广泛参与农业技术推广。充分发挥农民专业合作社、涉农企业在推动农民运用先进适用技术中的作用。鼓励有条件的基层站所创办农业服务型企业，推行科工贸一体化服务的企业化试点，由政府向其购买公共服务。四要加强推广示范平台建设。深入推进粮棉油糖高产创建、园艺作物标准园和畜禽水产示范场创建、现代农业示范区建设，促进技术与资金等生产要素有机结合、技术创新与生产方式创新有机结合，提高先进适用技术到位率。

（三）加强农业教育和科技培训。人是生产力中最活跃的因素。无论创新还是推广，都离不开人的素质的提高。一要大力发展农业教育。一个时期以来，受就业等因素影响，农业院校明显非农化、涉农专业明显边缘化，农业教育呈现萎缩之势。长此以往，势必加剧农业科技人才不足的矛盾。应迅速扭转这种局面，高度重视农业教育的振兴和发展。要为农业院校发展创造良好条件，推进部部共建、省部共建高等农业院校，实施卓越农林教育培养计划，办好一批涉农学科专业，加强农科教合作人才培养基地建设，进一步提高涉农学科（专业）生均拨款标准。要鼓励和引导青年学子爱农学农，提高涉农专业生源质量，加大国家励志奖学金和助学金对高等学校涉农专业学生倾斜力度，加大高等学校对农村特别是贫困地区的定向招生力度，加快中等职业教育免费进程。要鼓励和引导高等学校毕业生到农村基层工作，对符合条件的实行学费补偿和国家助学贷款代偿政策。二要加快培养农业科技人才。培养农业科技领军人才和创新团队至关重要，国家重大人才工程要向农业领域倾斜，继续实施创新人才推进计划和农业科研杰出人才培养计划。重视基层农技人员的培养，广泛开展基层农技推广人员分层分类定期培训，开展农业技术推广服务特岗计划试点、选拔一批大学生到乡镇担任特岗人员，积极发挥农民技术人员示范带动作用、按承担任务量给予相应补助。三要大力培训农村实用人才。充分发挥各部门各行业作用，以提高科技素质、职业技能、经营能力为核心，加大各类农村人才培养计划实施力度。大力培育新型职业农民，对未升学的农村高初中毕业生免费提供农业技能培训，对符合条件的农村青年务农创业和农民工返乡创业项目给予补助和贷款支持。

三、为农业科技进步提供有力保障

农业科技是确保国家粮食安全的基础支撑，是突破资源环境约束的必然选择，是加快现代农业建设的决定力量，具有显著的公共性、基础性、社会性。必须把农业科技摆上更加突出的位置，下决心突破体制机制障碍，大幅度增加农业科技投入，为加快农业科技创新创造更有利条件。

一要推进农业科技体制改革。我国农业科研、教育、推广机构和队伍是全世界最大的，但体制机制不顺，资源配置效率不高。农业科技管理分属不同层级、不同部门，缺乏有效的会商机制和高效的顶层设计，中央、省、地三级农业科研机构之间分工不明确，产前、产中、产后科技力量分配不平衡，中试转化、产业化等环节相对薄弱。农业科研、教育、推广三个体系相对独立运行，基层农技推广体系面临的体制机制障碍依然存在。要推进农业科研体制改革，建立协同创新机制，有效整合科技资源，打破部门、区域、学科界限，推动产学研、农科教紧密结合，加强和改进以产业需求为导向、以农产品为单元、以产业链为主线、以综合试验站为基点的新型农业科技资源组合模式，积极培育以企业为主导的农业产业技术创新战略联盟，按照事业单位分类改革的要求深化农业科研院所改革、健全现代院所制度、扩大院所自主权，加强市地级涉农科研机构建设、鼓励有条件的地方纳入省级科研机构直接管理；完善农业科研立项机制，实行定向委托和自主选题相结合、稳定支持和适度竞争相结合，鼓励企业承担国家各类科技项目；完善农业科研评价机制，坚持分类评价，注重解决实际问题，改变重论文轻发明、重数量轻质量、重成果轻应用的状况。要推进农业推广体制改革，进一步完善乡镇农业公共服务机构管理体制，加快把基层农技推广机构的经营性职能分离出去，按市场化方式运作，探索公益性服务多种实现形式；全面实行人员聘用制度，推行县主管部门、乡镇政府、农民三方考评办法，落实工资倾斜和绩效工资政策、实现在岗人员工资收入与基层事业单位人员工资收入平均水平相衔接；完善科研教学人员深入基层从事农技推广服务的激励机制，把农技推广服务绩效纳入专业技术职务评聘和工作考核，推行推广教授、推广型研究员制度。

二要多渠道增加农业科技投入。投入不足是制约我国农业科技进步的突出矛盾。2009年我国农业科研投入占农业增加值的比例仅为0.6%左右，远低于发达国家2%以上的比例，与联合国粮农组织建议的发展中国家1%的水平也有较大差距。这与农业在我国经济社会发展中的地位很不相称、与农业科技肩负的责任很不相符。据专家研究，我国农业科研投入占农业增加值的比例2015年应力争达到2.2%左右。为此，要建立农业科技投入稳定增长机制，持续加大农业科技财政性投入，充分发挥政府在农业科技投入中的主导作用，保证财政农业科技投入增幅明显高于财政经常性收入增幅，逐步提高农业研发投入占农业增加值的比重。要围绕改善农业科技创新条件，加大国家各类科技计划向农业领域倾斜支持力度，提高公益性科研机构运行经费保障水平；继续实施转基因生物新品种培育科技重大专项，加大涉农公益性行业科研专项实施力度；推进国家农业高新技术产业示范区和国家农业科技园区建设；按照统筹规划、共建共享的要求，增加涉农领域国家工程实验室、国家重点实验室、国家工程技术研究中心、科技资源共享平台的数量，支持部门开放实验室和试验示范基地建设。要切实改善基层农技推广工作条件，按种养规模和服务绩效安排推广工作经费；2012年基层农业技术推广体系改革与建设示范县项目基本覆盖农业县（市、区、场）、农业技术推广机构条件建设项目覆盖全部乡镇；大幅度增加农业防灾减灾稳产增产关键技术良法补助。在增加财政性农业科技投入的同时，应广辟其他农业科技投入渠道。支持发展农业科技创新基金，积极引导和鼓励金融信贷、风险投资等社会资金参与农业科技创新创业。加大对科技型农村企业、科技特派员下乡创业的信贷支持力度，积极探索农业科技专利质押融资业务。支持农业发展银行加大对农业科技的贷款力度。落实税收减免、企业研发费用加计扣除、高新技术优惠等政策，支持企业加强技术研发和升级，增强自主创新能力。加快农业技术转移和成果转化，加强农业知识产权保护，稳步发展农业技术交易市场。

（2012年2月）

中国农机化的新机遇

这几年全国农业机械化取得突破性进展，进入了真正的"黄金期"。全国农机总动力从 2003 年的 60,447 万千瓦增长到 2011 年的 97,000 万千瓦，八年累计增长 60% 多；农作物耕种收综合机械化率从 2003 年的 32.47% 提高到 2011 年的 54.8%，八年累计提高 22 个百分点。时势造英雄，农业机械化能够取得如此骄人成就，与我们所处的伟大时代密不可分。工业化城镇化深入发展、农村劳动力大量转移，为农业机械化提供了需求拉力；工业反哺农业、城市支持农村和多予少取放活方针的实行，中央财政农机具购置补贴从 2004 年的 0.7 亿元扩大到 2011 年的 175 亿元，为农业机械化提供了政策推力；农机行业政府官员、科技人员、广大从业者的辛勤工作和付出，为农业机械化提供了社会合力。在农村劳动力大量转移、各种自然灾害偏重发生的情况下，粮食能够实现"八连增"、其他主要农产品能够实现全面增产，很重要的一点是农业机械化发挥了重要支撑作用。农业机械化的"黄金期"远未结束，还有很长的路要走。任何行业要实现大发展大繁荣，都必须善于从全局出发，自觉服从和服务大局。推动农业机械化大发展大繁荣，必须进一步找准历史方位，担当更大责任。

要从"三强三保"的总要求出发推动农业机械化实现新进步。 2011 年，我国粮食总产达到 11,424 亿斤，实现了半个世纪以来首次连续八年增产；棉油糖、果菜茶、肉蛋奶、水产品等主要农产品全面增产，这是近 16 年来第一次。农业稳定发展、农产品供给充足，为保持物价总水平基本稳定提供了重要物质基础。需要警醒的是，这是在农产品市场行情普遍较好、农业产能得到充分释放情况下实现的。农业丰收延续的时间越长出现减产的概率越大，2012

年的农业年景面临许多不确定不稳定因素。在经济增长下行压力和物价上涨压力并存的背景下，做好 2012 年农业农村工作具有特殊重要的意义。为此，2012 年中央 1 号文件《中共中央、国务院关于加快推进农业科技创新持续增强农产品供给保障能力的若干意见》，提出了 2012 年农业农村工作"强科技保发展、强生产保供给、强民生保稳定"的总要求。根据中央经济工作会议精神，"稳中求进"是 2012 年整个经济工作的总基调。对农业更是如此，先要"稳"，再力争"进"。在防灾减灾、稳产增产综合技术体系中，农业机械担当着重要使命。2011 年春耕期间，各地组织 2280 万台（套）农机投入"抗大旱保春管促丰收"。要认真总结近年来一些地方的经验和做法，充分发挥农机在抗御灾害、争抢农时、节本增效等方面的重要作用。

要从完善强农惠农富农政策体系的角度进一步加强农业机械化改革发展。 2004 年至 2010 年的七个中央 1 号文件、2008 年十七届三中全会《中共中央关于推进农村改革发展若干重大问题的决定》、2008 年中共中央国务院关于全面推进集体林权制度改革的意见，基本搭建起新时期"三农"政策体系。前七个 1 号文件虽然每年都有主题，但仍然是全面部署，体现"小步快跑"。从 2011 年起，寻找重点问题，专题研究部署。这年选的主题是水利改革发展问题。同时，对其他方面的问题也要进行部署。从完善政策的角度，很多方面都与农业机械化有关。要加强调查研究和政策储备。例如，围绕提高农机工业水平和农机产品适用性、便捷性、安全性，如何加强关键零部件和重点产品研发，如何支持农机工业技术改造，目前我国仅有 30% 左右的农机产品达到或接近国际水平，其余约 70% 左右的产品相当于国外发达国家 20 世纪 70—80 年代的水平。围绕建立农业全程机械化生产模式，如何解决水稻机插和玉米、油菜、甘蔗、棉花机收等突出难题，如何发展设施农业、畜牧水产养殖等机械装备，如何发展适合丘陵山区、大棚生产需要的机械。围绕扶持农民购买和使用农机，如何推进财政补贴与信贷支持、税收优惠的结合，如何鼓励种养大户、农机大户、农机合作社购置大中型农机具，如何推动农机服务市场化和产业化，如何加强农机售后服务和农机具安全监理。

要从"三化同步"的国家战略出发大力推进农业机械化进程。 十七届五中全会通过的《中共中央关于制定国民经济和社会发展第十二个五年规划的建议》的一大亮点，是明确提出"在工业化、城镇化深入发展中同步推进农业现代化，是'十二五'时期的一项重大任务"。"三化同步"关键是要加快推进农业现代化。2007年中央1号文件提出的建设现代农业基本思路：用现代物质条件装备农业，用现代科学技术改造农业，用现代产业体系提升农业，用现代经营形式推进农业，用现代发展理念引领农业，用培养新型农民发展农业，提高农业水利化、机械化和信息化水平，提高土地产出率、资源利用率和农业劳动生产率，提高农业素质、效益和竞争力。其中，农业机械化处于核心位置。农业劳动力进入总量过剩与结构短缺并存阶段，突出表现为青壮年劳动力短缺、季节性短缺、区域性短缺。特别是随着农村劳动力持续向外转移，结构性短缺问题将更加明显。据专家推算，2010年全国52,931万农村户籍劳动力中各年龄段务农比重，16—20岁34.6%，21—30岁为29.7%，31—40岁为43.8%，41—50岁为61.8%，50岁以上为80.2%；全国28,708万农业劳动力中，16—20岁占2.8%，21—30岁占13.5%，31—40岁占15.6%，41—50岁占27.7%，50岁以上占40.4%。应对这一挑战，农机行业责无旁贷。

要从主题主线的视角深化农业机械化的内涵、拓展农业机械化的外延。"十二五"时期经济社会发展，以科学发展为主题，以加快转变经济发展方式为主线。节能减排是硬任务。因技术落后，我国每年多施用化肥2000万吨、多使用柴油200万吨、多使用农药原浆22万吨。以大量消耗物质投入为主的粗放型发展道路难以为继。节约资源、治理农业面源污染已成为重点工作。国家"十二五"规划中把节能减排领域从工业扩大到农业农村。《"十二五"节能减排综合性工作方案》对农业节能减排提出了明确要求，并制定了农业源污染物减排约束性指标。《农业部关于进一步加强农业和农村节能减排工作的意见》明确提出，力争到2015年，农业源化学需氧量排放总量比2010年降低8%，氨氮排放总量比2010年降低10%；化肥利用率提高3个百分点；主要粮食作物病虫害统防统治率达到30%；50%以上的规模化畜禽养殖场配套建设废弃物处理利用设施；淘汰一批高能耗高污染的老旧农机和渔船。推进农业农村节能减排是优化能源结构、缓解国家能源压力的有效途径，是降低农业面源污染、减轻生态环境压力的迫切要求。农业节能减排、转变发展方式的任务很重。农机承担双重使命，作为"石油农业"的重要标志，本身要节能减排；同时，还要为农业其他环节的节能减排提供支撑。比如，在节水灌溉、精量播种、化肥深施、保护性耕作等方面，农机可以发挥重要作用。尤其需要注意的是，目前农民打药仍然普遍使用背负式喷雾器，不仅劳动强度大、容易中毒，而且用药量大、药效低，增加成本、污染环境。发展专业化统防统治，肯定离不现代化机械技术。这启示我们，农机行业要把促进节能减排和农业可持续发展作为重要方向，更加注重研发以精准变量作业技术为核心的高效农机装备，加快普及节水、节肥、节药、节种、节地、节能农机化新技术。

（2012 年 1 月）

促进城乡居民收入差距持续缩小的分析与建议

社会上广泛使用城乡居民收入比表示城乡居民收入差距，这是一种相对差距。近两年，以这种方法衡量的城乡居民收入差距连续出现缩小。这是统筹城乡发展的重要成果，是城乡发展协调性增强的积极信号。但也有人心存疑问：这是否标志着城乡居民收入差距扩大的过程已经终结、开始步入缩小的发展阶段？如何把这个势头延续下去？回答这些问题，需要回顾城乡居民收入差距演变的过程，分析这两年城乡居民收入差距缩小贡献因素的可持续性及其政策启示。

一、城乡居民收入差距缩小的三个阶段

城乡居民收入差距过大是我国收入分配领域突出矛盾之一。在过去 33 个年份中，按当年价格计算，城乡居民收入比有 12 个年份出现缩小，分布规律较差；按 1978 年价格计算，城乡居民收入比有 14 个年份出现缩小，集中在三个阶段（见附表）。

第一阶段是 1979—1988 年。改革开放初期，由于推行家庭联产承包责任制、提高农产品收购价格、发展乡镇企业，农民收入增长速度明显快于仍处于传统计划体制内的城镇居民。在此期间，农民人均纯收入年均增长 12%，城镇居民人均可支配收入年均增长 6.2%，城乡居民收入比呈现缩小走势，持续的时间也较长。

第二阶段是 1995—1997 年。由于主要农产品恢复性增产、农产品价格涨幅较大，农民收入实现较快增长；国有企业改革力度加大，职工下岗较多，城镇居民收入增长缓慢。在此期间，农民人均纯收入年均增长 6.3%，城镇居民

人均可支配收入年均增长 4.1%，城乡居民收入比连续三年缩小。

第三阶段是 2010—2011 年。2010 年，农民人均纯收入增长 10.9%，比城镇居民人均可支配收入增长速度快 3.1 个百分点，城乡居民收入比出现缩小。2011 年，农民人均纯收入增长 11.4%，比城镇居民人均可支配收入增长速度快 3 个百分点，城乡居民收入比继续缩小。

需要注意的是，按当年价格计算的城乡居民收入比与按可比价格计算的城乡居民收入比在总体变化趋势基本一致的同时，有两点差异：一是在有的年份，按当年价格计算的城乡居民收入比，与按 1978 年价格计算的城乡居民收入比，出现相反的变化；二是按当年价格计算的城乡居民收入比，明显大于按 1978 年价格计算的城乡居民收入比。

二、审慎看待近两年城乡居民收入差距缩小贡献因素的可持续性

近两年农民收入增长速度超过城镇居民、城乡居民收入差距出现缩小，原因是多方面的。其中，既有体现经济发展内在变化、代表制度变迁方向的趋势性、可持续因素，也有一些特殊性、不可持续的因素。不能盲目乐观，需要认真甄别、因势利导。

人数、工资"双增长"，促使农民人均工资性收入快速增长。近两年由于农村劳动力转移就业数量增加、平均工资水平提高，农民人均工资性收入增加较多。2010 年和 2011 年，全国农民工人数分别比上年增加 1245 万人和 1055 万人，其中外出农民工月人均工资分别比上年增长 19.3%和 21.2%，农民年人均工资性收入分别比上年增长 17.9%和 21.9%。同时，这两年城镇职工特别是公务员工资增加不多，城镇居民年人均工资性收入仅分别比上年增长 10.7%和 12.4%，比农民年人均工资性收入增长速度分别低 8.6 和 8.8 个百分点。这两年农民工工资增长较快，固然受各地提高最低工资标准影响，但主要是由劳动力供求关系决定的。随着工业化城镇化深入发展和农村劳动力结构发生变化，这种上涨趋势将长期持续。需要注意的是，城镇职工特别是公务员也存在工资上涨压力，一旦得到释放，农民工工资的相对增长速度就会下降，城乡居民工资性收入差距缩小的势头有可能发生逆转。

产量、价格"双提高"，促使农民人均家庭经营第一产业纯收入快速增长。2010 年和 2011 年，全国粮食、油料、糖料、蔬菜、水果、肉蛋奶、水产全面

增产，仅棉花 2010 年出现减产；同时，农产品生产价格分别比上年上涨10.9%和16.5%，比农业生产资料价格涨幅分别高 8 个和 5.2 个百分点。收成好、价格高，使农民人均家庭经营第一产业纯收入增加较多。2010 年和 2011年，农民人均家庭经营第一产业纯收入分别增长 12.2%和 12.9%，比上年分别加快 10 个和 0.7 个百分点。产量普遍提高、售价普遍上涨、农资价格平稳，这种局面多年未有，既是农产品相对价格随经济发展逐步提高的客观反映，也与国家加大农业生产支持力度、提高粮食最低收购价格、增加主要农产品临时收储等调控政策发挥作用有关。今后，农产品产量还会继续提高，农产品相对价格也会继续上升，但能否保持这两年的格局，存在很大不确定性。

范围、标准"双扩大"，促使农民人均转移性收入快速增长。受强农惠农富农政策受益范围扩大、国家补助力度加大影响，农民人均转移性收入快速增长。2010 年，农民人均农业"四补贴"增长 6.9%、离退休金和养老金增长32.8%、报销医疗费增长 36.6%、领取最低生活保障收入增长 29.6%，全部转移性收入增长 13.8%。2011 年，这些收入继续增长，特别是受新型农村社会养老保险加快推进、人均离退休金和养老金同比增长 68.6%影响，农民人均转移性收入增长高达 24.4%。这两年转移性收入增长较快，与制度建立初期基数低有关，所谓"平地起高楼"。今后，随着经济发展水平提高和国家财力增强，各类农业补贴的实施范围和资金强度会继续扩大，各类社会保障的覆盖范围和补助标准也会继续扩大，但在制度基本建立起来以后，各类转移性收入的增长速度也将转入常态。

三、促进城乡居民收入差距持续缩小的思路与建议

避免 1979—1988 年和 1995—1997 年城乡居民收入差距缩小后又连年扩大的现象重演，使 2010—2011 年城乡居民收入差距缩小不再是又一次昙花一现，真正迎来城乡居民收入差距从扩大转向缩小的拐点、促进城乡居民收入差距持续缩小，必须按照十七届五中全会"努力扭转城乡、区域、行业和社会成员之间收入差距扩大趋势"的要求，采取多种措施促进农民收入持续较快增长。

（一）以释放农业剩余劳动力为主线持续较快增加农民工资性收入。工资性收入已占农民人均纯收入的 40%多、收入增量的 50%左右。必须把增加农民工资性收入作为缩小城乡居民收入差距的主要着力点。随着城乡二元体制的

逐步破除，城乡劳动力的机会差距在逐步消弭。由于受教育年限不同，城乡劳动力存在较大人力资本差异，这需要通过促进城乡义务教育均等化、加强农村劳动力职业技能培训等途径逐步加以解决。从当前看，需要针对总量过剩与结构性短缺并存的新情况，通过多种途径继续释放农业剩余劳动力。特别是应针对可转移农业剩余劳动力年龄偏大、非农就业技能缺乏、农忙农闲季节分明、对家庭多有牵挂等特征，更加重视发展县域经济、走就地就近转移就业的道路，使就业增收与照顾家庭两全其便。正确处理提高最低工资标准与保持劳动密集型产业国际竞争力的关系，通过促进企业技术进步和转型升级，增强对人力成本上升的承受和消化能力，为农民工工资持续较快增长创造更大空间。顺应劳动力转移就业的新形势，改革和调整城乡居民收入统计调查制度，把举家外出者纳入城镇居民收入调查统计范围，把其他农民工在务工地的消费计入农村居民家庭纯收入。

（二）以提高农业劳动生产率为主线持续较快增加农民家庭经营纯收入。在农民人均纯收入中，家庭经营纯收入占比仍高于工资性收入占比；在农民人均纯收入增量中，家庭经营纯收入的贡献率也很高，有的年份甚至超过工资性收入的贡献率。这两年，农民家庭经营纯收入增加较多、对增收的贡献率较大，主要归因于农产品价格上涨较快。随着城镇居民收入增长，今后农产品价格将长期上涨，两者应呈螺旋上涨之势。这要求我们正确处理控制物价总水平与保持农产品价格合理水平的关系，通过调减食品价格在 CPI 中的权重、对低收入群体发放生活补贴等途径，增强全社会对农产品价格合理上涨的容忍度和承受能力。但也要看到，单纯靠农产品价格上涨促进农民增收有其局限性。这改变的仅是国民收入分配关系，并没有增加社会物质财富。增加农民家庭经营纯收入、特别是第一产业纯收入，必须更多地建立在提高农业劳动生产率的基础上。为此，需要根据农业劳动力转移情况，适时促进土地流转，使留在农业的劳动力占有更多农业资源，扩大单个农户经营规模；加大农机购置补贴力度，增强农业物质技术装备，发展多种形式的农业社会化服务；调整优化农业结构，利用国际国内两个市场、两种资源，提高农业附加值；引导农民通过专业合作，向产前产后延伸，分享流通和加工环节增值收益。

（三）以推进农村产权制度改革为主线持续较快增加农民财产性收入。从全国平均水平看，目前农民财产性收入总量和占比都不是很高。但在一些地方，财产性收入占有重要位置。党的十七大报告提出"创造条件让更多群众拥有财产性收入"，2008年中央1号文件提出"进一步明确农民家庭财产的法律地位，保障农民对集体财产的收益权，创造条件让更多农民获得财产性收入"。为此，应当以股份合作制等多种方式改造农村集体产权制度，保障农民对集体资源和经营性资产收益的分配权；加快推进征地制度改革，公益性征地逐步按市场价补偿，经营性用地允许农民以多种方式参与开发经营，在符合规划的前提下引导农村集体规范发展公租房等物业经济，让农民更多地分享土地增值收益；调整完善相关法规，扩大农民对土地承包经营权、宅基地使用权和住宅所有权的权能范围，探索市场化转让机制；按照依法自愿有偿原则，健全农村土地承包经营权流转市场，增加农民土地租赁收入。

（四）以加强农村社会保障为主线持续较快增加农民转移性收入。在所有四项收入中，转移性收入的政策性最为明显，最能体现政府意图，是政府最有条件和理由进行调控的。然而，恰恰是转移性收入的城乡差距最为突出，对城乡居民收入差距扩大起到了推波助澜作用。这是城乡社会保障制度存在巨大差距的必然反映。遏制和缩小城乡居民收入差距，必须重视增加农村居民的转移性收入。近年来，中央出台了一系列强农惠农富农政策，农民获得的生产补贴收入增加较快。但农村居民领取的养老金和最低生活保障收入、报销的医疗费等社会保障收入还很低。今后应在继续强化农业补贴政策的同时，着力建立健全农村社会保障制度，大幅度增加农民的保障性转移收入。为此，应尽快实现新型农村社会养老保险全覆盖，鼓励有条件的地方提高参保和养老金发放标准，逐步实现城乡居民社会养老保险并轨；大幅度提高农村低保标准和补助水平，扩大覆盖面，将符合条件的农村贫困家庭全部纳入低保范围，逐步缩小城乡低保政策差距，完善农村五保供养政策，保障五保供养对象权益；提高新型农村合作医疗筹资标准和国家补助水平，提高报销率，加大财政对农村医疗救助的扶持力度，鼓励有条件的地方实现城乡居民医疗保险并轨；扩大实施农村计划生育家庭奖励制度、少生快富工程和特别扶助制度；建立健全农民工养老保险办法，提高参保率。

附表　城乡居民收入比变化情况

年份	按 1978 年价格计算		按当年价格计算	
	城乡居民收入比	比上年增减	城乡居民收入比	比上年增减
1978	2.5704	—	2.5704	—
1979	2.4302	-0.1402	2.4157	-0.1546
1980	2.3485	-0.0817	2.4966	0.0809
1981	2.0447	-0.3037	2.2019	-0.2947
1982	1.7898	-0.2550	1.9496	-0.2522
1983	1.6457	-0.1441	1.8205	-0.1291
1984	1.6288	-0.0169	1.8328	0.0123
1985	1.5332	-0.0955	1.8589	0.0261
1986	1.6898	0.1566	2.1227	0.2638
1987	1.6452	-0.0446	2.1665	0.0438
1988	1.5098	-0.1354	2.1681	0.0017
1989	1.5370	0.0272	2.2871	0.1190
1990	1.6362	0.0992	2.2005	-0.0866
1991	1.7201	0.0838	2.3999	0.1994
1992	1.7806	0.0605	2.5849	0.1850
1993	1.8902	0.1096	2.7967	0.2117
1994	1.9530	0.0628	2.8634	0.0667
1995	1.9452	-0.0078	2.7147	-0.1487
1996	1.8542	-0.0910	2.5123	-0.2024
1997	1.8333	-0.0209	2.4689	-0.0434
1998	1.8592	0.0259	2.5093	0.0404
1999	1.9575	0.0983	2.6485	0.1392
2000	2.0402	0.0827	2.7869	0.1384
2001	2.1244	0.0841	2.8987	0.1118
2002	2.2987	0.1743	3.1115	0.2127
2003	2.4023	0.1036	3.2310	0.1195
2004	2.4226	0.0203	3.2086	-0.0224
2005	2.5000	0.0774	3.2238	0.0152
2006	2.5704	0.0704	3.2784	0.0546
2007	2.6337	0.0633	3.3296	0.0512
2008	2.6433	0.0096	3.3149	-0.0147
2009	2.6743	0.0310	3.3328	0.0179
2010	2.5995	-0.0748	3.2285	-0.1043
2011	2.5295	-0.0700	3.1260	-0.1025

（2012 年 1 月）